アメリカの言語教育

多文化性の尊重と学力保障の両立を求めて

山本はるか 著

若い知性が拓く未来

　今西錦司が『生物の世界』を著して，すべての生物に社会があると宣言したのは，39歳のことでした。以来，ヒト以外の生物に社会などあるはずがないという欧米の古い世界観に見られた批判を乗り越えて，今西の生物観は，動物の行動や生態，特に霊長類の研究において，日本が世界をリードする礎になりました。

　若手研究者のポスト問題等，様々な課題を抱えつつも，大学院重点化によって多くの優秀な人材を学界に迎えたことで，学術研究は新しい活況を呈しています。これまで資料として注目されなかった非言語の事柄を扱うことで斬新な歴史的視点を拓く研究，あるいは語学的才能を駆使し多言語の資料を比較することで既存の社会観を覆そうとするものなど，これまでの研究には見られなかった溌剌とした視点や方法が，若い人々によってもたらされています。

　京都大学では，常にフロンティアに挑戦してきた百有余年の歴史の上に立ち，こうした若手研究者の優れた業績を世に出すための支援制度を設けています。プリミエ・コレクションの各巻は，いずれもこの制度のもとに刊行されるモノグラフです。「プリミエ」とは，初演を意味するフランス語「première」に由来した「初めて主役を演じる」を意味する英語ですが，本コレクションのタイトルには，初々しい若い知性のデビュー作という意味が込められています。

　地球規模の大きさ，あるいは生命史・人類史の長さを考慮して解決すべき問題に私たちが直面する今日，若き日の今西錦司が，それまでの自然科学と人文科学の強固な垣根を越えたように，本コレクションでデビューした研究が，我が国のみならず，国際的な学界において新しい学問の形を拓くことを願ってやみません。

第26代　京都大学総長　山極壽一

いま，「言語」教育を考える意味
──＜多文化性の尊重＞と＜学力保障＞の両立は可能か？

　子どもたちに身につけてほしい言葉の学力とは，どのようなものだろうか。その学力を育むために，何ができるだろうか。

　戦後日本の教育課程では，国語科は常に重視され，子どもたちの言葉の学力を育むための授業が実践されてきた。戦後直後の国語科の目標は，「聞くこと，話すこと，読むこと，つづることによって，あらゆる環境におけることばのつかいかたに熟達させるような経験を与えること」であった*1。これは，子どもたちが日常生活のなかで言葉を使いこなすことができる経験を，国語科の授業で展開していくことの必要性を提起したものである。「聞く・話す・読む・書く」という行為は，2000 年以降も重視され，「言語活動の充実」というキーワードで全国の学校において実践が展開された。子どもたちを，言語を扱う行為者として育てることが，一貫してめざされてきたと言える。

　しかしここで注意しなければならないのは，「何を」「どのように」聞き・話し・読み・書くのかという問いは，未だ議論の余地があるということである。実際，国語科教育における教科内容のあいまいさを克服する研究は，現在も進められている*2。また，日本においては，当たり前のように，国語とは日本語を指し，日本語で表現された教科書を用いて国語科の授業が行われてきている。

　さらに，2000 年以降は，「聞く・話す・読む・書く」という言語活動に

---

*1　文部省『学習指導要領国語科編（試案）』中等学校教科書株式会社，1947 年，p.3。

*2　例えば，鶴田清司「文学の授業で何を教えるか──教材内容・教科内容・教育内容の区別」全国大学国語教育学会『国語科教育』42，1995 年，p.83-92 や，科学的「読み」の授業研究会編『国語科教科内容の系統性はなぜ 100 年間解明できなかったのか──新学習指導要領の検証と提案』学文社，2011 年など。

加えて，言語文化を重視する方向性が示された。言語文化とは，「我が国の歴史のなかで創造され，継承されてきた文化的に高い価値をもつ言語そのもの，つまり文化としての言語，またそれらを実際の生活で使用することによって形成されてきた文化的な言語生活，さらには，古代から現代までの各時代にわたって，表現し，受容されてきた多様な言語芸術や芸能など」とされている[3]。ここでは，日本において継承されてきた言語や文化を尊重することが求められている。では，「文化的な言語生活」という時の「文化」とは何を指し，「文化的に高い価値を持つ言語」という時の「価値」とは誰が判断するものなのだろうか。

　このように考えるとき，「聞く・話す・読む・書く」という行為は，子どもたちの生活に歩み寄ろうとしているように見えて，実はそれほど単純でないことに気づく。特に日本においては，学習指導要領で教育内容が規定されることを踏まえると，言語活動の背景にある，文化を読み解く視点が必要となってくる。本書では，その視点を持つために，アメリカの言語教育に目を移したい。アメリカでは，まさに「誰のどの文化を取り上げるのか」に関して，議論が重ねられてきたからである。

　「人種のるつぼ」「サラダボール」などの喩えで表現されるように，さまざまな文化的背景を持つ人々が存在するアメリカにおいては，1950 年代以降，一人ひとりの持つ「文化」という個性を尊重する教育を実現するための闘いが営まれてきた。時を同じくして，学力を保障するための取り組みも国家をあげた喫緊の課題として認識されてきた。特に 1980 年代以降は，「スタンダードにもとづく教育改革」として学力に焦点を当てた取り組みが進められている。「スタンダード」という言葉は，共通教育としての教育目標を具体的に設定し，その達成をめざした一連の教育実践を生み出す言葉である。現在の日本においては，スタンダードという言葉が，「授業スタ

---

*3　文部科学省『小学校学習指導要領解説国語編』東洋館出版，2017 年，p.24。

ンダード」や「教師スタンダード」などのように，一律性を求めるものとして広く使われるようになっている。そのため，多様性を認める動きとは，一見すると相反するように思われるかもしれない。しかしながら，本来，「標準化（standardization）」することと「スタンダードを設定する（standard setting）」ことは区別されるものである*4。「標準化」とは，集団における平均点や標準偏差によって評価基準を設定する行為だが，「スタンダードの設定」は，共通の学力水準を明らかにする行為である。この 2 つの用語を区別したうえで，本書では，多文化性の尊重を求めるなかで進展してきたアメリカにおける言語教育を事例として，子どもたちに身につけてほしい言葉の学力の水準を考えてみたい。日本の約25倍の国土を持ち，州や学区の自治によって教育が行われてきたアメリカを，一括りにして議論することはできない。しかしながら，「多文化性の尊重」と「学力保障」は，アメリカが国を挙げて議論し続けてきたテーマである。そこで本書では，思い切って「アメリカの言語教育」と銘打ち，その展開に迫る。

　「国語」教育でも，「英語」教育でもなく，「言語」教育を取り上げるなかで，「多文化性の尊重」と「学力保障」という 2 つの目的が，いかにスタンダードやそれにもとづく実践において実現されうるのかについて，今後の展望を描きたい。「多文化性の尊重」とは，現状を肯定し，個人への介入を避ける行為なのだろうか。「学力保障」とは，共通の教育目標の到達のために，多様性を排除する行為なのだろうか。

　読者のなかには，「文化的多様性を考える必要があるのかもしれないが，それは日本には当てはまらないのではないか」と思われる方もいるだろう。この疑問に対して，2 つの答えを用意したい。1 つは，日本において外国籍の子どもたちが増加している現状があることである。2016 年度末時点で，在留外国人は約 238 万人という統計結果が出た。2016 年度，日本語指導が

＊4　Wigging, G., "A True Test: Toward More Authentic and Equitable Assessment," *Phi Delta Kappan*, Vol.70, No.9, 1989, pp.703-713.

必要な外国籍の児童生徒は，約3万4000人在籍している*5。地域差はあるものの，「多文化」は，日本にとって遠い存在ではない。もう1つは，「多文化」と言う際の「文化」という言葉が指すものの範囲を捉えなおす必要があるということである。日本で生まれ，日本で育つことで共有される文化もあれば，そうでないものもある。そのような，一見すると目に見えない「多文化性」にも焦点を当てることに，本書の問題意識はある。

　こうして，アメリカの言語教育における「多文化の尊重」と「学力保障」の取り組みを辿ることで，冒頭で述べた，子どもたちに身につけてほしい言葉の学力の内実を探っていきたい。

---

*5　「日本語指導が必要な児童生徒の受入状況等に関する調査（平成28年度）」の結果について（http://www.mext.go.jp/b_menu/houdou/29/06/__icsFiles/afieldfile/2017/06/21/1386753.pdf，2017年7月19日確認）。この調査は平成3年度より開始され，平成22年度調査まで9月1日現在で行われていたが，平成24年度調査より5月1日現在に改め，2年ごとに調査が実施されている。平成30年3月現在，この数値が最新のものである。

目次

いま，「言語」教育を考える意味
——＜多文化性の尊重＞と＜学力保障＞の両立は可能か？　　*i*

序章　〈多文化性の尊重〉と〈学力保障〉の歴史から学ぶ

第1節　「多文化性」をめぐる歴史的展開——本書の問題意識 ·················· 5

(1) 同化・融合主義から文化多元主義へ

——アメリカ建国時から現代に至る文化をめぐる状況

(2) 文化の多様性に対する教育の対応

第2節　言語教育をみる3つの視点 ····················· 16

(1) 国語科教育としての言語教育

(2) リテラシーの育成としての言語教育

(3) 権利としての言語教育

第3節　「多文化性の尊重」と「学力保障」の両立のあり方を探る

——本書の視角と構成 ····················· 27

第1章　「平等性」の実現をめざす言語教育の源流

第1節　公民権運動の展開と補償教育の必要性の提起 ····················· 36

第2節　補償教育の具体像 ····················· 40

(1) 文化剥奪論にもとづくヘッド・スタート・プログラムの実施

(2) フォロー・スルー・プログラムの実施

(3) 補償教育の効果の評価と批判

第3節　他者文化か自文化か
　　　──文化的多様性を背景とした言語教育の2つの方向 ⋯⋯⋯⋯ *56*

第2章　子どもたちの「言語経験」を重視する立場からの提案

第1節　グレイによる機能的リテラシー論の提起 ⋯⋯⋯⋯⋯⋯⋯⋯⋯ *63*
　　(1)　4つの指導段階
　　(2)　教材集『人々と発展』──「素晴らしき川」の分析
第2節　ダートマス・セミナーにおける「言語経験」の重視 ⋯⋯⋯⋯⋯ *76*
第3節　ブルーナーによる「レリバンス」概念の提唱 ⋯⋯⋯⋯⋯⋯⋯ *81*
　　(1)　『教育の過程』への反省
　　(2)　2つの「レリバンス」概念の提起
第4節　「個人的レリバンス」と「社会的レリバンス」の両立 ⋯⋯⋯⋯⋯ *89*

第3章　ホール・ランゲージ運動における多文化性

第1節　「基礎に帰れ」運動の具体像 ⋯⋯⋯⋯⋯⋯⋯⋯⋯⋯⋯⋯⋯ *96*
　　(1)　時代背景
　　(2)　「基礎読本」の特徴
第2節　ホール・ランゲージ運動の興隆 ⋯⋯⋯⋯⋯⋯⋯⋯⋯⋯⋯⋯ *99*
　　(1)　理論的背景と問題意識
　　(2)　共同学習者としての教師
　　(3)　批判的教育学からの示唆を踏まえたホール・ランゲージ実践
第3節　言語教育における基礎・基本と「真正性」 ⋯⋯⋯⋯⋯⋯⋯⋯ *112*

第4章 言語科スタンダードの開発

第1節 アメリカにおけるスタンダード運動の興隆とそれをめぐる議論 ……… *119*

第2節 SELAの開発 …………………………………………………………… *123*

   ⑴ 開発の経緯

   ⑵ SELAにおける「多文化性」と「普遍性」

   ⑶ SELAにおける「文学」教育の知識

第3節 イリノイ州における言語科スタンダード ………………………… *132*

第4節 『事例集』における評価事例 ………………………………………… *137*

   ⑴ 『事例集』における評価の枠組み

   ⑵ 「文学作品への反応」の評価課題

第5節 イリノイ州における「文学」領域のパフォーマンス評価 ………… *146*

第6節 「多文化性」をくぐりぬけた「普遍性」 …………………………… *151*

第5章 言語教育における科学性と有効性

第1節 スノーの問題意識 …………………………………………………… *160*

   ⑴ 補償教育が直面する課題の克服に向けて

   ⑵ ホーム・スクール・スタディ実施にあたって

   ⑶ 読む力の分析から，読む力の向上へ──研究手法と成果

第2節 要素の背後にある実践の多様性と意図性への配慮 ……………… *172*

   ⑴ 「全米読解委員会」の目的と成果

   ⑵ 「低年齢児の読むことの困難性の予防に関する委員会」の
      問題意識と成果

第3節 「RAND読解研究グループ」の成果 ……………………………… *180*

   ⑴ 「読解」概念の定義と「評価」の再検討──研究目的

   ⑵ 「読解」概念の整理

   ⑶ 「評価」方法の提起

第4節 「理解」や「評価」の概念の見直しと実践の重視 ……………… 187

第6章 『ヴォイシズ・リーディング』にみる可能性

第1節 『ヴォイシズ』の全体像 ……………………………………… 193
    ⑴ 目的
    ⑵ 構成

第2節 『ヴォイシズ』の内容とその特徴──単元の分析 …………… 198
    ⑴ 幼稚園段階
    ⑵ 第5学年段階

第3節 「自立した読者」を育てる長期的な道筋 …………………… 214

終 章

第1節 現代アメリカにおける言語教育の歴史から何を学ぶか ……… 220
    ⑴ 「多文化性の尊重」と「学力保障」の両立への不断の実践
    ⑵ 「多文化性の尊重」と「学力保障」を両立する教育内容の選択と
        長期的カリキュラムの構想
    ⑶ 日本の教育への示唆

第2節 言語教育における教育目標・評価研究の継続と深化
      ──今後の課題 ……………………………………………… 230

引用・参考文献　　235
おわりに　　250
索引　　254

序章

〈多文化性の尊重〉と〈学力保障〉の歴史から学ぶ

扉写真：1954 年のブラウン判決によって，人種にもとづく分離教育が違憲となり，各地で白人と黒人が同じ学校に通う統合教育が進められるようになった。1957 年，アーカンソー州のリトルロック・セントラル高校でも，9 人の黒人生徒が入学することになったが，統合教育を敵視した当時の州知事は州兵を学校に送って黒人生徒の登校を阻止。それに対しリトルロック市長は，大統領に軍の派遣を要請。大統領は軍をリトルロックへ送り，黒人生徒は軍の護衛付きで登校するという事態になった。アメリカ公民権運動史に残る重大事件のひとつである。（写真：Everett Collection/ アフロ）

序章　〈多文化性の尊重〉と〈学力保障〉の歴史から学ぶ

　本書は，現代のアメリカ合衆国（以下，アメリカ）*1で実践される言語教育において，子どもたちの多様な文化的背景を尊重しながら，どのように言語に関する学力保障の実現がめざされているのかを紐解こうとするものである。

　アメリカでは，公民権運動（civil rights movement）を背景として，子どもたちの文化的多様性を尊重することが試みられてきた。今日のアメリカにおいても，国内の文化の多様性は，日ごとに広がりを見せ，国内の人種・民族構造はますます複雑化している*2。さらに，文化の違いに起因する文化間の軋轢や，所得格差，教育格差の問題が数多く報告されている*3。アメリカでは，これら文化間の隔たりが生み出す問題に対処するために，これまで多額の資金が投入され，さまざまな取り組みが施されてきた。特に2000年代以降は，「どの子も置き去りにしない法（No Child Left Behind Act of 2001，以下NCLB法）」のもとで，教育格差是正に向けた取り組みが実施されているものの，未だ多くの課題を抱えている。本書では，こうした状況を踏まえつつ，アメリカの言語教育を事例として，子どもたちの多様な文化的背景を尊重しながら，いかに一定水準の学力保障を実現することができるのか，その教育のあり方を探りたい。

　この課題に取り組むにあたって，本書では，テキストを読むという行為を図0-1のように図式化して考えてみたい。私たちが書かれたテキストを

---

*1　ただし，「アメリカ合衆国憲法」等，日本において固有名として「アメリカ合衆国」が通例とされている場合は，この限りではない。

*2　例えば，アメリカでは，英語以外の言語を話す話者が増加してきていること，統計局の人口推計によって，2023年には18歳以下の白人の人口は，全体の50％を下回ると予測されていることなど，これまでのアメリカにおける人口動態が変わる可能性が報告されている（http://www.census.gov/，2015年10月17日確認）。

*3　本書執筆時においても，人種間をめぐる対立は未だ解決されていない。人種や民族を原因とするヘイトクライムは止むことはなく，全米各地で相次いでいる。子どもたちの文化的多様性を尊重しようとする行為は，マイノリティの子どもたちの権利保障として捉えられる場合が少なくないが，本書は，特定の言語文化を持つものに対する言語教育ではなく，さまざまな言語文化を持つもの同士がよりよく生きることにつながるような言語教育の在り方を探ることを目的としている。

3

図 0-1 テキストを読むという行為

　読もうとするとき，目に見えるものとして存在するのは，読まれる客体としての「テキスト」と，そのテキストから情報を得ようとしたり，テキストを読む行為に楽しみを得ようとしたりしている主体としての「読者」である。ただし，テキストを読むという行為は，「テキスト」と「読者」だけが存在すれば成立するものではない。「読者」から「テキスト」に対して読むという働きかけがあってはじめて成立するものである。そこで，そのような働きかけを，「読者」から「テキスト」へ伸びる「矢印」として表現してみよう。そして，これら「テキスト」「読者」「矢印」が，アメリカの言語教育においていかに語られてきたのかを検討することを通して，多様な文化的背景をもつ子どもたちの言語に関わる学力を保障する課題を探究してみたい。

　まずは，アメリカにおいて，文化の多様性がいかに論じられてきたのか，文化の多様性が拡大する状況に対して，教育という営みがどのように取り組んできたのかを記すことによって，本書の位置づけと対象を明らかにしておこう。

序章 〈多文化性の尊重〉と〈学力保障〉の歴史から学ぶ

| 第1節 | 「多文化性」をめぐる歴史的展開
──本書の問題意識 |

⑴ 同化・融合主義から文化多元主義へ──アメリカ建国時から現代に至る文化をめぐる状況

　アメリカは，建国当初から「多人種国家」・「多民族国家」として存在してきた。多人種・多民族国家であることを背景として，1776年に決議された独立宣言（Declaration of Independence）においては，資料0-1に示す通り，すべての人間が平等であることが宣言された。

　しかしながら，1960年代に入るまで，アメリカにおいてすべての人種や民族に平等な権利が認められることはなかった。当初，宣言文に記述される予定であった奴隷解放条項が削除されたことも手伝い，その後も人種・民族に起因する不平等な状況が継続されたためである。

　独立宣言の発表後，アメリカでは，奴隷や移民を国内にどのように位置

資料0-1　独立宣言

　われわれは，以下の事実を自明のことと信じる。すなわち，すべての人間は生まれながらにして平等であり，その創造主によって，生命，自由，および幸福の追求を含む不可侵の権利を与えられているということを。こうした権利を確保するために，人々の間に政府が樹立され，政府は統治される者の合意にもとづいて正当な権力を得る。そして，いかなる形態の政府であれ，政府がこれらの目的に反するようになったときには，人民には政府を改造または廃止し，新たな政府を樹立し，人民の安全と幸福をもたらす可能性が最も高いと思われる原理をその基盤とし，人民の安全と幸福をもたらす可能性が最も高いと思われる形の権力を組織する権利を有する。

（出典：http://www.archives.gov/founding-docs/declaration-transcript（2015年6月18日確認）を筆者訳出。）

5

資料 0-2　アメリカ合衆国憲法修正第 14 条

アメリカ合衆国で生まれ，あるいは帰化した者，およびその司法権に属することになった者全ては，アメリカ合衆国の市民であり，その住む州の市民である。如何なる州もアメリカ合衆国の市民の特権あるいは免除権を制限する法を作り，あるいは強制してはならない。また，如何なる州も法の適正手続き無しに個人の生命，自由あるいは財産を奪ってはならない。さらに，その司法権の範囲で個人に対する法の平等保護を否定してはならない。

（出典：http://www.loc.gov/rr/program/bib/ourdocs/14thamendment.html （2015 年 6 月 18 日確認）を筆者訳出。）

づけるのかという視点で，文化的多様性が議論されてきた。アメリカ最初の移民関係の法律は，1790 年の帰化法（The Naturalization Act of 1790）である。同法では，アメリカ市民となるためにはアメリカ国内に 2 年以上居住していることが条件として掲げられるとともに，「外国人は，自由な白人であれば，アメリカの市民になることを認められる（any alien, being a free white person, may be admitted to be a citizen of the United States）」と規定された。この規定は，連邦法において，アメリカ市民とは「同じ祖先より生まれ，同じ言葉を語り，同じ宗教を信じ，同じ政治原理を奉じ，その風俗習慣においてきわめて似ている一つの国民」であると設定されていたことを踏まえたものである。白人であることがアメリカ市民の条件であることは遵守すべきものとされたのである。

黒人に市民権が認められたのは，帰化法制定から 78 年後，1868 年に批准されたアメリカ合衆国憲法修正第 14 条においてである。1863 年にエイブラハム・リンカーン（Abraham Lincoln）大統領によって奴隷解放宣言がなされたことを背景に修正が加えられた同修正法では，資料 0-2 に示すとおり，市民は「アメリカ合衆国で生まれ，あるいは帰化した者，およびその司法権に属することになった者」と改められた。この文言には，人種が特

定できる記述は見受けられないが，この修正法が「解放された人々（freedman）」の権利を保障するという目的があったことに鑑みれば，その対象が黒人にも拡大されたことがわかる。この修正事項を受けて，1870年には帰化法も改定された。そこでは，「アメリカ市民は白人とアフリカ人の子孫に限る」ことが示され，明確に黒人がアメリカ市民として位置づけられるようになった。

　しかしながら，合衆国憲法や帰化法に修正が加えられたものの，実際は，奴隷制の影響から，人種間での争いが絶えることはなかった。1896年のプレッシー対ファーガソン事件判決（Plessy v. Ferguson）では，鉄道において黒人と白人の席を分けることに対して，「人種によって施設を分離したとしても，それが同等なものであれば，合衆国憲法修正第14条に違反しない」と判断された。この「分離すれども平等（separate but equal）」の考えが採択されたことにより，人種にもとづく社会構造が継続されることとなったのである。1910年頃からは，人種別の学校を組織する学区が全米に広がり，人種による別学という二元的な学校制度（dual school system）が生まれることになった。

　なお，この時期には，北米先住民や黄色人種には市民権は与えられていなかった。北米先住民に市民権が認められたのは，合衆国憲法修正条項が批准されてから，さらに56年後の1924年であり，黄色人種に帰化する権利が与えられたのは，1952年の移民国籍法（Immigration and Nationality Act of 1952）制定まで待たなければならなかった。

　状況が大きく転換したのは，1954年に連邦最高裁判所によって下された，ブラウン対トピカ教育委員会事件判決（Brown v. Board of Education of Topeka）である。カンザス州トピカ市に住む黒人の父親オリヴァー・ブラウン（Oliver Brown）が，子どもを近くの公立小学校に通わせることを拒否されたことについて，人種差別であるとの訴えをトピカ市教育委員会に対して起こした裁判において，「公教育における隔離原則の否定」が裁定された。「われわれは公教育の領域において『分離すれども平等』の法理は存立の余地がないと結論づける。分離された教育施設は本質的に不平等であ

7

る」と判断されたのである*4。黒人差別を社会的に容認しないことを示した最高裁の方針は，公民権運動に法的な根拠を与えるものとなった。

　ブラウン判決を契機として，その後，公民権運動は加速していく。1955年には，アラバマ州モンゴメリー市で，黒人のローザ・パークス（Rosa Parks）がバスのなかで座席を譲らなかったことを原因として逮捕されたり，1957年にはアーカンソン州リトルロック市の白人生徒のみが通っていた高校が，黒人生徒の入学を許可したことに対して騒動が起こったりと，人種差別撤廃を求める運動と，それらに対する反発が全米各地で繰り広げられた。そして，1963年8月に行われたワシントン大行進が追い風となり，1964年に公民権法（Civil Rights Acts）が制定された。

　公民権法の制定に伴い，1965年に移民法も改定された。1924年の移民法では，1890年の国勢調査（census）*5における人口の出身国構成を基準にして，その数の2%までを毎年の新移民受け入れ枠として設定していた。1890年時点においては，北欧と西欧からの出身者とその子孫がアメリカの大半を占めていたために，1924年から1964年までの新移民は，ほとんどが北欧・西欧出身の者で占められていた。しかしながら，1965年の移民法改定においては，出身国別の割当が廃止され，毎年西半球から12万人，東半球から17万人の移民受け入れ枠が制定された。このことにより，ラテンアメリカ系とアジア系の移民が急増していくことになる。

　以上のアメリカにおける文化的多様性をめぐる歴史的変遷は，「同化主義（assimilationism）」・「融合主義（amalgamationism）」から「文化多元主義（cultural pluralism）」への展開として整理することができる。「同化主義」・「融合主義」とは，その時代において支配する側の人種・民族の文化に，支配される側の文化が同化・融合することを求めるものである。一方「文化多元主義」は，多様な文化集団や独自のアイデンティティあるいは文化を維持しながら平和的に共存することを求めるものであり，20世紀初頭にホ

---

*4　Brown v. Board of Education of Topeka, 347 U.S. 483, 1954, at495.

*5　国の人口の規模や構造，および国勢の諸側面を把握するために，行政上の理由から行われるようになった全数調査。

レス・カレン（Horace Kallen）らによって提唱され，1960 年代の公民権運動のなかで広く使用された言葉である*6。アメリカでは，合衆国憲法の修正，移民法の改定に伴い，さまざまな人種・民族の人々がアメリカ市民として，また自らの文化が尊重される者として生活する権利が認められることによって，「同化主義」「融合主義」から「文化多元主義」へと，国内の文化的多様性の拡大への対応が促されてきた。そして同時に，人種・民族間での対立や，文化の違いに起因する所得格差・教育格差の問題も浮上し，教育の平等を実現することが課題として認識され，対応に迫られることとなった。

　このような多様な文化的背景を持つ人々が共存するということは，その後，対立を生む素地として機能し，アメリカの分裂を生むものとして捉えられていくことになる。その筆頭は，1988 年に出版された，アラン・ブルーム（Allan Bloom）の『アメリカン・マインドの終焉（*The Closing of American Mind*）』においてであった。相対主義的な傾向に対する危機感と西洋中心の単一文化主義への回帰を主張する同書は，多文化主義の展開を支持する革新派との間に，主張の隔たりがあることを露呈するものとなった。この保守派の主張によって，「アメリカとは何か」，「アメリカ人とは誰なのか」が問い直され，保守派と革新派との間で行われる，いわゆる文化戦争（culture war）へと発展していく。このように，アメリカにおいては，多様な文化を持つ人々の権利の獲得をめざした闘いを通じて，文化の多様性が論じられてきた。

(2) 文化の多様性に対する教育の対応

　これまで，文化の多様性をめぐる問題に対しては，多文化教育（multicultural education）を志す者たちがその担い手の中心となり，国内のさまざまな場所で，人種や民族による差別を撤廃し，平等を実現するための

---

　*6　Kallen, H. M., "Democracy Versus the Melting-Pot," *The Nation 100*, 2590, 1915, pp.190-220.

取り組みを行ってきた。多文化教育とは，マイノリティの視点に立ち，社会的公正の立場から多文化社会における多様な人種・民族あるいは文化集団の共存・共生をめざす教育実践である。

　多文化教育では，それまで見過ごされてきた国内の多様なマイノリティの文化を教育内容として取り入れてカリキュラムを編成することによって，問題の解決が図られた[7]。なぜなら，マジョリティの子どもの文化内容だけが学校文化として選択されることは，マイノリティの子どもにとって，自文化の排斥を意味し，学習意欲の低下につながると問題視されていたためである[8]。そこで，マイノリティの子どもに馴染みのある文化内容が教育内容の1つとして選択されたのである。

　しかしながら実のところ，多文化教育には次の4つの課題が見出されてきた。第1に，マイノリティ文化を承認することによって，マイノリティたちのエンパワメントを志向する一方で，マイノリティの文化を従属的な位置に追いやってきたホスト社会の権力構造に対しては，何ら批判的な捉え直しが試みられなかったことである[9]。権力作用の視点をもたない文化多元主義の概念は，付加的に人種・民族，ジェンダー，階級の集団の文化をある程度取り込むには有効であったが，集団間の不平等な権力構造を根本的に変革していくための枠組みとはなっていなかった[10]。

---

[7]　多文化教育研究者のジェームズ・A・バンクス（James A. Banks）は，多文化教育のカリキュラムには4つのアプローチがあることを指摘している。それは，特定の人種・民族のヒーロー・ヒロインについて学ぶ「貢献アプローチ」，既存のカリキュラムのなかに特定の人種・民族の文化を取り入れる「付加アプローチ」，多様な人種・民族の視点から探究できるように既存のカリキュラムを作りかえる「変形アプローチ」，社会問題を批判しその問題の解決に取り組む「社会活動アプローチ」である。

[8]　Banks, J. A., "Multicultural Education: Characteristics and Goals," in Banks, J. A. and Banks, C. A. M. (eds.), *Multicultural Education Issues and Perspectives*, Boston: Allyn and Bacon, 1989, pp.3-28.

[9]　中村雅子「多文化教育と『差異の政治』」『教育学研究』第64巻，第3号，1997年，pp.281-289。

[10]　松尾知明『アメリカ多文化教育の再構築——文化多元主義から多文化主義へ』明石書店，2007年，p.26。

序章　〈多文化性の尊重〉と〈学力保障〉の歴史から学ぶ

　第2に，「人種主義や不平等な社会構造に対抗して誕生したという，その創設の精神が主流集団の言説に囲い込まれ，脱政治化が進んでいった」ことにより，「ツーリスト・アプローチとよばれる3Fを扱うだけの異なる文化の表面的な理解に終始する取り組みが主流になってきた」ことである[11]。3Fとは，祭り（Festival），食事（Food），服装（Fashion）の頭文字に由来する用語である。このアプローチでは，さまざまな文化を旅するかのように体験することをもって，多文化理解が図られると捉えられているが，多文化をめぐる問題状況の解決には至らないという状況が生まれていた。

　第3に，多文化教育が社会の周辺に置かれた文化への着目を促そうとするあまりに，その周辺に位置づけられてきた集団を比較的純粋で一貫性のある文化・歴史・アイデンティティをもつ存在として捉えがちであり，そのことが集団内における差異を見過ごす傾向にあるという課題である。具体的には，「内集団」・「外集団」という集団間の境界を固定化し，仲間ではないとされた外集団を「他者」として差別化することや，同一集団としての一致を強制する傾向を生み，集団内に存在する多様性を抑圧する状況があった。そのため，集団外には排他的，差別的であり，集団内の多様な声に対しては抑圧的，黙殺的な教育実践となっていた。

　この問題が継続した原因の1つに，集団の純粋化によって，マイノリティ集団の権利が擁護されていたことが挙げられる。多文化主義の浸透によって，それまで社会の周辺に位置づけられていた存在に力が与えられるようになったが，「それはまずは黒人の集団，女性の集団，障害者の集団といった，『集団』が声をあげることによって可能になるのであり，その意味ではアメリカという『全体社会』のなかの『部分社会』がクローズアップ」[12]されるという状況があった。すなわち，一定の集団に属し，その集団として考え，行動することによって，マイノリティ集団が権利を主張しやすくなるという状況が生まれていたのである。

---

[11]　同上書，p.4。

[12]　岡本智周『歴史教科書にみるアメリカ——共生社会への道程』学文社，2008年，p.22。

第4に，同化主義・融合主義からの脱却をめざして登場したはずの文化多元主義が，まさに多文化を尊重することによって，新たな排外主義を生み出している現状である。この現状について，「多様性」の尊重や「多様性」に応じた指導が，実際には排除の論理として展開している場合があることが報告されている*13。なぜなら，多文化の尊重という仮面でもって，他者の文化への無関心を引き起こすことにつながっていたためである。

　以上のことから，マイノリティの文化を教育内容として選択するだけでは，十分に多文化性を尊重することにはつながらないと言える。真に子どもたちの多様な文化的背景を尊重するためには，多文化社会の背後に存在する権力構造や多文化社会の内部に存在する不平等な状況を読み解くとともに，集団内の差異に気づき，さまざまな文化的背景を持つ個人間のコミュニケーションが図られるような教育を実現する必要がある。では，文化の多様性という状況に対して，教育現場における多様性に応じようとする指導が，子どもたちの学力の向上や社会参加につながる教育につながるためには，どのような教育内容を選択し，どのような教育実践を行うことができるのだろうか。

　「文化多元主義」の限界を克服するものとして登場したのが，「多文化主義（multiculturalism）」である。多文化教育としての教育実践のあり方を提起する松尾知明は，多文化主義のカリキュラムを実現していくために，次の3点を必要視している。1点目は，社会生活や歴史のなかに，マジョリティの視点を見出し，その特権や規範を明るみに出すことで，教育内容を脱中心化することである。アメリカにおいては，西洋中心の社会生活や歴史が，暗黙のうちに日常生活に浸透している。まずはそれらを洗い出すこ

---

*13　田中耕治『教育評価』岩波書店，2008年，p.67。田中は，「『多文化性の尊重』という仮面をもったマイノリティの隔離もしくは排除の実態」という状況に対して，「この隘路を克服する方向は，『多文化性』が『普遍性』と結合する以外には道はない」と述べる。この場合の「普遍性」とは，「『多文化性』によって鍛えられ，異文化間の対話と相互尊重を促す新たな内実を獲得した『民主主義，人権，平和，自由』である」という。

とを求めるものである。2点目は，マイノリティ集団の内なる声に耳を傾けながら，多文化の物語を再発見していくことである。マイノリティ集団を純粋で均質な実体をもつものではなく，まさに多様な人々が所属する集団として捉え，彼らの声を取り上げていくことを求めるものである。3点目は，多文化の視点からハイブリッドな物語を再構築することである。既存のマジョリティの視点で形成された物語を，複数の視点で編み直していくことを求めるものである[14]。

また岡本智周は，多文化主義の発想が顕著に表現されたものとして，歴史教科書に注目する。なぜなら，「1960年代以降，多文化化する社会の現実を反映したカリキュラムの開発が相次いで行われるようになったが，それらは最終的に歴史教科書の記述に帰着」しており，「アメリカ社会にいる多様な人々がいかなる来歴を有しているのか，また，重要な出来事のなかでマイノリティがどのような働きをしていたのか——可能な限り多くの情報を取り込むことによって，アメリカの歴史教科書は，多文化社会の成り立ちと価値観の相対性を次世代に伝達するメディアとなっていった」[15]ためである。岡本は，歴史教科書の分析を踏まえて，多文化性を尊重しようとするアメリカの動向を「多元性を称揚する一元性」と表現する。そして，多文化教育が抱える課題を克服する活路として，「エスニシティ，ナショナリティ，さらにはユニバーサリティといった，人間の共同性の位相を捉える視座を複数用意することにあり，その位相の複数に属する者として個々の人間を捉えること」[16]の重要性を主張する。

この岡本の指摘に表れているように，歴史教科書においては，教科書上の記述のなかにさまざまな文化を取り入れることによって，「多文化主義」を実現する手段が取られることになる。この場合のテキスト理解は，図0-2のように表すことができるだろう。読者は，教科書を通じて，世界に存在する文化を知識として知り，権力構造を含む文化間の関係性を歴史

---

[14] 松尾，前掲書，pp.119-121。

[15] 岡本，前掲書，p.12。

[16] 同上，pp.90-91。

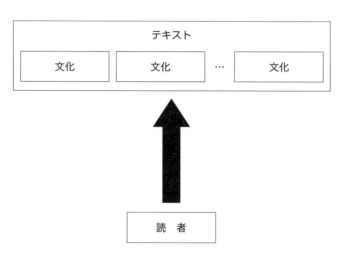

図 0-2　多文化教育におけるテキスト理解

的に学習する。しかしながら，先述の多文化教育をめぐる議論を踏まえるならば，あらかじめ他者によって選択された多様な文化を知ることだけでなく，学習者自らが文章のなかに文化を読み解くことが必要であると考えられる。

　そこで本書では，以上の問題にアプローチするために，言語教育 (language education) に焦点を当て，多文化教育が抱える課題を克服する方途を探究する。言語教育に着目する理由は 2 点ある。1 点目は，言語教育においては，まさに文章を読み解く視点やスキルの獲得に主眼が置かれてきたためである。特にアメリカにおいては，リテラシーをめぐる議論のなかで，文章を読み解くという行為と，マイノリティの子どもたちの権利が関係づけて論じられてきた。本書では，言語教育における文化の読み解き方の視点に，多文化教育が抱える課題を克服する契機があるのではないかと考える。

　2 点目は，多文化間の格差問題を解決するための教育政策の要として，言語教育が位置づけられてきたためである。アメリカでは，1960 年代の公

民権運動を背景に「初等中等教育法（Elementary and Secondary Education Act of 1965）」が制定され，全米規模で言語教育を中核に据えた補償教育が実施されてきた。初等中等教育法は，その後も改定を経て，現在の NCLB 法においても，言語教育を通した教育格差および所得格差の是正が図られている。このことから，アメリカにおける「多文化性の尊重」と「学力保障」の両立の問題は，言語教育を抜きにして語ることはできないと言えるだろう。

　なお学校段階としては，以下 2 点の理由から，就学前教育段階から中等教育段階を対象とする。1 点目は，アメリカでは就学前教育における教育の改善の必要性が提起され，就学前教育段階において初等教育段階の教育内容を前倒しする教育改革が進められてきたためである。特に，前倒しする教育内容として，言語教育と算数教育が選択されており，アメリカの言語教育の特質に迫るには，就学前教育段階に着目する必要がある。

　ただし注意すべきは，初等教育段階の教育内容の前倒しという発想は，日本の就学前教育の方針とは異なることである。日本では，就学前段階には幼児期特有の発達課題があると捉えられ，初等教育段階とは異なる教育実践が営まれてきた。しかしながら，日本における「小 1 プロブレム」問題など，幼児教育と初等教育の接続が問題視されている状況に鑑みれば，就学前教育段階と初等教育段階の連続性をどのように確保するのかを検討する必要があると考えられる。

　2 点目の理由は，アメリカにおいては，「第 4 学年のスランプ（fourth grade slump）」という言葉で表現される問題，すなわち，それまでの言語教育において学力があると判断される子どもであっても，第 4 学年以降，学力が低下することの問題が指摘されているためである。特に，就学前教育において，初等教育の教育内容を前倒しして実施しているアメリカにおいては，就学前教育から初等教育において獲得されるべき基礎的な知識やスキルについての研究が豊富に蓄積されてきた。しかしながら，そのような基礎的な知識やスキルを習得しても，その後の言語発達につながらないことが指摘されている。そのため，就学前教育から，どのように長期的に子どもの言語発達を促す教育を実現するのかという課題の解決が望まれている。

以上2点の理由から，就学前教育から中等教育までの学校段階を対象とする。

　なお，2018年現在，コモン・コア・スタンダード（Common Core Standard），すなわち，これまで州毎に異なっていたカリキュラム作成にあたる基準を全国共通のものにするという取り組みが行われており，アメリカを知る上では，この動向を見過ごすことはできない。しかしながら，現在も進行中の取り組みであり，検討するには時間を措く必要があると考え，本書では検討の対象とはしない。以上の理由から，本書では，1950年代から2000年代前半までのアメリカにおける，就学前教育から中等教育にあたる言語教育に限定して論じることとする。

第2節　言語教育をみる3つの視点

　アメリカにおける言語教育は，「言語技術の指導（language arts instruction）」として実施されてきた。言語技術の指導とは，「口頭・記述・視覚的コミュニケーションシステムの間を関連づける指導であり，意味を作り，共有し，拡張するために，幼稚園から高等学校の生徒が対象となる教育」のことを指す[17]。この指導では，意味を生成・共有・拡張するために，読むこと・書くこと・話すこと・聞くこと・見ること・視覚的に表現することを結びつけて学習することがめざされている。

　アメリカのカリキュラムにおいて，言語教育に相当する教科は，各州・学区によって異なる。各州・学区の自主性を尊重する意味もあるが，日本の国語科教育のように，国語に該当する言語を限定することに慎重である

＊17　Wold, L. S., "Language Arts Instruction," *Literacy in America: An Encyclopedia of History, Theory, and Practice*, Santa Barbara: ABC-CLIO, 2002, pp.277-281.

ことや，言語技術を重視する歴史が存在しているためである。そのため，教科として，英語と言語技術（English and Language Arts）のように併記される場合や，言語技術（Language arts）と，読むこと（Reading）もしくは文学（Literature）に区分される場合がある。

　これまで，アメリカの言語教育については，大きく3つの観点にもとづいて研究が行われてきた。1つめは，英語を国語として規定し，国語科教育の変遷を辿ったり，国語科教育内部における教育目標や教育内容の選定，領域編成や指導の具体像を明らかにしたりするものである。2つめは，リテラシーをキーワードに，言語教育で使用されるテキストの選択やその実践に権力性を見出し，子どもたちをエンパワメントする方法を明らかにするものである。最後に3つめとして，権利としての言語教育に焦点を合わせるものが挙げられる。

⑴ 国語科教育としての言語教育

　英語を国語として捉え，アメリカの国語科教育の歴史的変遷に注目したものとして森田信義の論考が挙げられる[18]。森田は，アメリカの国語科教育の特に現状と関係の深い4つの歴史的に重要な動きとして，1935年に出版された『国語の経験カリキュラム（*An Experience Curriculum in English*）』，1950年代後半の「新英語（New English）」カリキュラムの開発，1966年にダートマス大学で開かれたダートマス・セミナー（Dartmouth Seminar），1970年代の「基礎に帰れ（back to basics）」運動を挙げている。森田の論考によって，子どもたちの言語経験を重視する立場と，国語科教育としての系統性を重視する立場とのあいだで大きく揺れ動いてきた，1970年代までのアメリカの国語科教育の変遷を辿ることができる。ただし森田の論考は，1992年にまとめられたものであり，80年代以降の言語教育をめぐる議論は十分に明らかにされていない。アメリカにおいては，公民権運動を背景に尊重されるべきものとして扱われてきた多文化性を尊重する教育が，80年代以

---

[18]　森田信義編著『アメリカの国語教育』渓水社，1992年。

降，再度問い直されていくことになる。特に80年代以降のアメリカにおけるスタンダード運動（standard movement）は，60年代から続く多文化性をめぐる議論を踏まえ，共通性を示そうと試みたものであるため，アメリカの言語教育における学力保障の実態を把握するために注目する必要がある。

80年代以降のアメリカの言語教育に関する研究は，大きく2つの研究に分けられる。言語科における基礎的な知識やスキルの指導に関する研究と，言語教育の教育目標に関する研究である。言語科における基礎的な知識やスキルの指導に関する研究は，アメリカの言語教育が言語技術の指導に重点を置いてきた背景を踏まえ，言語科における基礎的な知識とスキルとはいかなるものなのか，基礎的な知識やスキルをどのように指導するのかという問いが，特にホール・ランゲージ運動（Whole Language movement）と対比させることによって議論されてきた。ホール・ランゲージ運動とは，70年代後半に展開された「基礎へ帰れ」運動において，基礎的な知識やスキルの指導が過度に強調されたことを批判するかたちで登場したものであり，言語の読み書きを実際の言語活動のなかで育むことを主張するものである。ホール・ランゲージ運動は，教師が学習環境を整え，子どもの発達を見取りながら実践することを志向し，教師の専門家としての自律性を強調するものである。日本ではこれまで，この運動が，日本における単元学習と類似性を持つものであることや，子どもたちを真正の学習に参加させることに特徴を持つものであることが，桑原隆によって紹介されている[19]。

さらに，ホール・ランゲージ運動は，もともと英語圏の母語教育において展開してきた指導・実践であるが，第二言語教育においても実践が展開していること，そのなかで課題が見出されていることが，赤沢真世によって明らかにされている[20]。赤沢によれば，ホール・ランゲージでは，第二

---

*19　桑原隆『ホール・ランゲージ──言葉と子どもと学習　米国の言語教育運動』国土社，1992年。

*20　赤沢真世「第二言語教育におけるホール・ランゲージ・アプローチに関する一考察──『ホール』の意味する言語観・言語教育観をふまえて」『京都大学大学院教育学研究科紀要』第54号，2008年，pp.166-179。

言語教育において第一言語（母語）が尊重された教育活動が行われるという。なぜなら，第一言語における言語活動は，学問的概念の学習に不可欠で重要な背景的知識や概念を育むことが可能であり，さらには，子どもたちの言語や文化に関するアイデンティティの確立に寄与すると考えられるためである。しかしながら，子どもたちの文化を尊重しようとするホール・ランゲージ運動ではあるものの，「［言語や文化の］多様性に対応する際の指針はほとんど示されておらず，教師の力量に任されている」ために，「教師が子ども一人一人のニーズを掴むことが出来たとしても，何を目標として，どのような系統で指導を行うべきかという情報があまりにも少ない」という課題が見出されているという。ここから，多文化性を尊重した言語教育を実践するために，いかに教師が利用可能な教育目標の設定やカリキュラムの設計に関わる情報を整理していくのかという課題が浮かび上がってくる。

　アメリカの言語教育における教育目標に関する研究は，まさにこの問題に対処することを目的として進められ，主に言語科スタンダードを開発することで進展してきた。日本では，桑原隆ら，堀江祐爾，八田幸恵によって，研究が行われてきている。桑原らは，国際読書学会の機関誌にもとづき，1996 年に開発された「言語科のためのスタンダード（Standards for the English Language Arts，以下 SELA）」の草稿が提出されるまでの経過を整理するとともに，ニューヨーク州・デラウェア州・サウスカロライナ州の言語科スタンダードを抄訳している[21]。堀江は，SELA の構成を分析し，全体として「ゆるやかな」目標として設定されていることを明らかにしている[22]。一方八田は，州レベルのスタンダードに注目する必要性を述べている。な

---

*21　桑原隆・足立幸子・浮田真弓・中嶋香緒里・鄭恵允・迎勝彦・小林一貴「アメリカにおける言語教育の動向」『アメリカの初等，中等教育の教科・生徒指導実践に関する多面的，総合的解明の基礎研究』平成 6-7 年度文部省科学研究費補助金一般研究（B）研究成果報告書，1996 年，pp.17-36。

*22　堀江祐爾「アメリカにおける『国語科のためのスタンダード——ゆるやかに規定された教育水準』」『初等教育資料』No.667，東洋館出版，1997 年，pp.68-71。

ぜなら，「全米規模のスタンダードの記述は抽象度が高く，また各学年段階での達成水準まで示されているわけではない。そのため，全米規模のスタンダードがそのまま日々の教育実践の指針になるわけではない」ためである。そこで八田は，「国語科［言語科］スタンダード開発プロジェクト発祥の地であり，他の州から参照されることが多い」イリノイ州の言語科スタンダードに注目し，その枠組みを示している[23]。

これらの研究によって，SELA 開発に向けた経過や全体構成，SELA にもとづく州レベルのスタンダードの枠組みが明らかにされてきた。しかしながら，これらの先行研究においては，スタンダード運動をめぐってアメリカ国内で行われてきた議論を踏まえた検討は行われていないため，SELAや州レベルの言語科スタンダードが，どのような特徴を持っているのか，アメリカにおける言語教育のどのような課題を克服できているのかについては明らかにされていないという課題を抱えている。そのため，SELA や州レベルの言語科スタンダードを，多文化性の尊重と学力保障をめぐるアメリカの言語教育の変遷のなかに位置づけ，その成果と課題を検討する必要がある。

以上のアメリカにおける言語教育を国語教育として捉える研究においては，英語を国語として捉えるという前提にもとづいて展開されてきたものであり，子どもたちの持つ多様な文化的背景に関して表立って議論されてきたとは言い難い。国語科教育としての言語教育に潜む多文化性の問題は，「リテラシー」というキーワード，特に「批判的リテラシー (clitical literacy)」を主張する立場から明らかにされてきた。

(2) リテラシーの育成としての言語教育

個人の特性を単一の文化から捉えるのではなく，複数の特性を持つものとして捉えることへの着目は，批判的教育学の立場から行われてきた。さ

---

[23] 八田幸恵「国語科の目標を設定する──活動とスキル・トレーニングを乗り越えて」『教育』No.778，教育科学研究会，2010 年，pp.70-78。

らに，批判的教育学の知見を取り入れて，批判的リテラシー論が登場し，既存の社会を問い直し，個人をエンパワメントする教育の在り方が提起されてきた。

　竹川慎哉は，多文化教育が抱える課題を乗り越えるものとして批判的リテラシー研究を位置づけている。竹川によれば，多文化教育は，「自文化と他文化，マジョリティの文化とマイノリティの文化という図式に従って『自己のアイデンティティ』の承認や『他者のアイデンティティ』の尊重が強調されるが，そこには人々の社会的差異を社会的関係や文脈と関係なく定義できるという本質主義的前提がある」という*24。これは前節で述べた多文化教育が抱える3つめの課題についての指摘である。そこで竹川は，ヘンリー・ジルー（Henry Giroux）の批判的リテラシー論に注目する。ジルーは，リベラリズム批判の文脈で登場する再生産論に一定の評価を与えながら，学校教育内での実践プロセスに再生産の構造を断ち切る余地があることに，変革の可能性を見出そうとした人物である。ただし，教室の実践において適用していくための具体的な枠組みや制度的な改革について論究していない点に課題があるという。

　また樋口とみ子も，多文化教育と批判的リテラシー論は，以下の問題を抱えていると指摘する。すなわち，単に文化的マイノリティの子どもたちの文化を尊重するだけでは，かえって排他主義・孤立主義に陥る危険性があり，それがそのまま複数性への配慮に通じるわけではない，さらに「単元レベルでの授業実践は蓄積されてきているものの，学校教育におけるカリキュラムという長期的な展望に関する視点が弱い」*25 という問題があるという。以上の竹川と樋口の指摘を踏まえると，学校教育における長期的なカリキュラムの具体像を明らかにすることが求められていると言える。

　加えて樋口は，「批判的リテラシー論のねらいとするポリティクスの批

---

*24　竹川慎哉『批判的リテラシーの教育——オーストラリア・アメリカにおける現実と課題』明石書店，2010 年，p.10。

*25　樋口（谷川）とみ子「現代アメリカ合衆国におけるリテラシー論議の再審——『機能』と『批判』の統一」（京都大学大学院教育学研究科博士論文）2006 年，p.117。

判的洞察と抵抗が，かえって一つのイデオロギーとなってしまっている」*26 ことを指摘する。授業実践において，子どもの討論を深めていくために教師が教材などを提示することが，偏った思想を押し付けたり，あらかじめ設定した教師の意図に生徒を誘導したりする危険性を孕んでいるためである。この問題は，先述の「多様性を称揚する一元性」の問題になぞらえれば，「批判性を称揚する普遍性」と言えるだろう。多様性も批判性も，所与のものとして捉えることになるならば，そこには多様性や批判性を重視しはじめようとした問題意識を十分に踏まえられない危険性が生まれてくる。つまり，多様性や批判性を，学習者自らが獲得するものとして捉えることが実現できるような教育実践が展開されることによって，それらが本来持つ問題意識や性質を実践・継承することができると考えられる。

　この状況を克服するために必要なこととして，樋口は次の3点を挙げている。それは，「個々人の複数性に目を向けること」，「過去や共通世界への深い洞察を持つこと」，「政治経済などの領域に対して，教育という領域の独自性を考慮すること」である。またベンジャミン・エンドレス（Benjamin Endres）も，テキストを読むことを通した批判性の獲得を重視している*27。具体的には，「私たちは，まずそれを，つまり，そこに明示されたメッセージや隠されている想定，そして矛盾するメッセージをもつ可能性を理解しようとしなければならない」，「批判とは，読むことに先行する結論ではなく，テクストを理解しようとする試みの結果として生じる一つの可能性にすぎない」と述べる。ここから，「空間的・時間的・文化的に離れたところにある著者の視点を解釈し，共有された理解に至る道筋を拓く」ことを重視する。では，樋口とエンドレスが主張するような，過去や共通世界の洞察を深く行うという行為は，どのようにすれば実現されるものなのであろうか。

　樋口は，過去や共通世界の洞察を深く行うことを具体化するものとして，

---

*26　同上論文，p.118。

*27　Endres, B. "A Critical Read on Critical Literacy: From Critique to Dialogue as an Ideal for Literacy Education," *Educational Theory*, Vol.51, No.4, 2001, pp.401-413.

エリック・D・ハーシュ（Eric D. Hirsch）の文化的リテラシー論にもとづく授業実践を取り上げている[28]。樋口によれば，ハーシュの提案をもとに1986年に設立された非営利組織コア・ナレッジ・ファンデーション（Core Knowledge Foundation）においては，「共通知識の習得」と「文章を批判的に読み解く能力の育成」とが結びつけられた実践が行われている。コア・ナレッジ・ファンデーションにおける「文章を批判的に読み解く能力の育成」とは，例えば，共通語彙を学習させようとする際，「その意味づけ方は著者によって異なること」を示したり，「二つの文章を読み比べることによって，文章には書き手の立場や価値観が反映されていることを子どもに認識」させたり，伝記を扱う際に「同一人物についての伝記であっても，書き手によってさまざまな描かれ方があるということを比較」させたり，「書き手による意図的な誇張部分と事実とを見分けさせる」ことを行わせたりすることである。これらの学習が行われることによって，「共通知識を習得する過程において，文章に書かれている内容の意味や根拠，さらには有効性を複数の視点から探っていくこと」が促されており，「そのことを通じて批判的な認識を養おうとするものと考えられる」と，樋口は結論づけている。

　樋口の挙げる「文章を批判的に読み解く能力の育成」に向けた学習活動は，文章を一面的に理解するという段階からの克服が図られるものとして評価できるだろう。しかしながら，先の批判的リテラシーが抱えていた問題点の1点目，「学校教育における長期的な展望」を示すことに関しては，明らかにされていない。長期的な展望を持った，過去や共通世界の洞察を深く行うための，カリキュラム設計の指針を明らかにする必要があると考えられる。

　さらに先述したホール・ランゲージ運動をめぐっても，批判的リテラシーの視点からの研究がすすめられ，多文化性に関わる課題が明らかにさ

---

[28]　樋口，前掲論文，p.178。

れている*29。黒谷和志によれば，ホール・ランゲージ運動は，子どもたち
が多様な言語を使用する権利を認め，言語的，文化的な差異に橋をかける
実践を構想しているものの，「言語と権力」の問題を取り上げてこなかった
ために，言語的，文化的な差異を権力関係のもとに閉じ込めてしまう危険
性があるという。この課題を克服するためには，「リテラシー教育とそこ
にあるリテラシー観が『言語と権力』の関係に規定されていることを視野
に入れ，子どもたちが自らの声を位置づけていくこと」が必要であるとい
う。具体的には，「当然のことと考えられてきたことを調べ，それがどこか
ら生じてきたのか，それが何と結びついているのか，誰の利益を支えてい
るのかという視点から調べ，それ以前の闘争の成果（例えばリテラシー運動，
反人種差別主義者，反性差別主義者による言語政策を組織する運動など）から学
びつつ，活動に結びつけ，さらに，支配的なディコースを下位のディス
コースから捉えなおす（例えば，文学作品の女性運動からの捉えなおしなど）
といった観点から，自分自身の生活のなかで当然と考えられてきた状況を
調査し，批判するために活字を使用すること」が重要であると主張する。
しかしながら，「すべての子どもに一様に『言語と権力』への批判的態度を
求めるならば，それ自体も価値観の強要に陥ってしまう」ため，「日常生活
に埋没している子どもたち一人ひとりが，『言語と権力』の関係を読み解く
ことに自分の問題としてかかわれる契機とプロセスを明らかにする」こと
が必要であるとも述べている。

　以上を踏まえると，言語教育における目標をいかに設定するのか，子ど
もたちが自らの課題として，学習を進めていくためには何が必要であるの
か，それらをいかに長期的な視点をもつものとして整理するのかを明らか
にする必要があると言える。

---

*29　黒谷和志「リテラシー形成における差異の政治──ホール・ランゲージ運動の展
　　開に即して」『中国四国教育学会　教育学研究紀要』第 47 巻第 1 部，2001 年，pp.301-
　　306，および，黒谷和志「ホール・ランゲージにおけるリテラシー教育の構造と課題
　　──C. エデルスキーの再理論化を中心に」『教育方法学研究』25，1999 年，pp.19-27。

⑶ 権利としての言語教育

　自らの言語を使ったり学んだりすることを人権として捉える考え方は「言語権」と呼ばれ，国際的に承認されてきた。1948 年に国連で採択された「世界人権宣言（Universal Declaration of Human Rights）」では，人種や言語等，いかなる事由による差別も受けることなく，世界人権宣言に掲げられる権利と自由の享受が認められた。1966 年の「市民的及び政治的権利に関する国際規約（International Covenant on Civil and Political Rights）」では，自らの言語を使用する権利が人権として明確に位置づけられた。さらに，1989 年の「子どもの権利条約（Convention on the Rights of the Child）」，1992 年の「民族的または種族的，宗教的及び言語的少数者に属する者の権利に関する宣言（Declaration on the Rights of Persons Belonging to National or Ethnic, Religious and Linguistic Minorities）」が採択されたことによって，マイノリティの子どもたちが自らの言語を使用したり，学んだりする機会が保障されたりするべきであることが規定された。

　国際的に承認されてきた言語権ではあるが，アメリカにおける対応は，非常に慎重なものであった。アメリカでは，奴隷制の影響を受け，人種・民族間における教育格差が存在していたことから，子どもたちの学力を向上させるためには償いの処置をとる必要があると考えられていた。そこで制定されたのが，1965 年の初等中等教育法である。時限立法として制定された同法の中核は，第 1 章「低所得家庭の子どもたちの教育のための地方教育局への財政援助」であった。当初は人種問題への対応のために，マイノリティの子どもたちへの償いが意図されていたが，政治的対立を生みやすいと判断され，貧困問題を主軸にすることが決定された。人種問題と貧困問題を結びつけて捉えることによって，所得格差の是正を通じた人種問題の解決がめざされたためである。

　初等中等教育法では，低所得家庭の集まる地方教育当局へ財政援助を行い，「教育的に剥奪された子どもたち（educationally deprived children）」の教育ニーズに応えることがめざされた。教育格差が生み出される原因を，所得格差にあると捉え，所得の低い地域・学校に対して財政援助を行うこと

によって「教育的剥奪」が克服されると考えられたためである。

　「教育的剥奪」を克服するための具体策として掲げられたのが，ヘッド・スタート・プログラム（Head Start Program）をはじめとする補償教育であった。補償教育は，「文化剥奪（cultural deprived）」論にもとづき実施されたものである。文化剥奪論とは，マイノリティの子どもたちの学力が低いのは，マイノリティの子どもたちが不十分な文化しか持ち得ておらず，文化的に剥奪されているためだと捉える考えである。そこで，マジョリティが使用する言語を用いて，マジョリティの有する文化を獲得することが必要であると考えられた。つまり，教育格差・所得格差の是正をめざすために，言語権の保障は実現されなかったのである。

　その後，初等中等教育法の改定法のもとでは，子どもたちの文化の扱い方や，そこで行われる教育の規程の仕方に変更が加えられることとなる。1994年には，初等中等教育法の改定法として，「アメリカ学校改善法（Improving America's Schools Act of 1994）」が制定された。アメリカ学校改善法の第1章は「不利な状況にある子どもたちが高いスタンダードに達することへの支援」であり，すべての子どもたちに高い水準の教育と，その教育を得る公正な機会を提供することが決定された。ここでは，平等な機会を提供することを通して，教育格差の解消もめざされた。2002年には，NCLB法が制定された。NCLB法の第1章は，「不利な状況にある人たちの学業成績の改善」であり，アメリカ学校改善法から継続して，高い水準の教育を提供することと，その教育の機会を得ることとがめざされた。

　このようにアメリカでは，多様な文化的背景を持つ人々が存在することに関連する諸問題に対処するために，初等中等教育法を改定しながら対策が講じられてきた。そこでは，教育格差・所得格差を是正するために，言語権を保障することよりも，アメリカにおいて英語を使用して生活するために必要な学力を保障することが優先されてきたのである。

　言語権の保障に慎重であった理由として，次の点も挙げられる。1965年に移民法が改正されたことにより，さまざまな人種がアメリカ国内に急増し，そのことがアメリカの不統一を生むと捉えられていた。また1968年以

降，多額の政府予算が投入されてバイリンガル教育が実施されているものの，十分な成果があがっていないことが研究成果として公表されてきた。このことから，英語以外の言語に対する嫌悪感や，多言語が存在することへの不安感が高まっていた。そこで1980年代以降，英語を公用語として定めることを求める英語公用化運動（official English movement）が繰り広げられ，多様な言語の使用を認めることよりも，英語を公用語と規定することによって，社会の秩序の安定が実現されると考えられた。

　以上を踏まえると，多様な文化的背景を持つ子どもたちの言語に関する権利を保障するというのは，言語権を保障することであるのか，それとも教育格差や所得格差を克服するような言語に関する学力を保障することであるのかという対立軸が浮かんでくる。さらに，学習者が既存の文化を読み解き，異なる文化的背景を持つ個人とコミュニケートできるようになるために，言語教育の教育内容として，どのような知識やスキルを選択する必要があるのか，その教育内容をどのような長期的カリキュラムとして具体化していけばいいのか，その方策を明らかにすることが必要であると考えられる。

第3節　「多文化性の尊重」と「学力保障」の両立のあり方を探る──本書の視角と構成

　前節までの検討を踏まえて，本書では，1950年代から2000年代前半までに実施されてきたアメリカの言語教育に焦点を合わせる。本書では，この期間の言語教育が，どのような時代背景のもと，どのような問題意識をもって，どのような教育内容を選択して具体化されたのか，実際の取り組みに対して，どのような課題が見出され，その課題が次の時代の言語教育を取り巻く政策や実践にどのような影響を与えていたのかについて，歴史的変遷を描くことを課題とする。

その際，次の2点の分析視角から検討を加える。1点目は，言語教育を実践する際，子どもたちが学校に持ち込んでくる多様な文化的背景をどのように実践に位置づけるのかを明らかにすることである。先行研究で指摘されていたように，特に公民権運動以降のアメリカにおいては，子どもたちが学校に持ち込んでくる言語文化を尊重すべきものとして捉えられてきたものの，多様な言語文化を尊重するという，まさにそのことによって，子どもたちを排除する場面があった。そのため多様な文化的背景を持つ子どもたちが存在する授業場面において，子どもたちが持つ文化を，教育目標や教育内容にどのように位置づけ，どのような教育実践を展開するのかが問われていた。

　このことは，多様な文化的背景を持つ子どもが在籍する学校教育において，言語教育における学力をどう描くのか，多様な文化に対してどのように対応する学習者を育てるのかという，学力像・学習者像を明らかにすることにもつながるだろう。具体的にどのような教育内容を言語教育として選択し，その教育内容の内部にどのように子どもたちの持つ言語文化を位置づけていくのかを明らかにする必要がある。本書では，時代を辿りながら，各時代の特徴的な取り組みを取り上げ，子どもたちの持つ文化の扱われ方に注目することで，言語についての学力像が見えてくると考える。言語教育が，歴史的文脈のなかでどのように構想され，その内部に子どものもつ言語文化がどのように位置づけられているのかを分析していきたい。

　2点目は，長期的な言語発達を可能とするような言語教育を実現するためには，何を言語教育の教育内容として選択し，どのような長期的なカリキュラムを構想するのかという視点である。アメリカでは，これまで教育内容を前倒しすることによって，多文化性に起因する諸問題への対応が図られていた。しかしながら，それは教育の責任を，就学前教育や初等教育の初期の段階に過度に押し付けるものとなっていること，また「第4学年のスランプ」と呼ばれる，基礎的なスキルや知識を習得しても，それが小学校第4学年以降の言語発達に継続されていないことが問題視されていた。そのため，何を各学校段階において指導すべき教育内容として選択し，そ

れをいかに長期的カリキュラムとして具体化するのかを明らかにする必要があるためであった。

以上2点の分析視角を通して，1950年代以降のアメリカにおける言語教育をめぐる議論を歴史的系譜のなかに位置づけ，「多文化性の尊重」と「学力保障」の両立のあり方について，今後の展望を見通すための視野を切り開くことが本書の課題である。

本書は，全6章で構成する。まず第1章では，公民権運動の影響を受けて実施された，1960年代の補償教育に焦点を合わせ，多様な文化的背景を持つ子どもたちに対する学力保障の実像に迫る。

第2章では，1950年代から70年代にかけて，子どもの言語経験を重視する立場から提起された言語教育を取り上げる。その担い手となった，ウィリアム・S・グレイ（William S. Gray）の主張と，ダートマス・セミナーでの成果に着目する。さらに，ジェローム・S・ブルーナー（Jerome S. Bruner）によって提唱されたレリバンス概念に着目し，70年代に取り組むべき言語教育の方向性を分析する。

第3章では，1970年代から80年代にかけて全米で広がりを見せた，「基礎に帰れ」運動と，それを批判する形で登場したホール・ランゲージ運動を取り上げ，言語教育における基礎的な知識やスキルの指導をめぐって交わされた議論の中身を明らかにする。

第4章では，1990年代に設定された，2つの言語科スタンダード，すなわちSELAとイリノイ州の言語科スタンダードを取り上げ，言語教育の共通内容として選択すべき教育内容について明らかにする。

第5章では，1990年代から2000年代前半に組織された2つの委員会，すなわち「低年齢児の読むことの困難性の予防に関する委員会（Committee on the Prevention of Reading Difficulties in Young Children）」と「全米読解委員会（National Reading Panel）」に注目する。前者の委員長を務めたキャサリン・E・スノー（Catherine E. Snow）は，50年代以降の取り組みを振り返りながら，全米規模での共通合意を得るための教育内容の選定を行った。後にNCLB法にもとづく教育を牽引することとなった「全米読解委員会」も，基本的

には「低年齢児の読むことの困難性の予防に関する委員会」の蓄積に学ぶこととなるが，そこには大きな隔たりがあった。本章では，その具体像に迫る。

第6章では，第1章から第5章までで明らかとなった言語教育をめぐる論点にもとづき，スノーが編集した教材集『ヴォイシズ・リーディング (Voices Reading)』を分析する。これらの検討により，アメリカの言語教育において，いかに「多文化性の尊重」と「学力保障」が実現されようとしているのかについて，具体例とともに明らかにしたい。

以上を踏まえて終章では，「多文化性の尊重」と「学力保障」の観点が，いかに言語分野のスタンダードや実践において実現されるのかについて，今後の展望を描く。

第1章

「平等性」の実現をめざす言語教育の源流

扉写真：アメリカの補償教育を象徴する子ども向け番組「セサミストリート（Sesame Street）」。ニューヨーク州マンハッタンの架空の通り「セサミストリート」のテラスハウスに住む，さまざまな文化的背景を持った人々やマペットたちが繰り広げるドラマや会話を中心に，就学前教育を目的とした多彩なプログラムが放送される。1969年の放送開始以来，今日まで途切れること無く，140以上の国と地域で放送されている。（写真：Everett Collection/ アフロ）

第1章　「平等性」の実現をめざす言語教育の源流

　子どもたちの文化的多様性に起因する諸問題を解決しようとする試みは，
1950年代から60年代にかけて巻き起こる公民権運動を背景に行われてき
た。その試みは，「貧困との闘い（war on poverty）」の一環として，経済的・
社会的に恵まれない子どもたちに対する補償教育（compensatory education）
として具体化された。補償教育とは，経済的・社会的に恵まれない層が
被ってきた不利益を認知し，特別な教育措置を講ずることによって，その
ハンデの克服を支援する社会的努力である[*1]。貧困の原因を個人の能力や
努力に求めるのではなく，教育・就労の機会が人種差別や閉鎖的な教育・
雇用環境等によって制限されてきた事実に求め，償いの措置をとることに
よって，構造化された不平等の解消をめざす取り組みである。当時のアメ
リカ，特に南部地域の奴隷制の影響が残る地域において，文化的多様性の
問題を正面から取り上げることは，人種問題の激化を生じさせる危険性が
あった。そのため，人種問題の解決を直接的な目的として掲げるのではな
く，所得格差の是正を目的として定めることによって，連邦政府からの補
助金にもとづく「平等性（equality）」の追求をめざした教育政策を実施する
ことが決定された[*2]。

　補償教育は，対象とする子どもの年齢に応じて，大きく2つに分けられ
る。3〜5歳児を対象としたヘッド・スタート・プログラム（Head Start
Program）と6〜8歳児を対象としたフォロー・スルー・プログラム（Follow
Through Program）である。ヘッド・スタート・プログラムでは，連邦政府の
定める貧困層の3〜5歳の子どもたちに対して，小学校就学に向けての準
備をすることを目的として，就学前段階から早期介入（early intervention）が
行われる。認知面にとどまらず，食事・医療の面からの支援も行われるも

[*1]　深堀聰子「ヘッドスタート・プログラム（Head Start Program）——就学前段階の
　補償教育」アメリカ教育学会編『現代アメリカ教育ハンドブック』東信堂，2010年，
　pp.188-189。
[*2]　初等中等教育法では，連邦政府の全面的な関与をもたらす一般補助金（general
　grant）ではなく，州と学区に特定の分野にのみ関与する特定補助金（categorical grant）
　が採用された。

33

のであり，子どもの発達を多方面から支援することをめざした総合プログラムである。フォロー・スルー・プログラムは，ヘッド・スタート・プログラムに参加した子どもたちに対して行われる，小学校入学後の継続的なプログラムである。

これまで，補償教育は「機会の平等」だけでなく，与えられた機会を十分に乗り越えるための能力を保障することを目的としたプログラムであると捉えられてきた。たとえば堀尾輝久は，「小学校入学以前に，その家庭や地域の文化的環境の劣悪さの故に，発達が遅れている子どもたちに対して，その奪われたものに対する補償としての就学前教育を通して，小学校教育の出発点で，いわば一線にくつわを列べることを意図したもの」であること，「幼児教育を中心とする大がかりな教育実践でもあり，知能の可塑性への信念と初期経験の重要性を認める心理学的知見を支えとしての，遺伝決定論的知能論と悲観的発達論への挑戦でもあった」と述べている[*3]。教育の機会を付加的に提供し，子どもたちに能力を獲得させることによって，小学校入学前の段階で顕在化していた経済的・社会的背景から引き起こされる不利益を克服させることが目的とされたためである。

しかしながら，その目的とは裏腹に，以下2点の問題点が指摘されている。1点目は，補償教育が依拠する理論についてである。補償教育の多くは，「文化剥奪」論にもとづくプログラムであった。これは，貧困層の人々は，豊かな文化を剥奪されているが故に貧困状態であること，しかしながら，豊かな文化にもとづく理想的で到達すべき教育を受けることによって，貧困から脱出できるという考え方である。この考えが採用されたため，マイノリティの子どもたちの独自の生活様式や象徴的表現は校門で洗い落としてくることが期待されていた。そのため，子どもが持つ文化内容を阻害していたと言われる。中村雅子は，「追求されてきた等質とエクセレンス

---

*3　堀尾輝久「世界の教育運動と子ども観・発達観」大田尭編『岩波講座　子どもの発達と教育　子ども観と発達思想の展開』岩波書店，1979年，pp.299-359。

の基準が支配的文化の枠内にほぼ限られていたこと」を問題視している[*4]。坂上優子も，アメリカにおける補償教育が「恵まれない黒人や少数民族の子どもの家庭に『紛失している』もの，『基準』からみて欠けているものへの注目を促した」ことに対して，「複数人種を含む国家としては，この基準を唯一のものとして，すべての子どもに適応できるのであろうか，それが最善の形態だろうか」と疑問を投げかけている[*5]。人種・民族間に存在する文化の違いを，文化の優劣として捉えようとした点に問題が見出されたのである。

　2点目は，教育内容と指導方法についてである。ホール・ランゲージ運動の理論的指導者であるケネス・S・グッドマン（Kenneth S. Goodman）によれば，文化剥奪論にもとづくプログラムにおいては，学校で行われるスキル学習に馴染むことができない子どもたちを矯正する（remediate）という発想があり，そのような子どもたちに対してスキルを教えるための訓練（drill）と練習（exercise）が課せられていた[*6]。この考えに立つと，子どもたちが学校外で獲得した知識や経験は，子どもたちの「弱さ（weakness）」と捉えられることになり，プログラムがその弱さを克服するための無味乾燥な訓練や練習と化す場面があった。さらに，文化剥奪論にもとづく「結果の平等」は，マイノリティの子どもにとっては，自らの文化とは異なる文化にもとづく生活経験と学力の獲得を意味していた。ここから，補償教育を通じて指導される教育内容が，子どもたちの学校外での生活と連続する

[*4]　中村雅子「アメリカにおけるマイノリティー児童の文化と教育をめぐる議論の展開——1960年代を中心として」アメリカ教育史研究会編『アメリカ教育における等質とエクセレンス追求の史的研究』昭和62年度科学研究費補助金総合研究（A）研究成果報告書，1988年，pp.229-240。

[*5]　坂上優子「"補償教育"の概念と問題点の考察」『教育学論集』4，1978年，pp.21-34，および，坂上優子「補償教育——教育機会の平等とは何か」『教育学論集』5，1979年，pp.60-76。

[*6]　Goodman, K. S., "Acquiring Literacy is Natural: Who Skilled Cock Robin?," *Theory into Practice*, Vol.16, 1977, pp.309-314.

ものとはなっておらず，学校内でのみ適用できる基礎的なスキルにばかり上達することが批判の対象とされたのである。

このように，補償教育の目的の重要性は肯定的に捉えられているものの，その実施にあたって採用された理論や方法に対しては，否定的な評価が与えられている。ただし，これらの先行研究は，補償教育プログラムのなかでもヘッド・スタート・プログラムに注目するものである。それは補償教育の主流が幼児教育の重要性を主張するものであるためである。しかしながら，先述の通り，フォロー・スルー・プログラムも実施されており，これを検討しなければ，補償教育の成果と課題は明らかとならない。そのため，フォロー・スルー・プログラムの具体像に迫ることが必要であると考えられる。

さらに，先行研究においては，具体的なプログラムが「多文化性」の視点から検討されていないために，子どもたちの持ち込んでくる文化的多様性に対して，実際どのような対応がなされていたかについては明らかにされていない。加えて，陶山岩見によって補償教育のさまざまな実践例やマニュアルが整理されているものの[7]，補償されようとしていた学力像とその評価方法が明らかではない。そこで本章では，特にフォロー・スルー・プログラムの具体像に迫るなかで，子どもたちの持つ文化的多様性への対応の様相と，獲得がめざされていた学力像とその評価方法を明らかにする。まずは，補償教育の必要性が提起された1950〜60年代の時代背景を押さえておこう。

---

*7　陶山岩見『ヘッドスタート研究』近代文藝社，1995年。

第1章 「平等性」の実現をめざす言語教育の源流

第1節 公民権運動の展開と補償教育の必要性の提起

　1950 〜 60 年代にかけて全米各地で巻き起こる公民権運動は，南部キリスト教指導者会議 (Southern Christian Leadership Conference)，全国黒人向上協会 (National Association for the Advancement of Colored People)，人種平等会議 (Congress of Racial Equality) などによって展開された。公民権運動で求められていたものは，「平等性」の実現であった。

　公民権運動が行われていた時代のアメリカでは，1896 年のプレッシー対ファーガソン事件判決以降，「分離すれども平等」の考えのもと，人種にもとづく分離教育が行われていた。この状況に対する異議が認められたのが，1954 年のブラウン対トピカ教育委員会事件判決であった。最高裁が「分離教育はマイノリティ（アメリカにおける人種の少数派，黒人をはじめ，アメリカ・インディアン，メキシコ系アメリカ人，プエルトリコ人，アジア系アメリカ人など）の児童・生徒に劣等感を引き起こすだけでなく，彼らの教育的・精神的発達を妨げるものであり，修正憲法第 14 条に違反する」との判決を下したことによって，「分離すれども平等」の法理が破棄され，1955 年に統合教育の実行に着手することが決定された。異なる人種の子どもたちに，いかに共に学習する機会を提供していくのかという問題が浮かび上がってきたのである。

　しかしながら，最高裁の判決をもってしても，国民のあいだに広がっていた人種意識を早急に拭い去ることはできなかった。当時のアメリカをダイアン・ラヴィッチ (Diane Ravitch) は以下のように振り返っている。「黒人を黒人として活性化させるとともに，白人に対しては，彼らが黒人を相手に犯してきた歴史的な不法行為に気づかせ，そのことに責任をとらせることが公民権運動の重要な戦略的な要素であったので，人種意識が急に消

37

えてなくなると思うのはあまりにも無邪気すぎることであった」[8]。つまり,人種意識にもとづく社会の不平等の解消をめざしていたものの,実際は,それまで不利な立場に置かれていた人々に対する優遇措置を取ることを実現するために,むしろ人種意識を顕在化させるという状況も生まれていたのである。

1964年の公民権法の制定を受け,同年に経済機会法（Economic Opportunity Act of 1964）の制定,1965年4月にはリンドン・ジョンソン（Lyndon Johnson）政権のもとで,初等中等教育法が制定された。初等中等教育法では,低所得家庭の集まる地方教育当局への財政援助が行われた。教育格差が生み出される原因を所得格差に求め,所得の低い地域・学校に対して財政援助を行うことが人種間の教育格差を解決すると考えられたのである。初等中等教育法の成立によって,それまで州の権限とされてきた教育に対して,連邦政府が教育予算を増大させるという手段をとることが認められ,連邦政府自体の役割が拡大した。その際,援助した資金が,不利な状況にある生徒の支援のために使用されていることを確かめる厳格な制度も確立されることとなった。

しかしながら,「機会の平等」を実現するだけでは問題の解決にはならないことを,大統領自らが指摘することになる。ジョンソン大統領は,1965年6月,ハワード大学において,「諸権利を実現するために（To Fulfill These Rights）」と題する演説を行った。その演説の一部は,資料1-1に示す通りである。「機会の門戸を開く」ことだけでなく,「それらの門をとおる能力を持たなければならない」と述べ,「機会の平等」からの転換の必要性を提起したのである。

「機会の平等」だけでは不十分であり,社会的に不利益を被っている子どもたちのニーズに応えようとするためには,「結果の平等」を具現化するための方策が必要である。この「結果の平等」を実現するために推進さ

---

[8]　ダイアン・ラヴィッチ（末藤美津子訳）『教育による社会的正義の実現——アメリカの挑戦（1945-1980）』東信堂,2011年,p.202。

第1章 「平等性」の実現をめざす言語教育の源流

資料 1-1 ジョンソン大統領演説

　あなた方は，長いこと両足を鎖で縛られていた人を連れて行って，彼を解放してやり，競争の出発点に立たせて，「お前は他の皆と自由に競争できるよ」と言って，そのうえ自分は全く公平であったとは当然思わない。機会の門戸を開くだけでは充分ではない。すべての市民がそれらの門をとおる能力を持たなければならない。これは公民権闘争の次の，そしてより深遠な段階である。ただ自由を求めているのではない，機会を求めているのだ。単なる法の下の平等，権利や理論の平等を求めているのではなく，人間の能力を求めているのであり，現実としての結果としての平等を求めているのである。課題は2000万人の黒人に他のアメリカ人と同じチャンスを与えることである。学び成長するための，社会において働き分かち合うための，能力を発達させるためのチャンスをである。能力とは肉体的，精神的，個々の幸福を追求するための能力である。この目的のために，平等な機会は欠くことができないが，それだけでは十分ではない，十分ではないのだ。

（出典：Johnson, L. B., "Commencement Address at Howard University: To Fulfill These Rights, June 4, 1965," *Public Papers of the Presidents of the United States: Lyndon B. Johnson, 1965, vol.2*, Washington, D.C.: U.S. Government Printing Office, 1966, pp.635-640 をもとに筆者作成。下線は筆者。）

れたのが補償教育である。そこでは，「教育的に剥奪された子どもたち（educationally deprived children）」の教育ニーズに応えることがめざされた。「教育的に剥奪」されるとは，マイノリティの子どもたちの学力が低い理由を，マイノリティの子どもたちは文化的に剥奪されており，教育の機会が十分に与えられていないためだと捉える考えである。そこで，マジョリティが使用する言語を用いて，マジョリティの有する文化を獲得することが必要であると考えられた。つまり，所得格差・教育格差の是正をめざすために，アメリカ国内におけるマジョリティの使用する言語と文化を獲得させることがめざされたのである。では，具体的にどのような教育が行なわれたのだろうか。

39

第2節 補償教育の具体像

(1) 文化剥奪論にもとづくヘッド・スタート・プログラムの実施

　ジョンソン大統領によって，貧困プロジェクトのリーダーとして任命されたサージェント・シュライバー（Sargent Shriver）が着想したのが，文化剥奪論にもとづくヘッド・スタート・プログラムであった。文化剥奪論では，貧困層の人々は，豊かな文化を剥奪され，貧困の文化を持っているが故に貧困状態であり，その文化が継承されることによって，貧困が再生産されていると考えられていた。

　このような文化剥奪に関する研究の背後には，「黒人と低所得層の子どもが学校の成績が悪いのは遺伝的に劣っているからであるという，広く一般に信じられていることに疑いをはさむ」*9 という問題意識があった。当時，子どもたちの学力を測定したり予測したりするために知能テストが広く用いられており，子どもの知能の発達は遺伝的要因が大きく関わっていると考えられていた。そのため，低学力の子どもたちは，遺伝的に劣っており，子どもたちの成績を改善するための教育的指導には限界があると考えられていた。この考えに疑義をはさむために，子どもたちの低学力の要因を文化の剥奪として捉えることによって，学習の環境的要因へと視点を変えていこうとしたのである。つまり「文化剥奪」という考え方は，もともとはマイノリティの文化を低次のものとして捉えようとしていたのではなく，子どもたちが抱える低学力の要因を遺伝として捉えることの問題を克服することをめざして登場したものであった。

　この考えのもと，1964 年 6 月，シカゴ大学において，連邦教育局の支援を受けて，教育と文化の剥奪に関する会議が開催された。その報告書が，『文化剥奪のための補償教育（*Compensatory Education for Cultural Deprivation*）』

---

*9　同上書，p.210。

であり，ベンジャミン・S・ブルーム（Benjamin S. Bloom），アリソン・デービス（Allison Davis），ロバート・ヘス（Robert Hess）の共著でまとめられた。この書籍において，資料1-2に示す通り，「文化剥奪」を克服するための提案が示された。

　この会議の報告を受け，「文化剥奪」の状況を打開するためには，貧困層の子どもたちに，中流所得家庭の子どもたちが持つ文化を与えることが必要であることが合意された。そのことによって，学校生活を円滑に始めることができるようなレディネス（readiness）を増大させることができ，貧困層の子どもと中流所得家庭の子どもとの間にある教育の格差が是正されると考えられたためである。そこでヘッド・スタート・プログラムでは，中流所得家庭の子どもたちの生活経験を分析することによって，文化的に剥奪された子どもたちにとって必要な生活経験を明らかにし，そこで明らかとなった生活経験をヘッド・スタート・プログラムの教育内容として選択することが決定された[10]。

　検討の結果明らかとなった生活経験とは，家族と語らう時間があること，物語を読む経験をすること，博物館や美術館に行くこと，完全な文章を聞くこと，医師や歯科医に診察してもらうこと，旅行をすること，家に鏡があり自分の姿を鏡でみることであった。また彼らの家庭には，本やレコード，おもちゃ，テレビセットがあった。また，これらの経験を有していないために，文化的に剥奪された子どもたちは，言語の理解や，それを受け取るにふさわしい自己概念（self-concept），頑健な健康，知的好奇心を欠いていると判断された。そこで，これらの生活経験を文化的に剥奪された子どもたちに提供することを通して，子どもたちの言語理解と自己概念を高めることが決定された。

　1965年の夏に開始されたヘッド・スタート・プログラムは，就学前の子どもたちを全面的に発達させることを意図するものであった。全面的な発

---

*10　Wynn, R. and De Young, C. A., *American Education*, New York: McGraw Hill Book Company, 1977, p.125.

資料 1-2 「文化剥奪」を克服するための提案

基本的な要求	① 子ども一人ひとりが，一日の学習課題を始められるように，十分な朝食を保証されるべきである。昼食も同様である。もし家庭でそれらを提供できないのであれば，子どもが恥や特別な区別を感じない方法で，学校やコミュニティが提供すべきである。 ② 子ども一人ひとりが，疲労や疾病，歯科疾患，視覚・聴覚の問題に関する特別なニーズがあるかどうかを判断するために，看護師や医師，歯科医師から適切で日常的な身体検査を受けるべきである。もし，これらの健康上のサービスを両親から提供されないのであれば，学校とコミュニティの責任で，子どもたちの面倒を見る必要がある。 ③ どの子どもも，必要な衣服が不足していることにより，恥や不十分であるという感覚を持つべきではない。もしこれらのニーズが両親から提供されないのであれば，学校とコミュニティの責任で，子ども一人ひとりが十分な服装を持つようにする必要がある。
初期経験	① 保育園と幼稚園は，最も好ましい家庭環境に見られる，知能を発達させたり，学習する方法の学習（learning-to-learn）を身につけさせたりするための状況を，文化的に剥奪された子どもたちに提供するために組織されるべきである。 ② このタイプの特別な保育園と幼稚園のカリキュラムのガイドライン・教材・方法を開発し調整するために，教師と他の専門家で構成される全国レベルの委員会が設置されるべきである。 ③ この新しいタイプの保育園と幼稚園の教師は，彼らが担わなければならない一連の課題のために，注意深く訓練されなければならない。基本的に，これらの教師は，良い両親が彼らの少数の子どもたちに対してできることを，多くの子どもたちのために行うことができるように訓練されるべきである。 ④ 両親は，保育園と幼稚園の重要性を理解するために，またそのような学校の課題を支援したり補ったりするために，保育園と幼稚園に十分に関わらなければならない。子どもたちが学校経験を継続するために，できることはどのようなことでも行おうとしている学校に，両親は関わっていくべきである。

（次ページへ続く）

| | ① 子どもが小学校へ入学する際，知覚発達，言語発達，物事への集中力，学習への動機づけに関する到達度を判断するためのエビデンスが入手されるべきである。
② どの学校においても，入門的な学習のための複数のアプローチがあるべきであり，どの子どもも，自分にとって最も適切なアプローチに身をおくべきである。
③ 小学校の最初の3年間では，明確な課題や目標に向けた子どもの成長を注意深く教育的に記録することによって，一人ひとりの子どもの発達を促すことが強調されるべきである。この3年間，子どもたちは落第したり，留年したりするべきではない。小さな課題を継続的に乗り越えていくことで，子どもたちの発達が促されなければならない。
④ 文化的に剥奪された子供たちのための，小学校第1学年から第3学年に焦点を当てたカリキュラムのガイドライン・教材・方法を開発し調整するために，教員と他の専門家で構成される全国レベルの委員会が設置されるべきである。この委員会は，問題の解決へ向けた複数のアプローチを開発すべきであり，そのようなカリキュラムの効果を評価すべきである。
⑤ 小学校の最初の3年間を指導するスタッフは，注意深く選定され，この3年間のカリキュラムに関する現職教育を受ける多くの機会を持つべきである。彼らは，子ども一人ひとりの継続的な発達を提供できるよう，組織されるべきである。学習それ自体の一般的なスキルと同様，言語，読むこと，計算の基本的なスキルを習得できるよう支援するための課題に注意を払うべきである。
⑥ 家庭は，学校（特に，小学校段階において）の作業を行う上で重要であるため，家庭と学校の関係性を強くするために，努力がなされなければならない。保護者は，小学校の最初の3年間の重要性を理解するために学校に関わらなければならないし，学校の学習課題のために支援したり援護したりしなければならない。教師も保護者も，子どもたちが学習面で成長するというのは，家庭と学校の両方の課題であるということを理解しなければならない。
⑦ 改訂されたカリキュラムの恩恵を受けていない，文化的に不利な立場にいる子どもたちのために，その後の学年において学力を向上させるためのカリキュラム上の不足を埋めるための全面的な努力が払われるべきである。これは，子どもの年齢が上がるにつれて難しくなるが，どの資源も，教師が使えるようにするべきである。高次の学力を子どもたちに獲得させるために，カリキュラムのいくつかの側面を断念する必要がある場合は，言語，読むこと，計算の発達に強調点をおくべきである。 |

（次ページへ続く）

黒人の生徒に対する特別なケア	① 特に学校の最初の期間は，すべての子どもたちは，好意的な人との交流のもとで学習しなければならない。可能な場合は，教師は低年齢の子どもたちを支援する能力と，子どもたちに対するあたたかさや支援の程度によって選定されるべきである。 ② 両方の人種の子どもたちがペアとなり，共通の課題に取り組むという方法が取られるとき，統合教育は，よりよい態度や関係性に効果的なものとなるだろう。そのような態度や関係性は，私たちの社会の基本となるものである。さらに，子どもたちの基本的な学習ニーズが，学習経験に関する適切な型に合致しない限り，統合教育は認知的な学習に効果をもたらさないだろう。 ③ 公民権運動によって社会が急速に変化しており，またその変化が職業機会に影響を与えているため，黒人の生徒は職業に関わる最新の情報を持たなければならない。彼らは，他の生徒よりも，教育的・職業的なガイダンスを必要とするだろう。中等学校のはじめにおいて，黒人の生徒が，現在の職業の状況を十分に理解している有能なガイダンス担当者による定期的な面接を受けることを推奨する。そのようなガイダンス担当者は，そのような子どもたちに対する就職斡旋を行うべきである。
青年期の教育	① 中等教育が開始する前までに，学校において適切で継続的な努力を払うことのできる，文化的に剥奪された生徒たちは，中等学校を無事に卒業し，高等教育へと進学することができるよう，尽力されなければならない。そのような生徒には，特別な指導プログラムと，必要に応じた個別の支援，カウンセリング，基本的なスキルと用具教科への支援が提供されなければならない。 ② 通常のカリキュラムに困難を抱えている，文化的に不利な立場にいる青年は，言語や読むことに関する基礎的なスキルに重点を置いたプログラムを受けるべきであり，特に興味を持つ領域で専門的に学習することを認められるべきである。 ③ このような若者のために，仕事に関する学習を行うことのできるプランが用意されるべきである。これは，学校・産業・公共機関の連携が求められるものである。 ④ すべての若者，特に文化的に不利な立場にいる若者のために，14 〜 19 歳の年齢を超えて継続する，他者との社会的な関係性やサービス，意味や価値のある定型的な発達を提供するような社会が用意されるべきである。そのような社会は，学校と連携した適切なコミュニティ機関によって組織されるだろう。

（出典：Bloom, B. S., Davis, A. and Hess, R., *Compensatory Education for Cultural Deprivation*, New York: Holt, Rinehart & Winston, 1965, pp.10-11, pp.17-19, pp.24-28, pp.32-33, pp.37-40 をもとに筆者作成。）

達とは，認知的・情緒的・社会
的・身体的な発達を指す。本書
で注目する認知面での取り組み
は，人間形成に強く作用してい
る家庭での隠れたカリキュラム
に注目し，その長所を取り入れ，
子どもたちの生活実態に迫るカ
リキュラムを提供することをめ
ざすものである。ここでは，少
なくともアルファベットが読め
るようになることと，10 までの
数を数えられるようになることがめざされていた。

表 1-1　ヘッド・スタート・プログラムにおける 1 日のスケジュール

8:00 ～ 8:45	登園
8:45 ～ 10:00	課業活動（劇，遊び，積み木，絵の具，粘土，水遊び等）朝食，歯磨き
10:00 ～ 10:15	おやつ
10:15 ～ 11:15	戸外活動
11:15 ～ 11:30	掃除
11:30 ～ 12:30	昼食，降園

（出典：Evans, E. D., *Contemporary Influences in Early Childhood Education*, New York: Holt, Rinehart and Winston, 1971, p.65 をもとに筆者作成。）

　具体的なプログラムとしては，まず，8 週間の実験プログラムが行われた。教師 1 人に対して，1 クラス 15 人程度のクラスが設けられた。1965 年のプログラムだけで約 50 万人の参加があった。表 1-1 に示すのは，ヘッド・スタート・プログラムのスケジュールの一例である。規則正しい時間で過ごすこと，十分な食事を摂取しながら，個人もしくはグループでの活動に参加することで，子どもの生活を，より学校に適応しやすいものへと変化させることが目的とされた。このように，「社会的・情緒的な成長を強調し，子どもを丸ごと発達させる」ことをめざして，ヘッド・スタート・プログラムは開始された。

　ジョンソン大統領による演説後，補償教育の成果を明らかにするための調査が行われ，その成果は 1966 年に提出されたジェームズ・S・コールマン（James S. Coleman）による『教育の機会均等に関する報告書（*Equality of Educational Opportunity*）』にまとめられた[11]。この調査では，1965 年の夏期プログラムに参加した子どもと参加していない子ども，計 2 万 5000 人に対

---

[11]　Coleman, J. S. et al., *Equality of Educational Opportunity*, Washington, D.C.: U.S. Government Printing Office, 1966.

して，言語能力・非言語能力・学習への動機づけが分析された。その結果，ヘッド・スタート・プログラムに参加した多くの子どもたちの学力は，どの側面においても向上していないこと，成績は，学校の質というよりもむしろ生徒の家庭背景に関係していること，つまり，子どもの学業成績を規定しているもっとも大きな要因は，学校の質ではなく，家庭の社会階層であるという事実が指摘された。そのため，ヘッド・スタート・プログラムの内容を再考するとともに，認知的な発達につながるプログラムの実施が必要視されるようになった。そこで1967年，小学校第3学年までの追加的な補償教育として，フォロー・スルー・プログラムが実施されることが決定した。

⑵ フォロー・スルー・プログラムの実施

　フォロー・スルー・プログラムは，特別に認可を受けた22のスポンサーの指導のもとで実施された。スポンサーとなったのは，大学や地域の調査センターなどであり，そのスポンサーが教師に対する指導や，教材を提供した。ヘッド・スタート・プログラムの継続プログラムであることから，①半数以上の子どもがヘッド・スタート・プログラムに参加していること，②両親が何らかの意味で参加していること，③医学的，栄養的側面を含めた総合的なサービスを行うこと，④教育相談の機会があることという共通点があった。フォロー・スルー・プログラムは，ヘッド・スタート・プログラムでの反省を踏まえ，さまざまな幼児および児童期の教育の効果を評価することを目的としていたために，多様なプログラムを実施することが許容されていた。このことが，「文化剥奪」とは異なる補償教育の実現を後押しした。具体的には，認知スキルの獲得を強調するものや，子どもの自信や個性の発達を強調するものなどが開発された。

　本章では，そのなかから特に，ノースイースタン・イリノイ大学（Northeastern Illinois University）の都市研究センター（Center for Inner City Studies）がスポンサーとなった「文化言語アプローチ（The Cultural Linguistics Approach）」に焦点を当てる。プログラム名に "cultural" という用語が含ま

れていることから推察できるように，子どもの持つ文化を尊重するプログラムとして実施されたものである。

　文化言語アプローチは，文化的に排除されてきた子どもたちの持つコミュニケーションスキルを拡大するように設計されたプログラムである。このプログラムでは，マイノリティの子どもたちを，すでに教室において使用可能であり，それゆえ価値があるスキルを有している存在として捉える。彼らは，言語発達が不十分であると見なされていたが，それは，彼らの持つ文化が，学校では価値がないと判断されてきたためである。そこで，文化言語アプローチでは，マイノリティの子どもたちを，単に新しい経験やその経験が要求する物事に気づいていない存在として捉える。そのうえで，「文化的に剥奪されている」とか「環境的に不遇な状態にある」という考えを棄却し，子どもたちが学校に持ち込んでくるさまざまな文化的背景を豊かなものとして捉え，話し言葉に関する能力を生かすカリキュラムを構想する*12。

　文化言語アプローチでは，子どもの言語発達が行われるのは，家庭と地域という2つの環境であること，家庭から地域へと環境が移行する際には，子どもたちが第一言語を用いて，自分の考え (thought) や概念 (concept)，観念 (idea) を表現するよう促される必要があると考えられている。なぜなら，自らの第一言語を用いて，自らの文化の内部で学習活動が行われることによって，子どもたちは自分自身や自分が属する民族集団への尊厳を持つことができると考えられたためである。そのため，両親を第一の教師として，家庭を第一の教室として見立て，第二の教師・教室の役割を，文化言語アプローチが担うのである。

　文化言語アプローチで目標とされるのは，子どもたちがすでに身につけてきた話し言葉を発展させることである。この目標を達成するために，子どもたちに7種類の活動に取り組ませる。それは，「観察」「分類」「情報収

＊12　Arnez, N. L., Holton, C., Williams, E. S., Bass, M. and Edmonds, R., "The Cultural Linguistic Follow-Through Approach," *Journal of Black Studies*, Vol.2, No.1, 1971, pp.109-110.

集」「問題解決」「理解と楽しみのために読むこと」「自発的な探究」「自尊心や民族グループの尊厳を高めるための活動」である。子どもたちの家庭に馴染みのある素材を教室に配置し，それを観察したり，分類したりすることで，その特性を知る機会につなげる。また子どもたちに馴染みのある文化が描かれたテキストを読む活動を行うことで，自尊心を高めていく。

　これらの活動は，「社会適応」「数学的スキル」「認知的スキル」「運動スキル」「話すこと」「書くこと」「読むこと」というスキルを用いながら実践される。社会に存在する人や物事を知るという「社会適応」や，健康的に生活したり身体を思うように動かしたりする「運動スキル」などの獲得という側面から活動を捉えることによって，子どもたちにとって馴染みのない学校文化への橋渡しができると考えられたためである。

　これらの活動を具体化し，スキルの獲得を促すために，文化言語アプローチでは幼稚園段階と小学校段階という枠を設け，その枠において家庭と地域での経験をつなげる指導が行われる。基本的にフォロー・スルー・プログラムは，小学校入学以降の子どもを対象としているが，文化言語アプローチでは，ヘッド・スタート・プログラムとの接続を考慮して，連続的なカリキュラムが作成される。

　幼稚園段階と小学校段階で共通するのは，表 1-2 に示す「言語発達」と「概念形成」の授業である。「言語発達」の授業では，教室内に用意された物に名前をつけたり，その物の属性を知ったりすることによって，語彙を獲得することがめざされている。英語の文字と音の組み合わせを指すフォニックス（phonics）の指導においては，フォニックスを順序立てて指導していくのではなく，子どもが発した言葉に対して，教師がフォニックスを提示していく。このことによって，子どもが興味を示したものを起点として，言語発達を促そうとしているのである。

　幼稚園段階では，表 1-3 に示す学習活動も実施される。例えば社会科学では，図 1-1 に示す，人と環境との関係性を学習する単元学習が行われる。単元では，教師自身が図 1-1 に示す考えを持って子どもたちに接するとともに，子どもたち自身にも気づかせていく。例えば，単に「絵を描く」の

第1章 「平等性」の実現をめざす言語教育の源流

表 1-2 「文化言語アプローチ」における教育内容①

		幼稚園段階	小学校段階
言語発達	導き出す	①物の区別——名前をつけることによって，語彙を獲得する。②物の属性を拡大する——色・大きさ・形・量と測定（要素・時間・長さ・高さ・重さ・質感・機能）。③知覚経験に名前をつける——聞くこと（やわらかい，まるい，高い，低い），においをかぐこと，手で触ること（熱い・冷たい・あたたかい），見ること。	①教室で使用している教材に名前をつけることで区別する。②物の属性を拡大する。③知覚経験に名前をつける。④方向を示す言葉と前置詞を区別する。⑤用法（発音・動詞・フレーズ）を区別する。
	パターン化する	教師が上記の授業を行うなかで，文のパターンを示す。子どもが聞いたり使ったりしている音をフォニックスとして紹介する。	教師が上記の授業を行うなかで，文のパターンを示す。教師は，フォニックスを強調する。
	経験を応用する		①ワークシートを構造化された教材として使用する。②子どもが使用したワークシートを用いて知覚の発達を促す。
	経験を図式化する		①主要概念にもとづいてエピソードを要約する。②遠足の経験を要約する。
	図式を用いて読む		①書かれた文・句・語の概念を形成するために図表を使用する。②読むために必要な語彙の一覧表を提示する。
概念形成		色，文字，名前の認識，形，数の認識，アルファベットなど。	A：具体および抽象レベルにおける一連の数学的概念と一連のマニピュレーション。B：量と測定の概念を拡大する。C：主要な概念として具体化されている複数の概念を拡大する。D：知ったり考えたりするための手段として，感覚的な経験を拡大する。E：個別の学習経験のために，教室の学習センターを実験室として使用する。F：さまざまな方法や材料を使用する。・読み書きのレディネス教材・構造化された教材・継続的な読みの経験のためのテキスト・概念を提示するための情報機器・民族の読み教材

（出典：Arnez, N. L., Holton, C., Williams, E. S., Bass, M. and Edmonds, R., "The Cultural Linguistic Follow-Through Approach," *Journal of Black Studies*, Vol.2, No.1, 1971, pp.107-123 をもとに筆者作成。）

表 1-3 「文化言語アプローチ」における教育内容②

数学的スキル	数，語彙，お金の認識，暗算，一般的基本的なグルーピング，足し算引き算のための準備
社会科学（social science）・科学（science）	A：人と環境の関係性など，主要な概念を軸に据えた総合的な単元 B：科学 　鏡，磁石，コンパス，虫眼鏡，プリズム，定規，さまざまな大きさの容器，乾燥した土と濡れた土などの観察，探究，調査
自主活動	興味を追究するために子どもに割り当てられた時間 A：芸術・創造的な活動 ・切り抜き，糊，雑誌，布，ひも，糸，ビーズ（コラージュのための物） ・色付け―ブラシ，スポンジ，糸，ファウンド・オブジェクト ・素描―クレヨン，鉛筆，フェルトマーカー ・粘土―塩，小麦粉，パピエマシェ（パルプ，紙片，布片などと，のりを混ぜたもの。） B：マニピュレーション―テーブルごとの小さなグループ C：プレイハウス D：店――複写物を使用する E：本――民族に起源をもつものなど
運動協調活動	A：黒板――子どもに筋肉を大きく動かさせながら，円や線を描かせる。 B：知覚活動――訓練とワークシート。 C：クレヨン――線や形の跡をたどる。
聴覚視覚機器	リスニングセンター――教師もしくは助手と小さなグループで。 言語習得――言語の授業から，パターン化された概念を拡張する。 レコード・プレイヤーと物語――子どもたちは一人で操作できるようになるべきである。
評価と要約	子どもたちは，その日に関わった一連の学習活動を言葉で要約したり思い起こしたりできるようになるべきである。

（出典：Arnez, N. L., Holton, C., Williams, E. S., Bass, M. and Edmonds, R., "The Cultural Linguistic Follow-Through Approach," *Journal of Black Studies*, Vol.2, No.1, 1971, pp.107-123 をもとに筆者作成。）

ではなく，「描くことが自らの感情を表現することにつながる」ことに気づかせたり，人がさまざまな物事に価値を置いていることや，さまざまな方法で自らを認識したり，表現したりできることを学習していく。このことによって，自分自身の特徴に気づかせたり，自文化を尊重する態度を育てたりしていく。そのなかで，「私（I）」という認識の確立をめざすとともに，

第1章 「平等性」の実現をめざす言語教育の源流

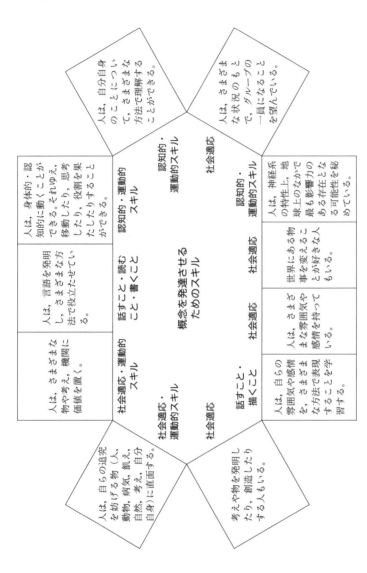

図1-1 人と環境との関係性

(出典：Arnez, N. L., Holton, C., Williams, E. S., Bass, M. and Edmonds, R., "The Cultural Linguistic Follow-Through Approach," *Journal of Black Studies*, Vol.2, No.1, 1971, p.114 を訳出。)

社会に存在する人や考えの多様性に気づかせていくのである。

　そのほかにも，科学では，鏡や磁石などを子どもに渡し，それを観察させることを通して，科学的な興味を引き出す。自主活動の時間では，自主活動を行う場に子どもが自由に使える素材や，参加している子どもの有する文化が描かれた絵本などを置いておくことで，自分の興味を追究させていく。

　では，このような学習を，どのような評価方法を用いて評価するのだろうか。文化言語アプローチでは，教室で子どもたちが表現する言葉が，オーディオ・テープとビデオ・テープで記録され，それを教師が分析することによって，子ども理解を深めるとともに，次の実践への意思決定とプログラムの評価が行われる。これは，日々の実践を作り上げていく過程において，教師の鑑識眼を洗練させていくことがめざされていたためである。さらに，評価にもとづいて次の実践を決定する際には，両親の参加も促され，教師と保護者が協同で実践の方針を決定する。文化言語アプローチでは，評価の形式と質についての意思決定に両親が参加することを通して，家庭と学校との接続が有効に機能すると考えられたためである。

　その後，フォロー・スルー・プログラムによる学力向上という結果は，カリキュラムの作成に教師が関わっていることに要因があることが明らかにされたが[*13]，文化言語アプローチにおいては，教師の鑑識眼を高める取り組みが，教師のカリキュラム作成の契機となっており，重要な要素であったと考えられる。

　また，教師によるオーディオ・テープとビデオ・テープにもとづく評価に加えて，認知発達を見取るテストと知能テストも使用された。これらは，文化言語アプローチ独自のものではなく，他のフォロー・スルー・プログラムに参加した子どもたちに対しても使用されたものである。他のプログラムとの比較を通して，各プログラムの有効性を検討するためである。イ

---

*13　Weikart, D. & Lambie, D., "Early Enrichment in Infants," in Deneberf, V. H. (ed.), *Education of the Infant and Yong Child*, New York: Academic Press, 1970.

エッタ・ホリンズ（Yetta Hollins）によれば，文化言語アプローチに参加した子どもたちのテストの成績は，他のプログラムの参加者よりも高いことが報告されている[14]。

　このように，フォロー・スルー・プログラムの1つとして実施された文化言語アプローチにおいては，文化剥奪論ではなく，むしろ子どもらの持つ文化を尊重し，自文化の内部で生きるために必要な言語を獲得していくとともに，自らの文化を学習する単元学習が実践されていた。自己概念の確立を促すために，教室には家庭や地域に関わる文化にもとづく教材が置かれ，子どもが日常的に使用する物や経験を子どもに語らせることによって，言語発達を促そうとしていた。規範的な生活を想定し，それを子どもたちに与えるのではなく，子どもの日常生活の延長線上に，学問的興味を引き起こすことを意図したプログラムが実施されたのである。さらに，教師によるオーディオ・テープとビデオ・テープを用いた形成的評価が行われており，教師による子どもの言語発達に対する評価が単一の規準で行なわれることが回避されていた。

　本章冒頭で確認したように，これまでの先行研究においては，補償教育は文化剥奪論にもとづいて構想・実践されていたために，子どもたちの持つ文化の多様性が尊重されていないと結論づけられていた。しかしながら，文化言語アプローチにおいては，むしろ子どもたちの持つ文化を基盤にした補償教育が展開されており，そこでは，マイノリティの子どもたちの持つ文化を言語発達のための重要な要素として捉えていた。また文化言語アプローチでは，マイノリティの子どもたちが，自文化に対する尊厳を持ち，社会に存在する人や考えの多様性に気づくことがめざされていた。基礎的なスキルの習得だけでなく，自分とは異なる文化の人々との共生を図るための素地を獲得するという学力像が描かれていたと言えるだろう。

　以上の検討を踏まえて，以下2点を指摘することができる。1点目は，マ

---

*14　Hollins, E. R., "New Directions in Initial Reading Instruction for Black Pupils," *Current Directions*, Vol.1, No.3, 1985.

イノリティの子どもたちに対する言語発達を促すことを目的とした教育として，マジョリティの文化を指導することだけが解決の糸口ではないということである。カリキュラム内容として多文化性を反映することは，子どもたちの自尊心の尊重や家庭環境との接続という点と言語発達に関して，その効果が期待できると考えられる。

　ただしこのことは，カリキュラム内容に多様な文化を付加的に取り入れることへの推奨を意味しているわけではない。序章で述べたように，「多様性」の尊重や「多様性」に応じた指導が，実際には排除の論理として展開している場合があることは，すでに報告されている。では，学校教育において，子どもの文化的多様性を保障するカリキュラムとはどのようなものとして具体化できるのだろうか。

　本章の検討を踏まえると，多様な文化的背景を持つ子どもたちに対する言語教育のあり方として，学校生活に適応し，学力を向上している子どもたちにとって一般的な生活経験を分析し，望ましい生活経験の要素を明らかにすることで，教育内容を洗練・選択していくのではなく，学習者に馴染みのある文化が反映された教材を軸にカリキュラムを構想しなおしながら，教育内容の更新を図ることが挙げられるだろう。ただしこの方向性は，子どもたちに自文化内で生きていくことを励ますものであるために，他文化に属する他者とのコミュニケートを促すようなテキスト理解とはならない危険性がある。そのため，この方向性が引き起こす課題を克服する方法も合わせて考えておくことが必要である。子どもたちの自文化の承認を意図しながらも，他者とのコミュニケートが促されるカリキュラムが求められる。その際，図1-1に示した，自文化も多様な文化のうちの1つであり，他の文化との共生を探るような学習活動を実施することは参考となるだろう。

　2点目は，教師による子どもの学習の見取りの必要性についてである。教師によるカリキュラム作成が促されていたプログラムにおいて子どもたちの学力向上が見られたという結果を踏まえると，教師が目の前の子どもの状況を見取り，教育内容として何を選択すべきかを判断する必要がある

と考えられる。この点に関して，文化言語アプローチにおいて，教師によるオーディオ・テープとビデオ・テープにもとづく評価が実施されていたように，教師自身の子どもへの鑑識眼の向上を図る取り組みが必要であるだろう。そのことが，教師によるカリキュラム作成の契機となると考えられるためである。

(3) 補償教育の効果の評価と批判

　ジョンソン大統領による演説後，補償教育の成果を明らかにするために，2つの調査が行われた。1つは，先述したコールマンによる研究であり，もう1つは，ヘッド・スタート実施直後の1968年に行われたウェスティングハウス研究（Westinghouse Study）である。これは，104つのヘッド・スタート・プログラムを修了した1980人を，性別・人種民族・居住地域の属性でマッチングさせて構築した統制群と比較するものであったが，この研究においても子どもたちの学力向上が実現されていないことが指摘された。この2つの研究によって，ヘッド・スタート・プログラムでは学力の向上が見込めないことが示されることとなった[15]。

　またこのプログラムが抱える課題も指摘される。それは，クリストファー・S・ジェンクス（Christopher S. Jencks）によるもので，学校教育における「結果の平等」を実現したとしても，それが子どもたちの学校教育卒業後の平等を意味しないという指摘であった。黒崎勲は，「Jencks が主張しているのは，『学校において修得したものが社会生活の有力な手段となって』はいないということであり，したがって，仮に学校教育の『結果の平等』を実現したとしても『社会生活における不平等』は除去されない」

---

[15]　なお，一度低迷期はあったものの，1980年代以降もヘッド・スタートは継続的に実施された。その際，さらなる大規模調査も行われた。1985年までに発表されたヘッド・スタートに関する研究をメタ分析の方法を用いて総括する，シンセシス研究（Head Start Synthesis）や，2002年度にヘッド・スタートへの参加を希望した5000人を無作為に2グループに分け，一方にヘッド・スタート・プログラムを，もう片方に一般の幼稚園に在籍させ，小学校入学までを追跡する，インパクト研究（Head Start Impact Study）である。

ことであるとまとめている*16。

　以上を踏まえると，学校教育という空間のなかで可能となる，子どもた
ちが持つ文化的多様性を尊重した長期的カリキュラムの開発と，学校教育
の限界を意識しながらも，学校教育卒業後に子どもらにとって役立つもの
となる教育内容の選択が必要であると指摘できる。ただし，それが実現し
てもなお，社会全体の変化にはつながらないかもしれないという教育の限
界さへの自覚を合わせ持つことも不可欠であると言えよう。

第3節　他者文化か自文化か──文化的多様性を背景とした言語教育の2つの方向

　本章では，1950 年代から 1960 年代のアメリカにおいて，全米的に取り
組まれた補償教育について検討を行ってきた。補償教育は，公民権運動を
背景に登場したものであり，経済的・社会的に恵まれない層の子どもたち
を取り巻くあらゆる環境の改善をめざして行われた取り組みであった。人
種・民族を理由に学校教育を平等に受ける権利を与えられなかった子ども
たちに対して，単に「機会の平等」を実現するだけでは子どもたちの学力
保障を実現することはできないと判断され，「結果の平等」を追求するため
に実施されたものであった。添田が指摘するように，「それまで顧みられ
ることのなかった社会的経済的に不利な立場におかれている子どもへの教
育政策の必要性を認知し，当時最先端の認知心理学者たちによって設計さ
れたプログラムをとおして積極的に働きかけようとした」*17 取り組みで
あった。

　しかしながら，就学前の子どもの全体的な発達をめざしたために，実際

---

*16　黒崎勲「教育と不平等」『東京大学教育行政学研究室紀要』2，1981 年，p.2.

*17　添田久美子『「ヘッド・スタート計画」研究 ── 教育と福祉』学文社，2005 年，
　　p.280.

のプログラムは，医療面や福祉面での取り組みに重点が置かれ，教育面での取り組みにのみ焦点化するというアプローチは選択されなかった。教育面においては，子どもの認知面と社会面を両立する学力の保障を実現することに困難が見られた。さらに教師の育成が間に合わなかったことも，教育面での不振を助長する結果となった。加えて，「文化剥奪論」を基盤に実践が行われていたために，特定の階層における言語経験にしか焦点を当てることができておらず，子どもたちの個々の言語経験の差異に目を向けることができていないという課題を抱えるプログラムも存在していた。

　ただし，イリノイ州の文化言語アプローチのように，子どもが持ち込んでくる文化内容をカリキュラムに位置づけた実践も行われていた。そのプログラムでは，マイノリティの子どもたちを欠陥の対象と見なすのではなく，生まれた文化の内部で生きていくために必要な知識やスキルの獲得をめざした教育が実施されていた。ただそれは，補償教育全体から見れば，少数の例外であった。このように，ヘッド・スタート・プログラムは，貧困を撲滅できる特効薬としての効用を期待して導入されたものであったが，その効用が即座に観測できないことから，1970年代に入ると低迷していくことになる[18]。

　以上の検討を踏まえると，学校教育において，子どもの文化的多様性を保障するカリキュラムとはどのようなものとして具体化できるのだろうか。

---

[18]　ただし，1979年に国際児童年の記念事業の1つとして注目されたことを契機として，1980年代に入ると再度重視されていくことになる。1994年からは，0〜2歳児を対象とした「早期ヘッド・スタート（Early Head Start）」も実施されており，妊婦と胎児の健康促進や，乳児の健全な発達を促すサービスが行われている。これは，ヘッド・スタート・パフォーマンス・スタンダード（Head Start Performance Standards）に準拠した官民のプログラムに交付金が支給される連邦委託事業である。1998年からは，保護者・スタッフ・地域住民から構成される評価チームによる自己点検を毎年実施し，ヘッド・スタートを管轄する連邦保健人的サービス省の査察を3年ごとに受けることが義務づけられている。そこでは，「子どもの健やかな発達」，「子育て支援」，「教育・健康・栄養サービス」，「公共サービスの利用斡旋」，「プログラムの適切な運営と保護者参画」の5つの観点から評価が行われている（深堀聡子，前掲書，pp.188-189）。

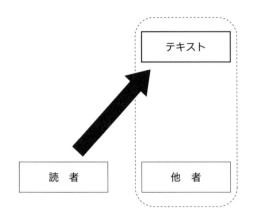

図 1-1　他者文化に親和性の高いテキスト理解

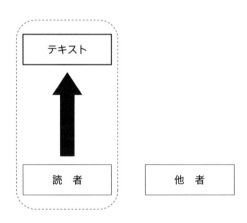

図 1-2　自文化に親和性の高いテキスト理解

また子どもが学校を卒業した後にも生きて働く言語の獲得を促すためには，何を教育内容として選択する必要があると言えるのだろうか。本章のヘッド・スタート・プログラムとフォロー・スルー・プログラムの検討を踏まえると，多様な文化的背景を持つ子どもたちに対する言語教育のあり方として2つの方向性を見出すことができるだろう。

1つは，学校生活に適応し，高い学力を獲得している子どもたちにとって一般的な言語経験を分析し，望ましい言語経験の要素を明らかにすることによって，教育内容を洗練・選択していく方向性である。マイノリティの子どもたちを読者として位置づけた場合，この考え方にもとづくテキスト理解を図式化すると，図1-1のように示すことができる。この場合，他者文化に馴染みのあるテキストが教材化され，そのテキストを読むことが学力として捉えられることになる。読者にとって，テキストを理解することは，他者の文化を理解することと同義となる。

　もう1つは，読者に馴染みのある文化が反映された教材を選択する方向性である。この考え方にもとづくテキスト理解を図示すると，図1-2のように示すことができる。この場合のテキスト理解は，子どもたちに自文化内で生きていくことを励ますものであるために，他文化に属する他者とのコミュニケートを促すようなテキスト理解とはならない危険性がある，

　本章で明らかにできた2つの方向性は，しかしながら，「文化的に剥奪された」と捉えられた特定の子どもたちに対して行われた補償教育において見出される見解である。また先述の通り，補償教育はあくまで学校への橋渡しの役割を担うものである。多文化性の尊重を継続的に実現するためには，想定する読者の幅を広げるとともに，学校教育における実践として具体化していく必要がある。さらに，学校教育で扱われる教育内容が，多文化性を尊重するものであるためには，学校文化自体の捉えなおしが必要である。そこで次章では，対象とする子どもの幅を広げて検討していきたい。特に，広くアメリカ社会で求められる「子どもたちの言語経験」を明らかにし，それを学校教育のなかで具体化しようと試みた，グレイの機能的リテラシー論が登場した時代から，多文化教育が登場する時代までを辿ることによって，アメリカにおける言語教育の展開を見ていきたい。

第2章

子どもたちの「言語経験」を重視する立場からの提案

扉写真：補償教育においては，就学前に白人と同じ知的レベルを持っていたと思われる黒人の子どもたちが，学校に入学して急速にやる気を失っていく姿や，入学当初から学校に対して打ちひしがれた気持ちでいる姿があった。彼らが伸びないのは，彼らが将来の希望を失っているからであると指摘したジェローム・S・ブルーナーは，学習者が自らの経験をもとにして，言語を用いて世界を構造化して捉えていく過程として教育を捉えることの必要性を提起した。

(Photo：Reproduction with permission from W. W. Norton & Company, Inc. and Ted Polumbaum/Newseum collection)

第2章　子どもたちの「言語経験」を重視する立場からの提案

　1950年代以降のアメリカにおいて，子どもたちの日常生活や社会生活を重視した言語教育のあり方を示したのが，機能的リテラシー（functional literacy）の論者であるウィリアム・S・グレイである。彼は，学校において読み書きを学習した子どもたちであっても，社会生活を営むうえで十分な読み書きの能力を獲得していないことを問題視し，実際の日常生活や社会生活のなかで生きて働く機能的なリテラシーの重要性を提起した。

　同時期，アメリカのダートマス大学において，通称ダートマス・セミナーが開催された。このセミナーでは，1960年代に全米各地で起こった，現代科学の成果を体系的に取り入れようとしたカリキュラムの問題点が指摘された。そして，言語教育改善のためには，新旧の教育内容を入れ替えるのではなく，子どもたちの言語に関する経験を見直すことが重要であることが提案された。さらに，カリキュラム改革運動の火付け役であったジェローム・S・ブルーナー自身も，補償教育の現状を鑑みて，カリキュラムの在り方を再考していった。

　本章では，これら3つの取り組みを見ていくことで，マイノリティの子どもたちに限定されない言語教育のあり方と，第1章で述べた補償教育の課題が，どのように捉えられ，その課題を克服するためにどのような方途が構想されたのかを明らかにしたい。

第1節　グレイによる機能的リテラシー論の提起

　グレイは，1913年にシカゴ大学を卒業後，1914年コロンビア大学で修士号，1916年にシカゴ大学で博士号を取得，1915年には，読むことに関する標準テストを開発している。グレイは，子どもたちが社会生活を営むうえで十分な読み書き能力を獲得していないことを問題視し，実際の日常生活や社会生活のなかで生きて働く機能的なリテラシーの重要性を提起した。

63

「機能的リテラシー」とは，文字を学ぶ機会を奪われてきた成人を対象とする教育において使用されてきた概念であり，一般的には，「人々が社会の一員として基本的な生活能力を獲得したり社会参加を行ったりするうえで必要不可欠とされる読み書き能力」とされている[1]。「機能的リテラシー」論の代表的論者として名が挙がるのがグレイである。

　グレイの主張に対して，これまで大きく2つの異なる見解が見出されてきた。1つは，「グレイは日常生活などの実用的なものだけでなく，社会参加や学習者の自立への糸口も見出していた」という見解である[2]。薬や機械の説明書を読むことができるなど，日常生活を営むうえで必要となる読み書きというレベルだけでなく，学習者が自立して社会に参加していくうえで必要となる読み書きを含めてリテラシーを提起している点に注目するものである。

　もう1つは「機能的リテラシーは既存の社会構造への無批判な適応を強要するもの」という見解である[3]。この見解は，1960年代，ブラジルの教育学者パウロ・フレイレ（Paulo Freire）が現実世界に潜む抑圧的な権力関係を批判的に捉えることを重視したこと，その考えを継承・発展するかたちで1980年代以降のアメリカにおいて批判的リテラシー論が台頭してきたことを踏まえて提起されたものである。批判的リテラシー論が既存の社会構造を批判的に読み解こうとするのに対して，機能的リテラシー論は社会への適応を促そうとしていると問題視されたのである。

　この2つの見解に対して，グレイの機能的リテラシー論の理論的側面のみが検討され，具体的な教材や指導方法が検討対象とされてこなかったことが指摘され，具体的な教材と指導方法の関連を検討することの必要性が

---

[1]　小柳正司「『機能的リテラシー』の成立と展開」『鹿児島大学教育学部研究紀要教育科学編』第49巻，1998年，pp.233-245。

[2]　Verhoeven, L., "Modeling and Promoting Functional Literacy," in Verhoeven, L. (ed.), *Functional Literacy: Theoretical Issues and Educational Implications*, Philadelphia: PA, John Benjamin Publishing, 1994, pp.3-34 および，小柳，前掲論文，p.233。

[3]　菊池久一『識字の構造――思考を抑圧する文字文化』勁草書房，1995年。

主張されている[4]。検討の結果，グレイが初等教育の入門期を対象として，独自の 4 つの指導段階を構想していること，4 つの指導段階のうち 2 つめの段階で使用される『ディックとジェーン (Dick & Jane)』シリーズでは，物語の意味内容との関連をもたせたリテラシーのスキルを指導しようとする特徴があることが明らかにされている。

『ディックとジェーン』シリーズは，典型的な白人中流階層の家庭の日常生活を描いた読本として知られる。とび色の髪の白人少年ディックと金髪の妹のジェーン，小さな妹のサリー，父親，専業主婦の母親の 5 人家族が登場する。郊外の大きな家で，クリスマスやハロウィンなどのイベントを楽しむ姿が描かれている。このシリーズは，We Look and See ／ We Come and Go ／ We Work and Play の 3 作で構成され，資料 2-1 に示すように，非常に簡単な文構成が繰り返し登場することが特徴である。小学校第 1 学年の教科書として想定されている本シリーズは，登場人物が変わらず，単純で日常生活において使用する単語を繰り返し目にすることで，子どもたちの基礎的な読み書き能力が向上すると考えられている。

『ディックとジェーン』は，1930 年代から 1960 年代のアメリカにおいて広く使われ，1950 年代には小学校第 1 学年の児童の約 80％が読んだと言われている。しかしながら，このシリーズは，70 年代に入って完全に姿を消した。なぜなら，60 年代の公民権運動を受け，アメリカが文化多元主義の社会へと移るなかで，白人中産階層の家庭を単一のモデルに取り上げる教科書が強い批判にさらされたからである[5]。

先述の通り，『ディックとジェーン』シリーズは，主人公 2 人がまさに白人の兄妹であるが，実のところ，グレイは，『ディックとジェーン』シリーズの後に続く教材集を作成しており，そこでは白人中産階層の家庭以外の文化が描かれている。しかしながら，これまでの先行研究ではそれらの教材集の分析は行われていない。そのため，グレイの指導理論の全体像を，

---

[4]　樋口，前掲論文, p.41。

[5]　二宮皓「第 1 章アメリカ　多民族を抱える超大国の『夢』と『平等』」二宮皓監修『こんなに違う！　世界の国語教科書』メディアファクトリー，2010 年，p.18。

資料 2-1 　*We Look and See* の一場面

『ディックとジェーン』シリーズは，簡単な文構成が繰り返し登場することに特徴がある。日常生活で使用する単語を繰り返し目にすることで，基礎的な読み書き能力が向上すると考えられていた。

(出典：Gray, W. S., *Storybook Treasury of Dick and Jane and Friends*, New York: Grosset & Dunlap, 1984, p.18.)

指導方法と教材を対応させて捉えることができていない。そこで本節では，グレイによる入門期の4つの指導段階を押さえるとともに，グレイが作成した他の教材集を検討していきたい。

⑴ 4つの指導段階

　グレイは，ユネスコからの要請に応えるために，1956年に『読み書きの指導 (*The Teaching of Reading and Writing: An International Survey*)』を出版し，機能的リテラシー論を提起した。グレイは，この書籍において，従来のリテラシー教育の目標が低く設定されていたことを嘆き，学習者が学校で身に

第2章　子どもたちの「言語経験」を重視する立場からの提案

つけたスキルを実際の生活場面で活用できることまでを求める目標設定を
行った。ここには，「最終的な目標は，単に読み書きの基礎的なスキルを発
達させるのみでは達成されない。読み書きの力をつけるとき，世界の理解
をも獲得しなければならない」*6とするグレイの問題意識が背景にある。

　そこでグレイは，機能的リテラシーを以下のように定義する。すなわち，
「機能的リテラシーを身につけた人とは，彼の所属する文化あるいは集団
において，読み書く能力がごく普通に想定されているようなあらゆる活動
に効果的に取り組むことができる読み書きの知識とスキルをもっている人
のことを指す」*7。「所属する文化あるいは集団」と限定されているように，
グレイは機能的リテラシーを，どの文化や集団においても普遍的に機能す
るものとして捉えているわけではない。「所属する文化あるいは集団」と
いう状況を想定し，その文化あるいは集団の内部で機能するために必要な
読み書きの知識とスキルを「機能的リテラシー」として抽出するのである。
つまりグレイは，学習者が所属する文化や集団において，どのような文化
が培われてきたのか，どのような要求があるのかを把握し，それに対応で
きるようなリテラシー教育を求めている。

　ここには，子どもたちが持つ文化に着目するという発想が存在する。第
1章で述べた通り，文化剥奪論にもとづく補償教育においては，文字を読
み書きできない子どもたちは，そもそも文字の読み書きに必要な文化を持
ち得ていないと指摘されていた。つまり，言語に関する低学力の原因を，
子どもや子どもの出自に求めるものであった。このこととは対照的に，グ
レイの機能的リテラシー論は，学校教育における教育目標の設定と教育内
容の選択にその原因を求めている。

　ただし，「所属する文化あるいは集団」という限定を加えることによっ
て，どのような文化や集団に所属しているのか，そこで獲得が求められて
いる文化とはどのようなものなのかを分析することが，実践を進めていく

---

*6　Gray, W. S., *The Teaching of Reading and Writing: An International Survey*, Paris:
　　UNESCO, 1956, p.19.
*7　*Ibid*, p.24.

うえで不可欠な行為として存在することになる。そのため，グレイが想定していた文化や集団の内実，つまり，グレイの想定する「世界の理解」とは何か，「ごく普通に想定されているようなあらゆる活動に効果的に取り組むことができる読み書きの知識とスキル」とは何か，そしてそれらを，どのような学習活動を通して指導しようとしていたのかを明らかにすることによって，グレイの機能的リテラシーの具体像が見えてくることになる。

　グレイは，機能的リテラシーを指導する方法として，4つの指導段階を設定している。①リテラシーへの準備段階，②簡単な教材に触れる段階，③スキルの習得を促す段階，④読むことについてのより成熟した興味と習慣をつくる段階である*8。第1段階の「リテラシーへの準備段階」は，読み書きに慣れていない子どもを注意深く観察すること，子どものニーズに即して，書かれたものへの興味を引き出すことを行う段階である。第2段階の「簡単な教材に触れる段階」では，単語認識のスキルを指導したり，簡単な文章を音読もしくは黙読したりする力を身につけさせる。第3段階の「スキルの習得を促す段階」は，読むことを楽しめるように興味を持たせながら，単語認識のスキルを高めていき，正確で自立したスキルの育成をめざす段階である。この段階においては，子どもたちは，読むことを通して獲得したアイデアに反応し，そのアイデアを問題解決のために用いることを求められる。そのような学習を通して，探求心をもって読むという習慣を身につけさせることをめざす。第4段階の「読むことについてのより成熟した興味と習慣をつくる段階」では，現在の生活のなかで生じている事柄への興味を刺激し，コミュニティ全体が直面している問題を学校のなかで検討するという課題が与えられる。子どもたちは，読んだ内容をもとに自らの考えを練り上げ，行動に移すことを求められる。

　これら4つの段階での指導を具体化するために作成されたのが，『ディックとジェーン』シリーズを含めた教材集である。『ディックとジェーン』シリーズにつづくものとして，『私たちの新しい友だち (Our New Friends)』，『友

＊8　*Ibid*, pp.117-148.

だちと隣人（*Friends and Neighbors*）』，『さらなる友だちと隣人（*More Friends and Neighbors*）』，『通りと道（*Streets and Roads*）』，『さらなる通りと道（*More Streets and Roads*）』，『時間と場所（*Times and Places*）』，『日々と実行（*Days and Deeds*）』，『人々と発展（*People and Progress*）』が作成されている。では，具体的にどのような指導が行われることが期待されていたのであろうか。そのことを明らかにするために，教材集に収められている教材とともに，教師用の指導書も合わせて見ていこう。

⑵ 教材集『人々と発展』──「素晴らしき川」の分析

本節では，グレイの構想する4段階の指導段階のうち，最終段階に位置づけられている『人々と発展』に注目する*9。最終段階に位置づく本書を検討することで，学習者がどのようなレベルに到達すべきだと考えていたのかを明らかにすることができるためである。

この教材集は，大きく8つのテーマで構成されており，各テーマに3〜6編の作品，合計37作品が収録されている。本教材集に収められている物語は，多くはアメリカが舞台ではあるが，5つめのテーマ「世界の隣人（World Neighbors）」と7つめのテーマ「自由を守る人々（Defenders of Freedom）」においては，アメリカ以外の舞台や主人公が登場する。表2-1は，この2つのテーマに関わる単元名の一覧である。

特に「世界の隣人」では，北アフリカ，ロシア，ギリシャ，ブラジル，中国が取り上げられている。これは，国家間の時間的・空間的な隔たりが，飛行技術の向上によって改善されていること，また報道やラジオ放送では，かつて知らなかった地域が登場するようになっていることを踏まえて，今後世界がますます小さなものとなっていくであろうことを予期し，世界のさまざまな国や地域を取り上げようとしているためである。学習を進めるにあたっては，共感（sympathies）と理解（understanding）が必要であると考

---

*9　Gray, W. S. and Arbuthnot, M. H., *People and Progress*, Chicago: Scott, Foresman, 1943,
　および，Gray, W. S., Monroe, M. and Arbuthnot, M. H., *Guidebook for People and Progress*,
　Chicago: Scott, Foresman, 1948。

表 2-1 『人々と発展』の目次の一部

世界の隣人 （World Neighbors）	名前を得たペッパーフット（Pepperfoot Earns His Name）
	不朽の鉄道（The Immortal Railroad）
	ニキアスへの手紙（A letter for Nikias）
	冒険の終わり（End of a Quest）
	素晴らしき川（The Good River）
自由を守る人々 （Defenders of Freedom）	トーマス・ジェファーソン（Thomas Jefferson）
	ラファイエットとヒーローとの出会い（Lafayette Meets His Hero）
	シモン・ボリバル，解放者（Simon Bolivar, Liberator）
	中国のファーストレディ（First Lady of China）

（出典：Gray, W. S. and Arbuthnot, M. H., *People and Progress*, Chicago: Scott, Foresman, 1943, pp.3-5 より筆者訳出。）

えられている。このテーマに収録されている作品には，各国・地域に住む人々の生活環境，経験，問題，願望が描かれる。ここから，グレイが編集に携わった教材集に収録されている作品が，すべて「白人中流階級」の生活に焦点があてられているわけではないことがわかる。

　では具体的に，どのような教育内容が選択されているのだろうか。指導書では，各作品に対して5ページ程度で「読解のための準備（preparing for reading）」，「スキルと能力の拡張（extending skills and abilities）」，「単元テーマの拡張（extending the unit theme）」という項目が立てられ，作品に即した指導の手引きが示されている。具体的な作品の内容と学習計画を明らかにするために，「世界の隣人」に収録されている，単元「素晴らしき川（The Good River）」に着目してみたい。

　「素晴らしき川」は，パール・S・バック（Pearl S. Buck）が描く絵本である。1892年に生まれたバックは，宣教師の両親を持ち，生後3ヶ月で中国江蘇省に移り住んだ。1911年にアメリカで大学教育を受けるために一時帰国するが，1914年に母親の病気の知らせを受けて中国に戻る。1917年に，当時南京大学に勤めていたジョン・S・バック（John S. Buck）と結婚し，

第2章　子どもたちの「言語経験」を重視する立場からの提案

中国で執筆活動を開始した。1931年に『大地（*The Good Earth*）』を発表し，翌年ピューリッツァー賞を受賞，1938年にはノーベル文学賞を受賞した。

ペンシルベニア大学英文学部教授ピーター・コン（Peter Conn）が執筆したバックの伝記 *Pearl S. Buck: A Cultural biography* は，日本でも『パール・バック伝——この大地から差別をなくすために』*10 として翻訳されている。邦題に「差別をなくす」と明記されている通り，バックは文化間の差別解消に向けて活動した人物として知られる。

しかしながら，バックの『大地』をめぐっては，いくつかの批判も行なわれている。それは，『大地』には階級や時代に対する批判がほとんど見られないことや，1930年前後の中国農村の実情を描くにあたって，農民に対する地主階級の苛烈な搾取をまったく描いていないこと，当時「革命が及ぶ所では，幾重もの苦しみにあえぐ農民たちが，共産党の指導のもとに，団結し，武器をとり，反動勢力と決死の闘いをしていた」のに，それらを描いていないことなどである*11。つまり，中国生活の長いバックではあるが，彼女が生きた時代の中国を描く作品であっても，その時代状況の描写に不十分さがあったことが指摘されている。では，「素晴らしき川」では，どのように中国が描かれているのだろうか。

「素晴らしき川」の主人公は，長江近くの小さな農場に住むラン・イン（Lan Ying）という名前の少女であり，両親と3歳下の弟の4人家族で生活を営んでいる。本作品は，3つの意味段落で構成されており，それぞれに「食べ物を運ぶ川（The River Brings Food）」「川の変化（The River Change）」「満たされる夢（A Dream Is Fulfilled）」という小見出しが付けられている。「食べ物を運ぶ川」では，長江は毎年春になると，水や魚を運んでくれる存在であることが描かれる。「川の変化」では，予期せぬ長江の洪水に合い，家や財産が流されてしまうこと，洪水の被害を避けるため，内陸部に避難す

---

*10　ピーター・コン（丸太浩ほか訳）『パール・バック伝——この大地から差別をなくすために』舞字社，2001年。

*11　新田玲子「時代・世代・地理を超えた人間性——パール・バック『大地』から」『New wave』38，2013年，pp.9-22。

71

るものの，水が引かず，4ヵ月間，餓えが原因で農家同士での対立があったことが描かれる。「満たされる夢」では，飢えで苦しんでいた折に，アメリカの船が食料を分けてくれたことが描かれ，友人という意味においても，長江が恵みをもたらす存在であることが描かれる。これら3つの意味段落を踏まえて，「素晴らしき川」では，長江が洪水によって被害をもたらす存在であるものの，その洪水をきっかけに，異国の友人ができるという意味において，恵みをもたらす存在でもあることが読み取れる構成の作品である。

　本単元の指導書では，大きく3つの学習課題が示されている。1つめの「読解のための準備」では，「素晴らしき川」がバックによって執筆されたこと，バックが中国に関する物語を書く作者として著名であること，彼女が宣教師の娘であり，人生の大半を中国で過ごしたこと，中国人への理解が深い人物であることを教師が紹介する。次にアジアの地図のなかから長江を探し，川の近くに住む農家たちにとって，川が重要なものとなる理由を尋ねる。その後，資料2-2と資料2-3に示す挿絵を見比べ，「陽気な物語であると思うか？　なぜそう思うのか，また思わないのか？」と問いかける。資料2-2は主人公のランが魚釣りをしている姿が描かれているのに対して，資料2-3では餓えのために顔が痩せ細っており，洪水から4ヵ月後に食糧が届けられる場面が描かれている。この2つの挿絵を見比べることで，この作品の展開を予想する。最後に，主人公のランが長江を『素晴らしき川』と表現する物語であることを伝える。本文の読解に入る前に，作者の情報の伝達や挿絵の読み取りが行なわれるのである。

　2つめの学習課題は，「スキルと能力の拡張」である。この単元では，4つの学習「口頭解釈の改善（improving oral interpretation）」，「構造および音声分析（structural and phonetic analysis）」，「比較（making comparison）」，「人物特性の特定（identifying character traits）」が用意されている。「口頭解釈の改善」は，文章を音読することにより，子どもたちの審美眼が促進されるという考えのもと導入されている指導である。読み上げたい箇所を子どもが選択し，なぜその箇所を読み上げたいのかについて説明することが求められる。

第 2 章　子どもたちの「言語経験」を重視する立場からの提案

資料 2-2　「The Good River」の一場面①

（出典：Gray, W. S. and Arbuthnot, M. H., *People and Progress*, Chicago: Scott, Foresman, 1943, p.257.）

資料 2-3　「The Good River」の一場面②

（出典：Gray, W. S. and Arbuthnot, M. H., *People and Progress*, Chicago: Scott, Foresman, 1943, p.272.）

「The Good River」の 2 つの場面，すなわち健康そうな主人公が魚釣りをしている姿（資料 2-2）と洪水による餓えのために顔が痩せ細った姿（資料 2-3）を見比べさせ，子どもたちにこの作品の展開を予想させる。

「構造および音声分析」は，単語を音節で区切り，単語の成り立ちについて学ぶとともに，アクセントをつけて音読することを求めるものである。例えば，「in'fant」のように区切ることで，単語の音読方法を学習する。「比較」では，読者である子どもたちと作品の比較が行われる。例えば，ランは茅葺屋根の家に住んでいるが，自分はどのような家に住んでいるのかという文章を完成させるために，「私は_____の家に住んでいる」の下線部に，子ども自身の事柄について記入させる。「人物特性の特定」は，人物を描く言葉を提示し，それらの表現が中国の農民たちを描写できることを学習する。具体例として示されているのは，「我慢強い（patient）」，「忠実である（steadfast）」などである。

　3 つめの学習課題は，「単元テーマの拡張（extending the unit theme）」であり，ここでは 2 つの学習が想定されている。「単元テーマの要約（summarizing the unit theme）」では，子どもたちの身の回りにある海外製の食物や物品，港

や飛行場に他国から来航した船や飛行機が存在していること，他国で発行
された新聞がアメリカ国内で販売されていることなど，アメリカと他国と
の間につながりがある証拠を集めさせる。さらにそれらのつながりが，船
や飛行機製作の技術の進歩によって促されていることにも気づかせる。こ
れらの学習を通して，アメリカが他国と親しい間柄であることを理解させ
ていく。「世界の隣人プログラム（a world neighbor program）」では，「世界隣
人の日（world neighbor day）」を紹介し，他国の生活や習慣を子どもらに調
べさせ，発表させる。この学習を通して，「世界の隣人」というテーマの振
り返りを行う。

　このように，グレイの作成した教材集『人々と発展』に収められている
単元「素晴らしき川」では，中国の農民を描く作品が取り上げられている。
もちろん教材集に掲載されているからと言って，授業でその教材を取り扱
うとは限らない。しかしながら，『ディックとジェーン』に対する，特定の
人種・階級のみが取り上げられているという批判は，本教材集には当ては
まらないと言える。

　また，この単元で獲得が構想されていたのは，「口頭解釈の改善」，「構造
および音声分析」，「比較」，「性格特徴の特定」というスキルと，アメリカ
と他国とのつながりという知識であった。単語を音節で区切り，その発音
を学習することや，人物を描写する際に形容詞を用いることを学習するこ
とで，他の単元においても応用可能なスキルの習得が期待されていた。

　しかしながら，「多文化性」という視点を踏まえて学習課題を検討するこ
とによって，1つの課題が浮かびあがってくる。それは，獲得が期待され
ているスキルと知識が結びつくことによって，学習者が所属しない他者の
集団や文化そのものについて，教材の作者の視点に寄り添うことを求める
学習として展開する可能性があるということである。「素晴らしき川」で
は，中国の農民が，「我慢強く」「忠実である」姿として描かれ，そのよう
な形容詞を用いることで中国の農民を捉える学習が構想されていた。その
ため，作者の価値判断を相対化する機会が提供されず，登場人物に関する
解釈が固定化される危険性が生まれている。

第 2 章　子どもたちの「言語経験」を重視する立場からの提案

　以上を踏まえると，教材集『人々と発展』に収録されている単元「素晴らしき川」では，文化を捉えるためのスキルが提示されているものの，そのスキルは文化の捉え方を固定させる危険性を持つものであると指摘できる。序章で述べた「多文化性をめぐる 4 つの課題」を踏まえるならば，中国の農民の生活とアメリカとの関係を知るという学習が取り入れられているものの，中国の農民を比較的単純化して捉えており，集団内の差異への注目が促されていないと指摘できよう。

　グレイが機能的リテラシー論を提起し，複数の教材集を作成することによって，言語教育において，子どもたちの所属する集団や文化において求められる読み書きの能力を明らかにすることの必要性と，子どもたちが，学校生活や学校卒業後に生きていく社会生活に必要な読み書きの能力を明らかにし，それを教育内容として選択することの必要性が提起された。しかしながら，想定されている学習活動の単純化，「多文化性の尊重」が十分に行われていない素材集であったといえよう。

　以上のグレイの発想は，第 1 章で取り上げた，文化言語アプローチと共通するものである。つまり，子どもたちが，学校生活や学校卒業後に生きていく社会生活に必要な言葉とは何かを明らかにし，それを教育内容として選択するという発想である。このような発想は持つものは，グレイだけではなかった。当時アメリカで起こっていたカリキュラム改革運動の問題点を，ダートマス・セミナーに集まった研究者たちが指摘していくなかで，子どもたちの言語経験に着目することの必要性が共有されていくことになる。そこで次節では，まずは1960年代にアメリカ国内でカリキュラム改革運動が展開した際，言語教育におけるカリキュラムとして具体化された「新英語」を概観した後，ダートマス・セミナーの成果物を具体的に見ていきたい。

75

第2節　ダートマス・セミナーにおける「言語経験」の重視

　1957年，旧ソビエト連邦が人類ではじめての人工衛星スプートニクの打ち上げに成功したことは，アメリカをはじめとする西側諸国に衝撃を走らせた。1959年には，全米の著名な科学者たちがマサチューセッツ州のウッヅ・ホールに集まってアメリカの自然科学教育の改善に向けた議論を行い，学問研究に裏打ちされたカリキュラムの必要性を提起した。その成果は，『教育の過程（*Process of education*）』としてまとめられ，アメリカだけでなくヨーロッパ各国や，日本にも大きな影響を与えた。

　学問を中心としたカリキュラムの必要性は言語教育においても叫ばれ，「新英語」と呼ばれるカリキュラム改革が行われた。「新英語」とは，言語学や修辞学の成果を踏まえた，系統性を重視した言語教育のカリキュラムであり，目標，領域，教材，指導法，教員養成の面において総合的に言語科を改革することが試みられたものである。この改革は，「生活適応」を目的とする言語教育の非系統性，学問的レベルの低さを克服するものとして推進された。

　「新英語」に参加した団体・組織は，全米英語教師協議会（National Council of Teachers of English），現代語協会（Modern Language Association），大学入学試験委員会（College Entrance Examination Board），大学英語協会（College English Association），アメリカ研究協会（American Studies Association），国家防衛教育法研究所（National Defense Education Act Institute），アメリカ教育局（U.S. Office of Education）である。これらの団体・組織と連携して，アメリカ国内の大学に設置されたカリキュラム研究・実地教授センターがカリキュラムと教材を作成し，実験授業を行った。参加した大学は15校に及ぶ。

　各大学における個別のカリキュラム研究で参考にされたのが，全米英語教師協議会，現代語協会，大学英語協会，アメリカ研究協会が協力してまとめた，「新英語」の報告書『英語指導の基本問題（*Basic Issues in the Teaching*

第2章　子どもたちの「言語経験」を重視する立場からの提案

of English)』である。本報告書では，教育目標・教育内容・指導方法に関する，35 個の基本問題が整理された。

基本問題の 1 つめは，「英語とは何か（What is "English"?）」である。ここでは，「一般に，作文（composition），言語（language），文学（literature）が国語の領域内にあることは認められている。しかし境界線が，翻訳された世界文学，演説，ジャーナリズム，聞くこと，読むことに関する補習（remedial reading），一般教養の指導を含むべきかどうかについては確信が持てない」*12 と記されている。英語，すなわち，ここでは言語教育に含むべき領域として，翻訳された世界文学等を挙げるのかどうかを検討課題とする必要性が述べられるとともに，基本的には，作文，言語，文学の 3 領域が，言語教育を構成する領域であることが確認されている。この 3 つの領域は，それぞれ修辞学，言語学，文学研究という確立された学問体系にもとづいてカリキュラムを作成することが可能なためである。「新英語」カリキュラムの作成にあたったカリキュラム研究・実地教授センターでは，これら 3 つの領域のうちから部分的にもしくはすべてを選択して，カリキュラムの作成が行われた。

例えば，オレゴン大学では，第 7 学年から第 12 学年の生徒を対象とした，作文・言語・文学のカリキュラムが作成された*13。ここでのカリキュラムは，ノーム・チョムスキー（Noam Chomsky）の「統辞構造（Syntactic Structure）」にもとづいたものである。例えば，"Emma looked up the number" という文は，資料 2-4 に示す階層構造を成している。その階層構造を樹形図として表現することによって，文を構成する要素と，その関係性を明らかにすることができる。オレゴン大学のカリキュラムでは，生徒たちに，このような文構造の分析を行わせることで，文の理解を図ったのである。

しかしながら，学問体系の系統性にもとづきながらカリキュラム改革が行われたことに対して批判の声もあがっていた。それは，学問的に高度な

---

*12　ASA, CEA, MLA, NCTE, *The Basic Issues in the Teaching of English*, 1959, p.7.

*13　Kitzhaber, A. R., "Project English and Curriculum Reform," *Iowa English Yearbook*, 1964.

資料2-4 統語論にもとづく文構造樹

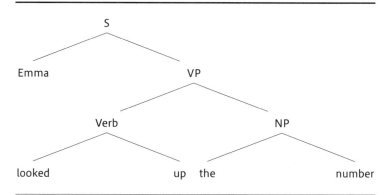

(出典：O'Neil, W. Project English: Lessons From Curriculum Reform Past, *Language and Linguistics Compass 1*, 2007, pp.612-623 をもとに筆者作成。S は Sentence, VP は Verb Phrase, NP は Noun Phrase を指す。)

知識の学習に目が向けられることにより，子どもたちの全人的な発達が軽視されているのではないかという問題である。

そこで，1966年に，「英語教育に関する英米会議」，通称ダートマス・セミナーが開催されることとなった。このセミナーは，現代語協会，全米英語教育者評議会，全米英語教育協会の主宰で，カーネギー財団からの財政的援助を受けて進められたものである。セミナーには，アメリカ，イギリス，カナダから参加者が集まり，1か月間，アメリカとイギリスが抱える英語教育の問題を明らかにし，解決を図るための国際的な協力を得ることを目的として議論が重ねられた。

そこで一致した意見は，資料2-5に示す11点である。「新英語」カリキュラムでは，どのような学問的成果を踏まえてカリキュラムを構成するのかが主要な議論のテーマであったのに対して，ダートマス・セミナーでは，学習者にとって言語を用いるという行為がどのような意味を持つのかについて議論することの必要性が提起されている。①に示されるように，「生徒の経験の開発，拡大，形成」が言語教育の目的であること，学習者の経験

第2章　子どもたちの「言語経験」を重視する立場からの提案

資料2-5　ダートマス・セミナーで一致した意見

① 英語の教室においては，生徒の経験の開発，拡大，形成が中心である。

② 児童，若者の言語経験の生き生きとした創造的，劇的なかかわりあいを強める授業の方法を開発することが必要である。

③ あらゆるレベルのあらゆる生徒の話し，聞く経験にもっと注意を向ける。特に，児童の間に活発な相互活動を含むような経験が必要であることにもっと注意を向ける。

④ あらゆるレベルの若者に，言語の創造的な用い方の機会を与えることが賢明である。それは創造的な劇，想像的文章，即席の詩，役割を演じること，およびそれに類似した活動である。

⑤ 教育の過程では，豊かな文学経験が意義を有する。さまざまなレベルでの読みの適切さを決定するために，選ばれた個々の教材の再検討が必要である。

⑥ 少年少女が英語を学習するのを妨げたり，言語の発達を妨げるような言語環境を制限するような集団化や，流動性のない形態を克服する必要がある。

⑦ 教師と生徒の関心を，表面的で，しばしば間違いに注意を向けるような試験形式と，その破壊的な影響を否定する必要がある。

⑧ 学校で英語が指導される条件の改善に関して強い興味を喚起することが必要である。書物と図書館を充実させること，よりよい設備，合理的な学級規模，すぐれた教育を可能にする教室環境が必要である。

⑨ あらゆるレベルの英語教師が，自分の授業方法を適切に生かせるように，妥当な学問研究の成果を知る必要がある。

⑩ 養成教育，現職教育の両方の教員養成計画の合理的な改革が必要である。

⑪ すぐれた英語とは何か，すぐれた言語教育とは何かについて大衆の教育が必要である。

（出典：Markwardt, A. H., "The English Curriculum in Secondary Schools," *Bulletin of the National Association of Secondary School Principals*, 1967.）

を豊かにすること，学習活動を組織することの必要性が共有された。ダートマス・セミナーの成果は，『英語による成長 (*Growth through English*)』[*14] としてまとめられ，学習者の創造活動を促進することと，文学における読者の反応を重視することが提起された。

　ダートマス・セミナーに関連して，『英語における創造性 (*Creativity in English*)』という論文集が出版された。このなかに，デイヴィッド・ホルブルック (David Holbrroke) が「英語プログラムにおける創造性 (Creativity in the English Programme)」と題する論文を書いている[*15]。ホルブルックは，英語教育において育成すべき能力は，「内的および外的経験を扱う能力」であるとする。ここでの「内的経験を扱う能力」とは，「何よりもまず自分自身と親しく付き合う適切な能力」であり，「ことばを含むいろいろな手段によって，内的秩序を発見することもなしに，言語の『実用的』使用能力を開発してはいけない」と主張する。

　ホルブルックの主張する「学習者が自らの内面を理解できる能力」とは，言語を使用するという行為は，学習者の外側にある現実世界を読み解くものだけでなく，学習者の内側の世界の理解にもつながるものであると捉えるものである。つまり，学習者の自己認識の深化に寄与するような言語教育の必要性を提起している。第1章で検討した「文化言語アプローチ」においても，言語というものを学習者の外部にある世界を読み解いたり，他者とのコミュニケーションを促すために使用したりするものであると考えるだけでなく，学習者自身の理解につながる言語教育の必要性が重視されていた。ここには，学習者を，彼らの外側にある知識を受け取る存在ではなく，言語を通して，自分自身の理解を深めていく存在として位置づける

[*14]　Dixon, J., *Growth through English: a Report Based on the Dartmouth Seminar 1966*, UK: National Association for the Teaching of English, 1967.

[*15]　Holbrook, D., "Creativity in the English Programme," in Summerfield, G. (ed.), *Creativity in English: Papers Relating to the Anglo-American Seminar on the Teaching of English at Dartmouth College, New Hampshire 1966*, Champaign: National Council of Teachers of English, 1968.

第2章　子どもたちの「言語経験」を重視する立場からの提案

ことの必要性が提起されているという共通点を見出すことができるだろう。

　このように，ダートマス・セミナーが開催され，言語教育における子ども
の言語経験の重要性が再認識されることによって，子どもにとって言語
を獲得する意味が問い直されることとなった。その後も，学問中心カリ
キュラムが持つ課題が指摘されていくが，その立役者となったのは，カリ
キュラム改革運動推進の契機となったウッヅ・ホール会議の議長を務めた
ブルーナー自身であった。そこで次節では，ブルーナーがカリキュラム改
革運動をどのように見ていたのか，そこでの認識を踏まえてどのような主
張を行ったのかを検討することによって，子どもたちのもつ言語経験への
接近について考察を加えたい。

第3節　ブルーナーによる「レリバンス」概念の提唱

　1960年代のアメリカでは，ウッヅ・ホール会議の成果を踏まえ，学問中
心のカリキュラムが提案・実践されていた。この会議の議長を務めたブ
ルーナーは，カリキュラム改革運動の主導者として注目を浴びていた。し
かしながら，その後ブルーナーは，人文科学の視点と幼児の学習研究の視
点から，世界各国で広がる教育課程改革運動を捉え直すなかで，70年代の
教育に向けて提言を行うこととなる。その提言を含め，『教育の過程』出版
後の1964年から70年までに執筆した9本の論文をまとめたものが，1971
年に出版された『教育の適切性（the Relevance of Education）』である。本節
では，この論文集を取り上げ，ブルーナーの問題意識と，70年代の教育に
向けた提言の内容を見ていきたい。

⑴『教育の過程』への反省
　60年代のアメリカにおける自然科学を主な領域としたカリキュラム改

81

革運動は，現代科学の成果によって解明された学問の「構造」をカリキュラムに取り入れることを通して，学問的卓越性や知的優秀性を育成することをめざすものであった。その根底には，以下の考えがあったとブルーナーは述べる。すなわち，「人間は，自然を知ることと，科学および数学のもつ一群の考え方に熟練することとによって，自然を正しく認識するだけでなくて，自然の前に自己の無力を感ずることがより少なくなるであろう，またそのことによって人間は，『自己自身に属する科学者である』ときにのみ備わる知性の尊厳を成就しうるであろう，という考え」*16 である。この運動に対してブルーナーは，『教育の適切性』の序文で，資料 2-6 に示すように振り返っている。

　ブルーナーは『教育の過程』出版時において，数学教育や科学教育と同様に，言語教育を含む人文諸科学においても，当時の学問の成果を反映させたカリキュラムの改革が実現可能なものであると捉えていた。しかしながら，ベトナム戦争へと突き進むアメリカの社会状況と，補償教育に参加する子どもたちの実態を知り，その考えを捉え直す必要性を自覚していくことになる。

　補償教育においては，就学前に白人と同じ知的レベルを持っていたと思われる黒人の子どもたちが，学校に入学して急速にやる気を失っていく姿や，入学当初から学校に対して打ちひしがれた気持ちでいる姿が存在した。ブルーナーは，彼らが伸びないのは，彼らが将来の希望を失っているからであり，問題は学校内のカリキュラムにだけあるのではなく，「教育の改革は，単に学校自体の改革にとどまらず，社会の本質そのもの，私たちが教育している子どもに対する社会の態度そのものを変えることだということに深く気付いた」と述べている*17。そのため，学問の成果を構造化し，それを獲得していく過程として教育を捉えるのではなく，学習者が自らの経

---

*16　Bruner, J. S., *The Relevance of Education*, New York: W. W. Norton and Company, 1971, p.108.

*17　ジェローム・S・ブルーナー「『教育の過程』の与えた影響」佐藤三郎訳編『人間の教育　講演・論文と解説』誠信書房，1974 年，p.25。

第2章　子どもたちの「言語経験」を重視する立場からの提案

資料 2-6　60 年代のアメリカの教育改革についてのブルーナーの問題意識

　60 年代初期のアメリカの教育改革は，教科課程を改造することがその主たる関心事であった。その改革の理念は明瞭であり，現代の知識を使いこなすことで，自分の知力を自分で方向づけることであった。この改革運動のなかで，数学と物理学に，化学と生物学に，さらに行動諸科学さえに，勇敢な努力が現れ，成功を収めた努力もいくつかあった。当時，人文諸科学の人々が口ごもっていたのは不可解であったが，そのわけは後により明確となった。人文諸科学の教科課程を改革することは，あまりにも多くの起爆的な諸問題を含みこんでいた。この十年間の後半つまりこの本の諸論稿が書かれた時期は，さらに深い疑惑が現れはじめていた。教科課程を改革することで十分であるのか，それとも教育体制の総体をもっと根本的に改造することが必要なのではないか。こうした疑問をその根元まで深く遠くさかのぼっていくならば，現代の文化と技術の変化というところへいきつくことは明らかなことである。しかしベトナムにおける破滅的で残酷な戦争は，これまで自己満足的な態度であった人々に対して，私たちの行動と優先事項に疑問を投げかけることになった。どうすれば，これほど富裕である社会が，理想主義を唱えながら，これほど無情な破壊を行う社会であるということができるのだろうか。私たちは，自分たちの生活様式のなかに，都会のスラム街，貧困の文化，人種差別などの問題を抱えながら，寛容な生活様式という名目のもとで，どうすれば戦争を行うことができるのだろうか。私たちは，貧困と人種差別が子どもたちの生活に恐ろしい影響を与えること，私たちの社会において，学校が邪悪な力を生み出す道具と化していることを，改めて見つめ直した。

(出典：Bruner, J. S., *The Relevance of Education*, New York: W. W. Norton and Company, 1971, p.x を筆者訳出。下線部は筆者。)

験をもとにして，言語を用いて世界を構造化して捉えていく過程として教育を捉えることの必要性を提起していくのである。

　ここでブルーナーが重視したのが，「構造」の捉え方である[18]。「世界に関する私たちの知識とは，単に『そこにある』秩序と構造を鏡に映したり反映したりすることだけではなく，世界はどうなるであろうか，またどうなりうるであろうかということを予測するために，いわば，物事を少し先駆けて，1つの構造体もしくはモデルを構成すること」であるという。学問中心カリキュラムにおいては，いかに既存の学問を構造化して捉えていくのかが重視されており，そこでの学習者は既存の知識を受け取る存在として位置づけられていた。そうではなく，その先を見据えて，自ら知識を構成していく存在として，学習者を捉える必要があると考えたのである。

　このように，ブルーナーは，人間とは一線を画したところに存在する学問や教科としての「構造」ではなく，人間がいかにそれらを認識するのかという，人間と知識との関係性を含み込んだ「構造」へと捉え方を転換している。このような「構造」に対する認識に至ったのは，ブルーナー自身が幼児期の子どもの行動を観察することを通した見解を得たことが関係している。ブルーナーの観察した子どもたちは，「まず，自分の意図を実現して自分の目標に到達するという基礎を学習する。その過程で子どもは，自分の目的に関連する情報を獲得し蓄えていく」という姿を見せていた[19]。この観察を通して，ブルーナーは，知識と人間を結び付けている「目的意識」の存在を自覚し，「目的意識」を含んだ「構造」の捉え方を重視していくのである。

　「目的意識」を説明する際，ブルーナーは，トワイラ・E・ストランドバークとジェリー・グリフィス（Twila E, Strandberg and Jerry Griffith）が1968年に行った研究を挙げる[20]。この研究は，コダック社のインスタマチッ

---

*18　Bruner, J. S., *op. cit.*, pp.vi-vii.

*19　*Ibid*, p.vii.

*20　Strandberg, T. E., & Griffith, J., "A study of the effects of training in visual literacy on verbal language behavior," *Journal of Communication Disorders*, Vol.2, Issue 3, 1969, pp.252-263.

第2章　子どもたちの「言語経験」を重視する立場からの提案

資料 2-7　子どもの目的意識が反映された話し言葉の事例

① あれは馬です。馬はのることができます。僕は，馬のことはこのくらいしかわかりません。その馬は，茶色，黒色，赤色をしています。僕は，馬のお話をどうしたらよいかわかりません。

(That's a horse. You can ride it. I don't know any more about it. It's brown, black, and red. I don't know my story about the horse.)

② 僕が登っている，僕の木の写真です。ほら，そこに木が生えていて，そこが僕が登っていくところで，そこに座って，そこで僕は景色を眺めます。はじめに僕はこれに登って，つぎにあれに登ります。そして，あの丈夫な，大きい枝に足をかけます。それから，顔を引き上げて，上の方の枝に掴まって，あたりを見回します。

(There's a picture of my tree that I climb in. There's—there's where it grows at and there's where I climb up—and sit up there—down there and that's where I look out at. First I get on this one and then I get on that other one. And then I put my foot under that big branch that are so strong. And then I pull my face up and when I get a hold of a branch up at that place—and then I look around.)

(出典：Strandberg, T. E., & Griffith, J., "A study of the effects of training in visual literacy on verbal language behavior," *Journal of Communication Disorders*, Vol.2, Issue 3, 1969, pp.252-263 をもとに筆者訳出。)

ク・カメラを 4・5 歳の子どもに与え，学習目的での撮影と，自分に興味のあるものの撮影を求め，その後撮影した写真について説明する際の話し言葉を比較するものである。

　資料 2-7 に示すのは，5 歳の子どもの話し言葉の事例である。①は学習目的のために説明を求められたものであり，②は自分の興味にもとづき撮影を行った子どもの話し言葉である。①では，馬について説明しようと試みるが，馬を説明するための知識も意欲も持っておらず，見た目で入手できる情報を述べるに留まっている。それに対して②では，自らの経験とのつながりで木の細部を説明している。

　この 2 つの話し言葉を比較し，ブルーナーは「第 1 の方では，子どもは

指定された写真に対して文脈を見つけ出そうと奮闘するが，うまくいかない。これに対し第2の方では，子どもは自分で撮った写真について述べており，文脈が内蔵されている」[21]と分析する。ここでの「文脈」とは，子どもが自らの目的意識にもとづきながら，諸概念をつなげていくことを指す。同じ子どもであっても，自らの経験と結びつき，自らの目的のもとで言語を用いる際には，この事例のように長く，対象を表現することができるのである。

　これらの事例を踏まえてブルーナーは，学問中心主義のカリキュラム改革運動において，各教科で進められた，学問の成果を反映したカリキュラムの追究の不十分さを認識した。いかに人間が目的意識を持って，内的結合性を持つものとして知識を獲得し，認識していくことができるのかが重要であることを提起していくのである。その際，ブルーナーは「レリバンス（relevance）」という概念を通して子どもと知識の関係性を問うことを必要視している。

⑵ 2つの「レリバンス」概念の提起

　ブルーナーが提起した「レリバンス」概念には，2つの意味がある[22]。1つは「個人的レリバンス（personal relevance）」と呼ばれるものであり，「教えられる内容は，それが『リアルなもの』であるとか，『興奮をよび起こすもの』であるとか，『意味のあるもの』であるといった，なんらかの実存的な規準によって，自己報酬的な系統をそなえていなくてはならない」ものである。もう1つは「社会的レリバンス（social relevance）」と呼ばれるものであり，「教えられる内容は，世界が直面している悲痛な諸問題，その問題の解決が人類としての私たちの存亡に関わるような諸問題と何らかの関連をもつものでなければならないという意味」を持つものである。

　2つの「レリバンス」を提起する背景には，60年代のカリキュラム改革

---

*21　Bruner, J. S., *op. cit.*, p.137.

*22　*Ibid*, p.114.

第2章　子どもたちの「言語経験」を重視する立場からの提案

運動が，学問の「構造」への注目が先立ち，学習者との関連性が問われない，学習者不在のカリキュラムとして成立していたこと，既知のものをいかに効率的に把握していくのかということを中心にカリキュラムが編成されたために，未知のものや，意見の対立が生まれる物事をカリキュラムのなかに取り入れてこなかったことへのブルーナーの問題意識がある。

　ただしブルーナーは，教育が生活と遊離することを危惧してはいるものの，生活の諸問題を取り上げることで問題の解決を図ろうとはしなかった。むしろ，そうしてしまうと，「それではかえって，個人的興奮のために社会的レリバンスの方を犠牲にすることになると思う」として批判する。ブルーナーにとっての「レリバンス」概念とは，「個人との結合および社会との結合という二つの種類の結合連関を単一の焦点のなかへ統一してくるもの」なのである。

　この「レリバンス」概念にもとづき，ブルーナーは70年代の教育に対して4つの提言を行っている*23。1つめは，中立性を伴う教育内容の提示をめざすのではなく，対立を含む議論をそのまま提示することの必要性である。「教育はもはや，中立性と客観性の実存的な態度ばかりとっていてはならない。知識は力であることを，私たちはこれまでにないほど知っている。このことは，真理の基準は存在しないということや，検証という考えが大切でないということを意味しているものではない。むしろ，学校教育に登場する知識を，実践と関与の文脈と関連づけるのである」とブルーナーは述べている。2つめは，「教育はもっと，既知なるもの，既に確立されたことがらを，外挿のための知識として使用し，未知なるもの，推測的なことがらに焦点を合わせなければならない」というものである。これら2つの提言は，学問中心カリキュラムにおいて重視された「構造」が，現代科学の成果によって解明された学問を反映したものであったために，結論のつかない主に人文科学分野に波及しなかったことを反省したものである。

　3つめは，「教育の過程を学習者と共有すること」である。「自分がいま

---

*23　*Ibid*, pp.115-117.

どこへ進もうと試みているのか，なにを把握しようと試みているのか，それに向けて進展しているのかという感覚をもつこと」である。先述の通り，ブルーナーは，既存の学問の構造を受け取る存在ではなく，自ら知識を構成していく存在として学習者を捉えることを主張していた。3つめの提言は，まさに学習者が目的意識を持ち，自ら「構造」を生み出していく過程を重視するものである。

　最後に4つめとして，カリキュラムを2つの部分に分けることを提案している。1つは，「現時点までにつくられた学校カリキュラムのうちもっともすぐれたものを使って移行期間の教育を続行する」ものであり，もう1つは「ゼミナール，政治的分析，学校の諸問題に関する方針書の開発，地域コミュニティの『問題を発見する』こと」などのような「十分に論争的な問題を中心に編成」するものであり，議論の場を学校内に設けることを主張するものである。

　このように，ブルーナーは，1964年時点においては，「普遍性」という観点からカリキュラムを改造していくことが，科学技術の進歩する時代において必要不可欠であると考えていた。学問中心主義のカリキュラム改革運動は，他ならぬブルーナーの著作を契機として取り組み始められたものであった。しかしながら，ブルーナー自身が，人文諸科学からの申し立てを考慮することによって，自らの考えの力点を変更して議論するようになった。「レリバンス」概念を，子ども個人だけでなく，社会との関係で捉えようとしたところに，ブルーナーによる「レリバンス」概念の特徴がある。また，この2つのレリバンス概念を用いることで本書で取りあげてきた教育の特徴を分析することができる。すなわち，文化剥奪論にもとづく補償教育も，グレイの機能的リテラシー論も，カリキュラム作成者が重視し選択した文化を取り入れるものであり，個人的レリバンスが考慮されないところに「多文化性の尊重」が図られていないという課題を見出すことができる。他方，ダートマス・セミナーでの成果は，子どもの言語経験を重視するものであり，個人的レリバンスが位置づけられたものであったと考えられる。しかしながら，社会的レリバンスの視点からテキストが選択

されていたとは言い難い。いかに，個人的レリバンスと社会的レリバンス
を含み込んだ言語教育を実践していくのかが課題であったと結論づけるこ
とができよう。

第4節 「個人的レリバンス」と「社会的レリバンス」の両立

　本章では，まず，グレイの機能的リテラシー論とそれにもとづく教材集，
ダートマス・セミナーでの議論を検討してきた。子どもの「言語経験」に
着目し，よりよく日常の言語生活を営む学習者が育つような教育内容の選
択を求める立場からの教育実践が提起されていた。
　ただし，ブルーナーによる「レリバンス」概念の提起を検討することに
よって明らかとなったように，子どものもつ言語経験を探り，教育内容と
の関連性を見出していくことは教育実践にとって不可欠であるものの，そ
れだけでは，子どもを自文化内に閉じてしまう危険性があると考えられた。
ブルーナーの述べる「社会的レリバンス」の視点を取り入れることによっ
て，子どもが生まれ育った文化内で生きて働く言語と，自文化とは異なる
文化を踏まえた言語を獲得する可能性が拓かれると言えるだろう。
　ここには，グレイやダートマス・セミナーの議論だけでは見えてこない，
テキストの捉え方の転換が図られている。学習者のもつ文化との結びつき
の強い個人的レリバンスの側面からテキストを読むだけでは不十分であり，
社会的レリバンスのあるテキストを読み進めることによって，他者の言語
文化を考慮したテキスト理解の様相を示すことができると考えられる。こ
のことを示したが図2-1である。読者は，読者個人にとって興奮をよび起
こしたり，意味が生み出されるものとしてテキストを捉えることができる。
ただし，そのようなテキスト理解は，テキストと読者個人の関連性を強調
するあまり，テキストの一部分の読み取りとなったり，社会とのつながり

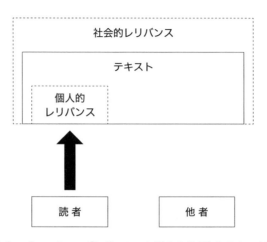

図2-1 ブルーナーの「レリバンス」概念を考慮したテキスト理解

でテキストを捉えることができなかったりする可能性がある。目の前のテキストが、どのような社会的レリバンスを持つものであるのか、どのように社会を切り取り、テキストとして構成されているものであるのかを読み解いていく必要があると言えるだろう。

　その後、1970年代のアメリカでは、ブルーナーの『教育の適切性』出版以降、60年代の科学や学問構造を重視したカリキュラムに対して反省が加えられていく。具体的には、チャールズ・E・シルバーマン (Charles E. Silberman) が『教室の危機 (Crisis in the Classroom)』を著し、教育内容の高度化・過密化が、子どもの自発性を失わせていることを指摘した。そこで期待されたのが、「人間性 (humanity)」を回復する教育であった。伝統的な学校に代わるものとして、オープン・スクールやオルタナティブ・スクールが設立され、子どものニーズや多様性に沿うカリキュラムのあり方が模索された。そこでは、ブルーナーの提唱する2つのレリバンスを両方含み込むものというよりも、60年代のカリキュラムの反動から、個人的レリバンスを強調するものとなっていた。

　1970年代後半になると、さまざまな文化内容を取り入れたカリキュラム

の作成が，子どもたちの基礎的な読み書きの能力の低下につながることが
報道され，文化的多様性を尊重することよりも，読み書きの基礎を指導す
ることの必要性が叫ばれるようになっていく。それは，1975 年に示された
1 つの記事からはじまる。そこで次章では，その記事の具体的な内容と，
その記事を発端として行われた全米規模の運動を見ていくことにしよう。

第3章

ホール・ランゲージ運動における多文化性

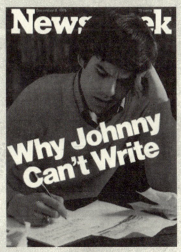

扉写真：公民権運動の影響を受け，1970 年代以降，多文化性を尊重するカリキュラムが実施されるようになった。しかしながら，子どもたちの読み書きに関する成績が低下傾向にあることが判明すると，そのようなカリキュラムは批判の対象となり，読み書きの基礎・基本を徹底することを求める「基礎に帰れ」運動が広がった。そのきっかけとなったのがこの Newsweek 誌の特集である。写真右上は，ホール・ランゲージ運動における指導の特徴の一つとして挙げられる，ビッグ・ブック（Big Book）と呼ばれる大型絵本。厚紙で製作されたボードブックと比べると，大きさの違いがわかる。日本でも人気のあるアメリカの絵本作家エリック・カール（Eric Carle）の作品『はらぺこあおむし（*The Veryhungry Caterpillar*）』は，ホール・ランゲージの教室の子どもたちも，喜んで読み聞かせを聞くという。

1970 年代から 80 年代のアメリカでは，読むことの基礎的なスキルの指導の必要性を提起した「基礎に帰れ」運動が起こっていた。この運動は，公民権運動を背景に，子どもたちの多様な文化的背景を尊重することをめざして具体化されたカリキュラムが，子どもたちの学力の低下につながっていることを批判して登場したものである。そこでの言語教育は，基礎的・基本的な知識やスキルの習得が重視され，それを実現するものとして基礎読本（basal reader）と呼ばれるテキストが使用された。

それを批判するかたちで登場した，ホール・ランゲージ運動は，「基礎に帰れ」運動が理論的に基盤とする言語観を批判した。ホール・ランゲージ運動の理論的主導者であるケネス・S・グッドマンは，子どもたちの言語経験を尊重し，子どもたちを真正な言語活動に取り組ませることによって，子どもたちの言語の学力向上が図られると主張し，基礎読本にもとづく言語教育を否定した。

しかしながら，子どもたちの多様な言語を使用する権利を認めているホール・ランゲージ運動においても，マジョリティの文化を基盤とした支配構造を補完してしまう危険性を有することが，ホール・ランゲージ運動の担い手の 1 人であり，リテラシー教育の再理論化を試みているカロル・エデルスキー（Carole Edelsky）によって指摘されている。

そこで本章では，グッドマンの視点から「基礎に帰れ」運動を検討することで，同運動の成果と課題および，ホール・ランゲージ運動の問題意識を確認する。次にエデルスキーの視点からホール・ランゲージ運動を検討することで，同運動の成果と課題を確認する。

第1節 「基礎に帰れ」運動の具体像

(1) 時代背景

　1975 年 12 月，『ニューズウィーク（Newsweek）』誌上で「なぜジョニー
は書くことができないのか（"Why Johnny Can't Write?"）」が発表された[*1]。こ
こでは，保健教育福祉省（Department of Health, Education, and Welfare）によっ
て 1965 年以降の学生の読む力の低下が指摘されたこと，大学進学適性試験
（Scholastic Aptitude Test）の成績が 20 年間低下しつづけていることの原因が，
家庭におけるテレビの普及と学校における子どもたちの数の急激な増加，
進歩的な英語教師が作文の代わりに映画や写真などをカリキュラムに取り
入れたことや教師自身の作文力のなさにあると説明された。

　「なぜジョニーは書くことができないのか」という文章は，1955 年にル
ドルフ・フレッシュ（Rudolf Flesch）が出版した『なぜジョニーは読めない
のか（*Why Johnny Can't Read*)』[*2] を下敷きに執筆されたものである。フレッ
シュは，言語要素を重視し，それまでのアメリカの言語教育におけるフォ
ニックス（phonics）の指導の不十分さを批判した人物である。フォニック
スとは，綴り字と発音との間の規則性のことである。英語では，同じ綴り
字であっても発音が異なる場合や，同じ発音であっても異なる綴り字で表
記する場合がある。その複雑さが，読むことのつまずきを生む原因である
と考え，綴り字と発音の規則を学習することを推奨するのである。フレッ
シュの考え方の背景にあるのは，言語要素主義である。言語要素主義とは，
複雑な現象を単純化する根本主義（fundamentalism）や還元主義（reductionism）
から派生する考えである。この立場では，まずは規則性の習得を言語教育
の目標として定め，学校で実施されるカリキュラムは，フォニックスの指

---

*1　"Why Johnny Can't Write", Newsweek (domestic issue), December 8, 1975.

*2　Flesch, R., *Why Johnny Can't Read and What You Can Do about It*, New York: Harper &
　　Brothers, 1955.

導を軸に組織される。

　さらに，そのカリキュラムの成果を評価するための中核として，コンピテンシー・テスト（Competency test）が位置づけられる。このテストは，子どもたちの言語能力を測定するものであり，必要な場合には言語の矯正を行うことが求められる。1970 年代においては，初等教育段階の子どもたちに対して，各州が独自に行うものとされ，要求水準に達することができない子どもには，卒業や進級をさせなかったり，進級したとしても矯正クラスに在籍させたりするなどの対策がとられた。1976 年に開始され，1979 年には全米の 4 分の 3 以上の州で実施された[3]。このコンピテンシー・テストにおいて，アメリカの子どもたちの言語に関する低学力の状況が明るみに出され，1970 年代後半から，「基礎に帰れ」運動が広がっていくこととなった。フレッシュ自身も，1981 年に『どうしてジョニーはまだ読めないのか（Why Johnny Still Can't Read）』[4] を出版し，アメリカの子どもたちの読むことの学力の低迷を憂いている。

　この運動は，教師などの教育現場に直接たずさわる人々ではなく，世論の高まりによってはじまったものである。しかしながら，連邦政府の強力な資金援助のもとに運動が展開していくこととなり，このことが，教師の反発を生む要因になっていく[5]。具体的には，連邦政府からの資金援助を受けるためには，連邦政府に推薦された教科書と教授法を半ば強制的に使用させられ，また援助の効果を評価するために実施される連邦教育局の標準テストの成績を向上させることが求められた。その結果，標準テストで測られる学力に注力する授業が展開された。では，「基礎に帰れ」運動で使用されたテキストとは，どのような特徴を持つものであり，どのような問

---

[3]　Smith, V. H., "Beyond Flax and Skinner: A Personal Perspective on Teaching English, 1954- present," *English Journal*, Vol.68, No.4, 1979, pp.79-85.

[4]　Flesch, R., *Why Johnny Still Can't Read: a New Look at the Scandal of Our Schools*, New York: Harper & Row, 1981.

[5]　柳沢浩哉「資料　70 年代アメリカの国語教育──Back to Basics を中心として」『人文科教育研究』1984 年，pp.100-110。

題点を持つとグッドマンは捉えていたのだろうか。

⑵「基礎読本」の特徴

　基礎読本が前提としているのは，系統的に組織され，教師や子どもに利便性の高い素材が含み込まれた教材があれば，教師の能力や子どもたちの個人差に関わらず，子どもたちに読むことの学力を向上させることができるという考えである。そのため基礎読本は，真正のテキスト（authentic text）を再構成して作成されることになる。真正のテキストは，さまざまな作者が自らの寄って立つ文化にもとづいて執筆したものであるため，さまざまな文化が反映されたり，必ずしも明瞭とは言えない表現が含まれていたりする。基礎読本は，このような複雑さを除外し，フォニックスや語彙が統制されたテキストとして組織される。

　さらに，テキストだけでなく，授業で使用できるワークブックや教師用指導書，テストなどの一連の教材が作成され，パッケージ化して販売される。教師が何を教えるべきなのかが明快に示され，またあらかじめその指導で使用される教材が用意されることにより，どのような教師であっても容易に指導に取り組むことができる。これらの関係性は，図3-1のように示すことができる。指導のしやすさを念頭にテキストや指導書が作成されることにより，現実世界に存在する真正のテキストを再構成した教材集が提供されるのである。

　最も初期に作成された基礎読本は，ウィリアム・H・マガフィー（William H. McGuffey）が作成したシリーズであり，19世紀のアメリカにおいて使用されはじめた。同シリーズにおいては，「音素への気づき（phonemic awareness）」と「［文字の］解読（decoding）」が学習内容として選択されていた。1960年代までの基礎読本の代表事例として示されたのが，『ディックとジェーン』シリーズであった。第2章で見てきたように，グレイの作成した他の教材にも目を向けてみると，『ディックとジェーン』シリーズのように，必ずしも単純な文章のみが扱われたり，基礎的なスキルのみが指導されていたりしたわけではない。しかしながら，「基礎読本」として出版さ

第3章　ホール・ランゲージ運動における多文化性

図 3-1　基礎読本の位置づけ

（Goodman, K. S., Shannon, P., Freeman, Y. and Murphy, S., *Report Card on Basal Readers*, Katonah: Richard C. Owen, 1988, p.85 を筆者訳出。）

れたことを背景に，「基礎に帰れ」運動で使用される主要なテキストとして，広く知られるようになった。

このように，1970年代後半から広がった「基礎に帰れ」運動は，子どもたちの言語に関する学力の低さの問題を，言語要素を軸に組織する教育によって克服しようとする運動であった。英語の綴り字と発音の複雑さに起因する子どもたちのつまずきを予防するために，フォニックスの指導を重視した言語教育の在り方が提起されたものであった。では，この基礎読本にもとづく言語教育では何が問題として捉えられたのだろうか。

第2節　ホール・ランゲージ運動の興隆

グッドマンらがホール・ランゲージ運動を開始したのは，1971年である。

1970年代はじめ，言語・思考開発センターが教師たちによって結成され，グッドマンが初代会長となった。1978年にはミズーリ州のドロシー・ワトソン（Dorothy Watson）らが，ホール・ランゲージを実践する教師の会（Teachers Applying Whole Language）を組織した。彼らは，「基礎に帰れ」運動に対して，「他人の文を完成させたり，ばらばらで断片的な語彙を獲得させたり，句読点を打つなど，ワークブックの空欄を埋める以上の作業を子どもに要求しないこと」，「おそらく学校で身に付く技能は，価値のあるものを読むことを十分楽しめる技能ではないだろう」と批判し，「文学教育の必要性」や「言語を社会のなかで捉える必要性」を主張していく。では，ホール・ランゲージ運動においては，子どもたちの持つ文化はいかに捉えられ，実践においてどのように対処されているのだろうか。

⑴ 理論的背景と問題意識

　基礎読本に内在する問題について，グッドマンらは『基礎読本に関する報告書（*Report Card in Basal Readers*）』としてまとめている。この報告書には，全米英語教師協議会の読解委員会からの要請を受けて行われた，基礎読本についての調査結果がまとめられている。基礎読本が全米中に広がり，多くの時間が費やされて指導が行われているにも関わらず，子どもたちの読むことの学力が向上しない現状を前に，「なぜ教師も生徒も，読みの指導のあいだ，自らの無力感を感じているのか」，「現在の読みの指導から利益を得ているもの，読みの指導に悩みを抱えているものは誰なのか」，「教師も生徒も，指導や学習をコントロールされている状況から自由になるためには，どうすればいいのか」という問いに答えること目的に実施された[*6]。基礎読本の性質，その経済性，使用状況から分析するものである。グッドマンらは，ビジネスの原則（business principles），実証科学（positivistic science），行動心理学が折り重なることによって，テキストが基礎読本へと変質して

---

*6　Goodman, K. S., Shannon, P., Freeman, Y. and Murphy, S., *Report Card on Basal Readers*, Katonah: Richard C. Owen, 1988, pp.iv-v.

いく過程を明らかにした。

「基礎に帰れ」運動や基礎読本が抱える課題は，以下3点にまとめられる[7]。1点目は，余裕のないカリキュラムが作成されているために，子どもの実態に応じることができないことである。基礎読本は，美しくパッケージ化され，設計する際の規準に従った豊富な教材が用意されている。教材作成の規準は，読むことの本質とされる基礎的な知識やスキルであり，それらが構造化されて配置されている。基礎読本にもとづく授業では，あらかじめ用意された基礎的な知識やスキルを一つずつ獲得することが共通の目標とされ，目標達成のための手順が整然と並べられている。

グッドマンは，まさにこのことが，学習者に応じる道を閉ざしていると非難する。基礎読本は，そのような構造や配置が整然としているがために，容易に修正することができないためである。ホール・ランゲージでは，ジョン・デューイ（John Dewey）の「学習者の現在ある状態が出発点である」という教育思想に依拠して教育観を形成しており，子どもの差異を当然のこととして捉え，それを考慮した教育実践を営むことを求めている。ここでの差異とは，文化，価値体系，経験，ニーズ，興味，言語である。これらは個人的なものとしても捉えられるし，子どもが関係している社会集団の人種，文化，信念体系の違いを反映するもの，つまり社会的なものとしても捉えられるものである[8]。そのような差異に配慮しながらも，すべての子どもを，強さと能力を持ち，学習を切望する存在として捉え，子ども一人ひとりの目標を達成していくよう援助をしていくことをめざしている。

2点目は，自然な言語使用が促されず，真正性（authenticity）を持たないことである。基礎読本の授業では，読むという学習をスキルの獲得として捉えられている[9]。読むことをスキルの獲得として捉えることにより，スキルは連続したもの，階層構造を持つものとして整理され，スキルを指導

---

[7]　*Ibid*, pp.124-131.

[8]　Goodman, K. S., Whole-language research: foundations and development, *The Elementary School Journal*, Vol.90, No.2, 1989, pp.207-211.

[9]　Goodman, K. S., 1977, pp.309-314.

するための訓練や練習が構造化される。そのような階層構造をもつスキルにもとづいてテストが作成され，それによってリテラシーの獲得状況が判断される。その獲得状況によって，スキル指導の効果が判断され，多くの効果的な方法が報告されることにより，スキル自体が科学的な調査の基盤と化してしまい，その連鎖で読むこととスキルを獲得することが同じ意味を持つものとして捉えられていくことになる*10。つまり，非常に狭い教育目標の設定と，その教育目標の達成度を確認するための教育評価が行われることになる。

　この点において，グッドマンは，人がテキストを読むのは，スキルや語彙を獲得するためではなく，「情報，洞察，アイディア，楽しみこれらのために読むのである。すなわち，意味を求めて読むのである。意味は，個々の単語にあるのではなく，全体の文脈，すなわち文章や段落，時には作品全体にある」*11 と主張する。この考えは，デューイの「ホール（whole）」という言葉の使用を参考に生み出されたものである。デューイは，「すべての学習は，1つの大きな共通世界におけるさまざまな関係性から生まれてくるものである。子どもがこの共通世界に対して，多様に，しかしながら具体的に能動的に関わって生活する時，子どもの学習は自然に統合されている。［中略］もし学校が，総じて生活全体と関係づけられているならば（if school is related as whole to life as a whole)，学校のさまざまな目標や理想——文化，規律，情報，実用性——は，特異なものとはならないだろう」*12 と述べる。全体性を重視することが，子どもの生きている世界と学習をつなぐ契機となるため，基礎読本のように狭い教育目標のもとで学習が行われると，学校内外の分断が生じてしまう。つまり，基礎読本は人間の言語使用を非常に単純化して捉えることによって，言語使用の実態を捉えきるこ

---

*10　*Ibid*, p. 309.

*11　Goodman, K. S., *Reading: A Conversation with Kenneth Goodman*, Chicago: Scott Foresman, 1976.

*12　Dewey, J., *The Child and the Curriculum and the School and Society*, Chicago: University of Chicago Press, 1956, p.91.

とができていないと批判するのである。

　なお，ホール・ランゲージは，デューイの主張に依拠した理論を展開している。が，児童中心主義の理念のみにもとづき実践されるものではない。イエッタ・グッドマン（Yetta Goodman）は，ホール・ランゲージ運動に影響を与えた理論家として，マイケル・ハリディ（Michael Halliday）の名を挙げている[13]。ハリディは，「言語を学習する，言語を通して学習，言語について学習する」と述べ，体系的言語学（systemic linguistic）を提唱した人物である。ハリディは，行動主義心理学やチョムスキーらの提唱する言語観とは異なり，言語を社会的な創案（invention）とみる言語観を提起した。ハリディから，教室において機能的で自然な言語使用を可能にしていくための教育活動についての知見を得たと述べている。

　3点目は，教師の自律性が尊重されていないことである。基礎読本にもとづく授業においては，あらかじめ決められた教材を用いて，順を追って指導を進めていくことになる。そこでは，教師はあらかじめ決められたカリキュラムをただ遂行するだけの存在となる。しかし，目の前の子どもを授業の中心に据え，彼らにとって機能的な言語使用を実現するためには，目の前の子どもにとっての真正性を明らかにする必要がある。そのためには，教師が子どもの現状を見取り，何が必要であるのかを考える必要が生まれてくる。教師をカリキュラム遂行者としてではなく，自らの判断にもとづき行動する実践者として捉えることが，子どもたちを能動的な学習者として育むために必要な考えなのである。以上の理由により，基礎読本とそれにもとづく授業が批判の対象とされるのである。

　以上3つの視点にもとづいて，ホール・ランゲージ運動の主導者たちは，基礎読本にもとづく授業の問題点を指摘した。では，ホール・ランゲージでは，これらの批判を踏まえて，どのような授業を実践しているのだろうか。

---

[13]　その他にもジャン・ピアジェ（Jean Piaget），レフ・S・ヴィゴツキー（Lev S. Vygotsky）の名前を挙げている。

⑵ 共同学習者としての教師

　まず，ホール・ランゲージという言葉に注目してみよう。ホール・ランゲージ運動で重視される「ホール」という用語には，2つの意味が込められている。1つは，「全体は部分を寄せ集めた総和以上であるという前提に立つ」[14] ものであり，基礎読本のように言語をバラバラの知識やスキルに分割して捉えない（undivided）ことを志向するものである。もう1つは，知識が発達し，概念やスキーマが形成されていくことと同時に，言語と思考が高まっていくように，統合化（integrated）と統一化（unified）していくという意味である。

　ホール・ランゲージという言葉は，アメリカでホール・ランゲージ運動が起こる前，すでに1887年の時点において，コメニウスが自ら作成した書物に対して，「ご覧のように，これは『小さな本』であり，大きな本ではない。しかしこれは，全体世界とホール・ランゲージである。すなわち，絵，物の名前，事物の説明に満ちている」[15] と述べている。このコメニウスによって述べられたホール・ランゲージという用語とグッドマンらが使用する概念は同一のものではないものの，「新しい情報が，子どもたちの生活経験の範囲において，子どもたちが慣れ親しんでいるものと関連づけられて紹介されること，学習する具体的な事物を操作できること，学習するものについて話すために母国語を使用すること」という信念は通じるものであるという[16]。子どもたちが自らの生活経験と照らし合わせながら，言語を学習していくことがめざされているのである。

　ホール・ランゲージでは，子どもたちが文字や文学作品との関わりを持つなかで，子どもの言語能力が発達していくと考えている。そのため，教室には市販本を置くスペースや，読み聞かせをするスペースなどが用意さ

---

*14　Goodman, K. S., 1989, p.208.

*15　Comenius, J. A. (translated into English by Hoole, C.), *The Orbis Pictus of John Amos Comenius*, Syracuse: C. W. Bardeen, 1887, p.xiv.

*16　Goodman, Y. M., "Roots of the Whole-Language Movement," *The Elementary School Journal*, Vol.90, No.2, 1989, pp.113-114.

第3章　ホール・ランゲージ運動における多文化性

資料 3-1　ホール・ランゲージの教室の事例

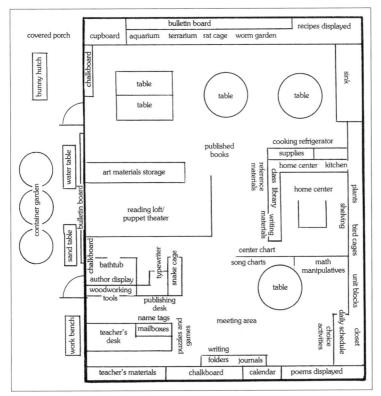

教室左側中央，リーディング・ロフトと名付けられた場所には，床から少し高くなった台が設けられ，子どもたちが静かに本を読むことのできるよう工夫されている。また教室には，子どもが自由に手に取ることのできる教材が配置されている。教師だけが唯一，教材を提供する者と位置付けられないようにする工夫である。

(出典：Wortman, R. & Haussler, M. M., "Evaluation in a classroom environment designed for whole language," in Goodman, K. S., Goodman, Y. M. & Hood, W. J. (eds.), *The Whole Language Evaluation Book*, Portsmouth: Heinemann, 1989, p.48 より抜粋。)

れている。資料 3-1 は，ホール・ランゲージを実践するボブ・ワートマン（Bob Wortman）の教室を図式化したものである[17]。教室左側中央にあるリーディング・ロフト（reading loft）と名付けられている場所には，床から少し高くなった台が設けられており，子どもたちが静かに本を読むことができるよう工夫されている。教室には，子どもが自由に手に取ることのできる教材が配置されている。これは，教師だけが唯一，教材を提供する者と位置付けられてしまうと，子どもの学習に対する自立性が蝕まれ，教室の所有権（ownership）や責任感が育まれないと考えるためである。

　先述の通り，ホール・ランゲージは，真正の学習（authentic learning），すなわち「本物の読むこと」と「本物の書くこと」を推進するものである。そのため，基礎読本は使用せず，市販の文学作品を用いて授業が行われる。さらに，文字の綴り，文法，用法などを個別に学習するのではなく，本物の言語経験として統合することをめざす。これは，自立した読み手を育成することをめざして，学習者が知識やスキルを使いこなし，テキストの意味を見出す過程を重視しているためである。

　ホール・ランゲージにおいて使用される特徴的な教材として，ビッグ・ブック（Big Book）が挙げられる。ビッグ・ブックとは，市販されている文学作品を拡大したものであり，教師が読み聞かせを行う際，子どもに絵と文字が見やすいよう配慮されているものである。ホール・ランゲージでは，タイトルや表紙を見て，物語の内容を予測したり，意味を構築させるための発問を行ったりする。

　ホール・ランゲージでは，学習者が能動的に学習に取り組み，学習に興味関心がある時に，また何を学習するのかについて決定する場面に学習者が参加し，学習内容が既知のものと関係づけられる時に，学習内容は理解され，真剣に学習が行われると考えられている[18]。そのため，ホール・ラ

---

[17]　Wortman, R. & Haussler, M. M., "Evaluation in a classroom environment designed for whole language,"in Goodman, K. S., Goodman, Y. M. & Hood, W. J. (eds.), *The Whole Language Evaluation Book*, Portsmouth: Heinemann, 1989, p.48.

[18]　Goodman, Y. M., *op. cit.*, p.114.

ンゲージでは，教師は共同学習者として位置づけられ，学習の目標は生徒と共同で設定される。教師が計画し，組織し，教材を選択するという権限が重視される[19]。この権限が生かされるよう，教師は「子どもをよく観察する人物（kid watchers）」となり，子どもたちが問題を解決したり，彼らが生み出した問いに対して答えを見つけ出そうとしていたりするなかで，どのように言語を発達しているのかをよく観察する必要がある。教材集のなかに埋め込まれた言語を学習するのではなく，教師自らが子どもと教材の間に共通する「言語生活」を見出し，それを授業の場で扱うことを求めるのである。基礎読本に頼らずとも，子どもに必要な教材を選択できる自律した研究者として教師を位置づけるのである。

　教師の重要な仕事は，学習者の背景や経験をよく知り，それにもとづいて学習経験を組織していくことである。教師は，生徒のニーズや期待，文化，生徒が生活するコミュニティについて理解を深める。学習者について知っていることをすべて考慮に入れて，豊かな言語経験を組織する。そして，その環境が教室という社会的コミュニティに生徒を招待するように努めていく[20]。

　このように，ホール・ランゲージ運動では，市販の文学作品を用いて，子どもたちを「真正性」を持つ学習に参加させることがめざされた。しかしながら，ホール・ランゲージ運動の担い手自身によって，ホール・ランゲージが捉える多文化性の問題点も指摘される。それは，カロル・エデルスキーによって行われた，「読み書きができるようになればなるほど，マイノリティの子どもたちは家庭生活からの心情的疎隔を感じる可能性をもっている」という指摘であった。

(3) 批判的教育学からの示唆を踏まえたホール・ランゲージ実践

　「基礎に帰れ」運動や，基礎読本を用いた実践では，行動主義心理学の学

---

*19　Goodman, K. S., 1989, p.209.

*20　Goodman, Y. M., *op. cit.*, p.114.

習理論を背景に，文脈に左右されない抽象的で基礎的な知識やスキルを学習することがめざされていた。ホール・ランゲージ運動は，そのような理論や実践を批判的に捉え，言語教育を文脈のなかで行うことを主張するものであった。それは，言語を使用するという行為が，価値中立的なものとして存在することはありえず，必ず何かしらの文脈の内部で行われるという前提にもとづくものであった。ただし，子どもを中心に考え，子どもの要求にもとづく文脈で学習を行うということは，教師と子どもが共同して選択した特定の文脈の内部において言語を使用することを意味する。特定の文脈の内部で機能することを重視することは，そこに批判的な視線を向けない場合，現状の社会構造を維持・補完するものとして機能する危険性がある。

そこでエデルスキーが注目するのが，批判的教育学の視座から授業を行う，ビル・ビゲロー（Bill Bigelow）である。ビゲローは，オレゴン州ポートランドで，アフリカ系アメリカ人が多く生活する地域の高校教師である。ジェンダーや人種，民族といった「差異」を主題とするテーマを追究するホール・ランゲージ実践を行う人物として注目されている[21]。

ビゲローは，自らが担当するクラスが，批判的で参加型の民主主義を目的とした議論を続ける場になることをめざしている[22]。これは例えば，クラスのなかで投票を行うことで，生徒の意見を取り上げたり，教師が専門知識を持っていないかのように振る舞うことで，教師と生徒が同じ立場で議論をしたりすることなどではない。生徒が自らの生活を書き，それをクラスで共有することと，自らの経験を社会に位置づけることによって，生徒

---

[21] Edelsky, C., "Education For Democracy" *Language Arts*, Vol.71, No,4, 1994, p.256. ビゲローは，アメリカの歴史の授業も担当する教師である。本節で取り上げる実践は，文学の授業とアメリカの歴史の授業を融合した授業であり，この授業を踏まえて，ビゲローは『『英語』や『歴史』という意味のない領域でカリキュラムをバラバラにすることは，愚かなことである」とインタビューで答えている（http://historymatters.gmu.edu/d/6433，2017 年 12 月 18 日確認）。

[22] Bigelow, B., "Inside the classroom: Social vision and critical pedagogy," in Shannon, P. (ed.) *Becoming Political: Readings and Writing in the Politics of Literacy Education*, Portsmouth: Heinemann Educational Books, 1992, p.72.

が広い社会を批判的に見ていくことを促すものである。この学習によって，生徒たちに，自分がいかなる人物であるのかを考えたり，自らを規定し制限している社会的要因を探り，いかなる人物になりうるのかを考えたりする機会を与えていく。このことによって，対話のあるクラスを運営していく。

この目的を達成するために，ビゲローは，「生徒の生活をテキストとして読む」授業と「テキストのなかに隠れたカリキュラムを発見する」授業を実践する。「生徒の生活をテキストとして読む」授業として例示されているのは，ビゲローと共同授業者のリンダ・クリステンセン（Linda Christensen）が，文学の授業とアメリカの歴史の授業を融合させた取り組みである。ビゲローたちは，歴史的な概念を，生徒の生活のなかにあるテーマを探究する出発点として使用する。授業ではまず，アメリカン・インディアンのチェロキー族の移住[*23]を，ロール・プレイを通して学習する。ロール・プレイでは，インディアン，植民地の地主，銀行員，第7代大統領アンドリュー・ジャクソン（Andrew Jackson）に扮し，チェロキー族が彼らの意思とは裏腹にミシシッピより西への移住を迫られたことを体験する。つぎに，この出来事が起こった原因と過程を議論した後，彼らの権利が侵害されたことを確認する。この経験について，チェロキー族の人々の内側の目から文章として表現することと，彼らが何を感じていたのか，そしてどちらかと言えば不当な行為であったこの事件について，演じた自分たちの外側の目から経験を振り返っていく。

さらにビゲローは，生徒たちに自らの権利が侵害されたと考える経験を文章として表現するよう促した。生徒たちは，例えばコンビニに入店した際，黒人であるという理由で，店員に行動を注視されたことや，登校途中で痴漢に遭ったこと，それを学校に訴えた際，さらなる性被害に遭ったこ

[*23] チェロキー族とは，アメリカン・インディアンの一部族である。アメリカ南東部で独自の文化を持ち生活していたが，彼らの住む土地で発見された金鉱を求めて白人が流入し，追放されることになる。1600km離れた土地へ強制移住させられた折には，4人に1人のチェロキー族が亡くなったという。この強制移住は，「涙の旅路（英名 trail of tears，チェロキー語名 nvnadaulatsvyi）」として知られている。

となどを報告した。権利が侵害された時，どのような行動を取ったのかを問うと，生徒たちのほとんどが抵抗していなかったこと，抵抗した生徒も個人で問題に向き合っていたこと，問題自体は集団で共有していても，問題の解決にあたっては，他者との協力は行われていなかったことがわかってきた。これは，学年を修了したり，需要の高い地位についたりするためには，競争を勝ち抜かなければならないと認識していることが原因であると考えられた。

　このような，生徒が自らの生活を書き，それを読み合うなかで見出される共通性が映し出されたテキストを，ビゲローは「共同のテキスト (collective text)」と呼ぶ。ビゲローは，生徒たちが自らの経験について書くことを通して，個人的な経験のなかにある社会的な意味を見出すことを重視する。このことによって，彼らの生活それ自体が，学習の資源となることに気づかせていき，学校での学習を，支配的な文化を受容することではなく，自分たちで知識を創造していく過程であると捉えさせていくのである。

　さらにビゲローは，「テキストのなかに隠れたカリキュラムを発見する授業」として，文学作品のなかに明示的に表れているものと隠されているものを分析する学習活動を行う。例えば，デイビッド・ストーリー (David Storey) の『ラドクリフ (*Radcliffe*)』と言う小説を用いて実践を行った際，多様な視点から要約を書くことと，生徒を「社会を調査する人 (social researchers)」として位置づける学習を行った。この小説の主人公ラドクリフは，上流階級の少年であるが，多くが労働者階級の生徒の通う学校に通っている。そこで出会った教師は，労働者階級の生徒を無視するように促す人物である。小説のなかで，この教師は「なぜ屋根は尖っており，平らではないのか？」という，地理に関する問いを発する。この問いは，労働者階級の少年が答えられないものである。そのような問いをわざと行い，恥をかかせた後，ラドクリフを指名し，正答させる。この場面では，地理の学習が行われていること，労働者階級の生徒に対する教師からの嫌がらせが行われていることが明示的に表れているものであり，教室にいる生徒たちが黙ってその様子を見ていること，その沈黙により，労働者階級の生

徒に対する嫌がらせが非難されずにいることなどが隠されているものだと分析することができる。

　ビゲローは「テキストに登場する人物の内的思考として書く」,「自分が,テキストに描かれている子どもであると想像して書く」,「母語を英語としない移民の子どもであるかのように書く」など,異なる視点で要約を行うことを通して,教室内で当たり前のこととして受け入れられてきた習慣や信念を捉えなおし,自らの学校生活に潜む問題を見つけさせていく。その結果,ビゲローのクラスの生徒たちは,小説のなかの教師による権利侵害だけでなく,その場にいた生徒たちが沈黙させられる状況にいたことなどを分析していくのである。

　また,ビゲローたちは,生徒たちを「社会を調査する人」として教室を観察するよう促した。その際「教師は質問や批判を促しているか？　それとも服従や順守を促しているか？」,「どのような知識や理解が教室で価値が置かれているか？」などの視点を持つことを生徒に求めた。その結果,例えばフェミニストの教師であっても女子生徒よりも男子生徒に,より深い思考を促す質問をしていたことなどが報告された。さらにビゲローたちは,サミュエル・ボウルズ（Samuel Bowles）とハーバート・ギンタス（Herbert Gintis）の『アメリカ資本主義と学校教育（*Schooling in Capitalist America*）』の一部を教室で生徒とともに読み進めた。ボウルズとギンタスの「対応理論（correspondence theory）」が,学校生活を解釈するための分析枠組みになると考えたためである。しかしながら,教育の社会的関係が生産の社会的関係と対応することを示すこの論理は,実際は,生徒たちの不安を煽る装置として機能することになってしまったという。

　このように,ビゲローは,異なる視点からテキストを読むなかで,テキストに描かれていることと描かれずにいることに気づかせていく。そのことによって,現状の社会構造を維持・補完するためではなく,生徒たちに新たな社会を築いていくための学力を獲得させることをめざすのである。ビゲローの実践は,社会に存在する不平等という現実に生徒が気づいていくという意味で,社会的レリバンスをもつ実践である。しかし同時に,

生徒の無力感を生み出すという課題をもつ実践でもあったと言えるだろう。批判的に物事を見ていくという態度だけでは，問題状況を克服することはできない。社会構造に起因する問題の克服のためには，問題の克服に向けた行動を実現するための手立てを学習する機会が必要であると言えるだろう。

第3節 言語教育における基礎・基本と「真正性」

　1970年代のアメリカにおいては，多様な文化を反映したカリキュラムによって子どもたちの学力が低下していると指摘され，基礎的なスキルの指導を重視する「基礎に帰れ」運動が広がっていた。そのような基礎的なスキル重視の立場に対して，文章を読んだり書いたりすることは，個々の知識やスキルの総和以上のものを意味しているという全体論を重視するホール・ランゲージ運動を担う者たちから批判が行われた。ホール・ランゲージ運動の担い手たちは，統制されたテキストではなく本物のテキストを，テキスト理解をスキルの当てはめとして捉えるのではなく，スキルを駆使した意味の創造として捉えることを重視した。これらのことによって，子どもを自立した読者として育成することができると考えていた。

　基礎読本を用いて，スキルをあてはめていくかのような読みの指導と比べて，子どもが意味を見出すことを強調する点に，ホール・ランゲージ運動の成果があった。しかしながら，そこで見出される意味が，既存社会への追随を意味するものとなる危険性があった。ビゲローの実践は，ホール・ランゲージ運動が重視した「子ども自らが意味を見出していく過程」を重視しながらも，既存社会に存在する矛盾への気付きを促す提案であった。以上の分析を踏まえたホール・ランゲージにおけるテキスト理解を図示したのが図3-2である。真正のテキストを用いることで，知識やスキルをあ

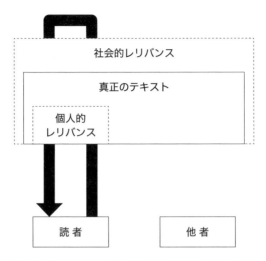

図 3-2　ホール・ランゲージ運動におけるテキスト理解

てはめるものではなく，個人的・社会的レリバンスを合わせもつものとしてテキストを捉える。そしてテキストを個人的レリバンスの側面と社会的レリバンスの側面から理解することを通じて，読者が自らの置かれている状況を含めた自己認識を深めていくことを捉えるものである。

　ただし，ホール・ランゲージ運動に内在する問題点には注意が必要である。それは，子ども中心の教育を志向することにより，既存の社会構造を維持，再生産する機能を果たす危険性があること，明示的な指導を行わないために，教室で取り上げられる言語文化になじまない子どもにとっては，他者の文化を受け取る存在と化す危険性を持つことである。

　この時期，時限立法であった初等中等教育法は，1988年4月，初等中等学校改善修正法として改定された。本修正法においても，教育的に剥奪された子どもたちの教育機会を改善するという初等中等教育法の基本理念は継承されることになった。しかしながら，大きな変更点も加えられた。それは，補助金を受ける州の教育当局が，客観的な評価尺度と基準を示した教育改善計画を開発すること，生徒の成績改善についてのプログラムの効

果について毎年評価を行うこと，改善がみられない学校については改善計画を作成・実施することである。プログラムの作成にあたって参照すべきものとして，共通の教育内容の設定することが必要視され，言語教育の分野においても，言語科スタンダードの設定が求められることとなった。そこで次章では，言語科スタンダードの具体に迫りたい。

第4章
言語科スタンダードの開発

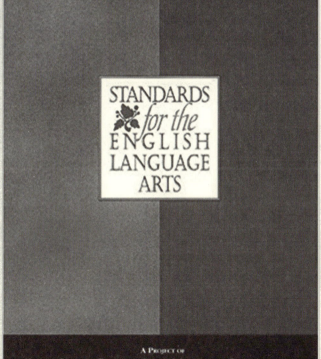

扉写真：連邦，州政府主導で共通教育目標（「スタンダード (standards)」）を開発し，それにもとづいて教育改革を進めようとしたのが，スタンダード運動 (standards movement) である。言語教育分野で開発された「言語科のためのスタンダード (Standards for the English Language Arts)」では，多様な文化的背景を持つ学習者が，最終的にはアメリカ社会に参加できることをめざし，第一言語を用いて学習を行うことがめざされた。言語と言語使用の多様性を理解し尊重すること，多様な聴衆とコミュニケーションを行うことを実現するための知識の習得という目標は，教育機会の公平性の推奨という点での実効策を提供した。(Photo：©1996 by the International Reading Association and the National Council of Teachers of English. Used with permission)

第4章　言語科スタンダードの開発

　アメリカでは 1980 年代以降，連邦政府，州政府主導で共通教育目標（ス
タンダード（standards））を開発し，それにもとづいて教育改革を進めていこ
うとする，スタンダード運動が展開されてきた。アメリカにおいて初めて
開発されたスタンダードは，算数・数学教育の教科の専門団体である全米
数学教師協議会（National Council of Teachers of Mathematics）が 1989 年に作成
した「学校数学のためのカリキュラムと評価のスタンダード（Curriculum
and Evaluation Standards for School Mathematics）」である。この算数・数学教育
のスタンダードの公表を皮切りに，各教科のスタンダードが次々と開発さ
れた。言語科においても，この流れを受け，1996 年に「言語科のためのス
タンダード（Standards for the English Language Arts，以下 SELA）」が開発され
た。

　SELA は，国際読書学会（International Reading Association）と全米英語教師
協議会，読解研究センター（the Center for the Study of Reading）*1 が共同で作
成したものである。「すべての生徒が学校において成功し，見聞の広い市民
として民主主義社会に参加し，挑戦的でやりがいのある仕事を見つけ，私
たちの文化を理解し，また文化に貢献し，生涯を通じて自立した学習者と
して自分自身の目標と興味を追究することができるように，彼らが言語に
関して豊富な知識を持つ熟達した使い手であることを保証する」*2 ことを
目的に開発された。SELA を開発することによって，アメリカの言語科に
おける本質的な目標（essential goal）を捉え，パフォーマンス・スタンダード

───────────
*1　読解研究センター（the Center for the Study of Reading）は，1976 年に教育省からの
　資金提供を受けて，イリノイ大学に設立された。このセンターでは，アメリカの多く
　の子どもたちが読むことに困難を抱えている状況を鑑みて，そのような子どもたち
　の読む力の向上を実現するための手立てを研究・開発することがめざされた。研究
　成果は，保護者向けのパンフレット『子どもたちがよりよい読み手になるための 10
　の方法（*Ten Ways to Help Your Children Become Better Readers*）』や『読書家たちの国を
　作る（*Becoming a Nation of Readers*）』，『読むことを指導する――成功する教室の戦略
　（*Teaching Reading: Strategies from Successful Classrooms*）』としてまとめられている。
*2　International Reading Association and National Council of Teachers of English, *Standards
　for the English Language Arts*, Newark: International Reading Association, Urbana: National
　Council of Teachers of English, 1996, p.v.

117

(performance standards) や学習機会スタンダード（opportunity-to-learn standards），評価スタンダード（assessment standards）といった，それまで個別に開発されていた各種スタンダードの試みをまとめ，一貫したビジョンを提案することがめざされた。そして各州においては，SELA にもとづいた独自の言語科スタンダードを作成するとともに，各教師が各教室において，このスタンダードを実践へと転換することが求められていた。

　では，スタンダード運動をめぐってアメリカ国内で行われてきた議論を踏まえると，SELA や州レベルの言語科スタンダードは，アメリカにおける言語教育のどのような課題を克服できているのだろうか。さらに，これらのスタンダードにもとづくと，どのような言語教育が実践されるのだろうか。

　本章では，まず SELA と他の州から参照されることの多いイリノイ州の言語科スタンダードを取り上げ，それらをアメリカにおけるスタンダード運動をめぐる議論を踏まえて検討する。つぎに，全米英語教師協議会が発行している『スタンダード事例集（*Books in the Standards Exemplars Series*，以下『事例集』)』とイリノイ州の言語科スタンダードにもとづいた実践を取り上げ，スタンダードにもとづく実践の具体に迫る。以上の分析を通じて，アメリカにおける言語科スタンダード開発の意義と課題を明らかにしたい。

　なおイリノイ州は，第 1 章で検討したように，1960 年代に実施された補償教育において，子どもたちの持つ多文化性にもとづいた補償教育プログラムを実施した歴史を持つ。そのため，「多文化性の尊重」と言語に関する「学力保障」の両立の問題を見ていくうえで，適当な事例であると考える。まずは，アメリカにおけるスタンダード運動の展開と，そこで明らかとなった論点を示したい。

第4章 言語科スタンダードの開発

第1節 アメリカにおけるスタンダード運動の興隆と それをめぐる議論

　アメリカにおけるスタンダード運動は，1983年に，連邦教育省長官の諮問委員会によって『危機に立つ国家（*A Nation at Risk*）』が発表されたことによってはじまった。1970年代後半以降のアメリカ経済が低迷していた原因を学校教育の「凡庸性（mediocrity）」に求め，「卓越性（excellence）」を追究することで，問題の解決が図られると考えたのである。これを受けて，全米で子どもたちの学力向上に向けた取り組みがはじまった。

　1990年には，ジョージ・H・W・ブッシュ（George H. W. Bush）大統領によって，「全米教育目標（the National Education Goal）」が掲げられた。そのなかの1つに「学力達成度の向上と国の経済を支える人材の育成」が示され，各教科でナショナル・スタンダード（national standards）を設定することが要請された[3]。そして連邦・州政府主導で設定されたスタンダードに照らして各学区・学校の教育成果が点検されるようになった。

　以上のアメリカにおける一連のスタンダード運動に対して，これまで「結果の平等」という観点からの意義が見出されてきた。例えば石井英真は，「インプットではなくアウトプットにおいて教育の成功を捉えようとする視点は，結果の平等の追求につながりうるものである」と述べている[4]。第1章で述べたように，「結果の平等」への注目は，補償教育の1つであるヘッド・スタート・プログラムの反省から生まれたものである。添田久美子によれば，ヘッド・スタート・プログラムは，「『機会さえあれば結果は個人の努力によってもたらされ，平等が実現される』というアメリカの建国以来の『機会』に対する信念が楽観的であったことを知らしめることとなり，ここで初めて『実質的平等』を保障することの実現可能性が

---

[3]　The National Education Goals Panel, *The National Education Goals Report*, 1995, p.11.
[4]　石井英真『現代アメリカにおける学力形成論の展開――スタンダードに基づくカリキュラムの設計』東信堂，2011年，p.65。

119

問われることとなる。これ以後,『結果の平等』が『実質的な平等』を保障する平等概念として論じられるようにな」ったという*5。

　すなわち,「機会の平等」を具現化するだけでは,真に子どもたちの学力を保障することはできないと判断され,「結果の平等」までを視野に入れて教育を行うことの必要性が認識されはじめたのである。1960年代の公民権運動の影響で,1970年代のアメリカでは人種・民族構成に応じたさまざまなカリキュラムが開発されていた。このことは,一方では多文化性の尊重という意義を持ちながらも,他方ではまさにその多文化なカリキュラムが子どもたちの学力低下を招いたのではないかとも指摘されていた。そのような状況において,共通教育目標を立て,アウトプットの側面で教育の成果を見取ることが,子どもたちの学力保障につながると考えられたのである。

　しかしながら,以上の意義をもつスタンダード運動に対して,さまざまな批判も寄せられている。ひとつには,スタンダードにもとづく一連の改革が,各地域や教師の実践の自律性と創造性を阻害するものであり,特定の文化を押し付け,不平等を拡大する,という批判である*6。特に,スタンダードの設定は保守派による共通文化の維持・固定化の主張と結びつき,同化主義を助長するものであると見られている*7。一方で歴史科のスタンダードに対しては,多文化主義の行き過ぎが指摘され,各教科団体の開発したスタンダードの内容の革新性に対する保守勢力からの批判も行われている*8。

　特に言語教育に焦点を合わせた場合,共通の教育目標を設定するという営みと関連して,次の3点の指摘を看過することはできない。1点目は,学

---

*5　添田,前掲書,p.286。

*6　Miller, R. (ed.), *Educational Freedom for a Democratic Society: A Critique of National Goals, Standards, and Curriculum*, Brandon: Resource Center for Redesigning Education, 1995, p.166.

*7　松尾知明,『多文化教育がわかる事典——ありのままに生きられる社会をめざして』,明石書店,2013年,p.174。

*8　岡本,前掲書,p.39。

習者の社会参加を保障するための言語選択に関するものである。アメリカにおいては，公用語を英語とするか否かをめぐって論争が行われてきた。具体的には，英語を公用語として規定することで，英語による国民統合を推進しようとする「イングリッシュ・オンリー（English Only）」の立場と，多様な言語の存在は国際社会に対応するためのアメリカの財産であり，学習者には第一言語と英語の二言語の習得を促すことが効果的であると主張する「イングリッシュ・プラス（English Plus）」の立場との間での議論である。後者の立場ではバイリンガル教育が実践されることになる。

バイリンガル教育法（Billingual Education Act）の歴史的展開を検討した末藤美津子によれば，「バイリンガル教育法にみられる少数言語の子どもたちの言語教育のありかたは，母語と英語の二言語能力をもつものを育成するという考え方から，ともかくも英語の能力をもつものを育成するという考え方に変わってきた」という[9]。なぜなら，バイリンガル教育法においては，英語を習得させることこそが，不平等の解消につながり，英語を第一言語としない学習者たちの社会参加の権利を保障することにつながると考えられているためである。ここから，英語を第一言語としない学習者たちの社会参加の権利を保障するためには，英語を用いた学習を重視するべきか，それとも学習者の第一言語を用いた学習を重視するべきかという論点が浮かび上がる。

2点目は，スタンダードの持つ「普遍性」に対して疑問をなげかける，マイケル・アップル（Michael Apple）の指摘である[10]。彼のカリキュラムにおけるポリティクス問題においては，誰の文化が価値をもつものとされるのか，誰の文化が正当化されるのか，誰の文化が保障されるのかが重要な問いとして設定される。彼の主張においては，学校が「中立的」な知識を抽

---

*9　末藤美津子「アメリカのバイリンガル教育法における言語観──1968年法から1994年法までの変遷」『比較教育学研究』第25号，1999年，p.91。

*10　Apple, M., *Ideology and Curriculum*, London; Boston: Routledge & K. Paul, 1979（マイケル・アップル（門倉正美ほか訳）『学校幻想とカリキュラム』日本エディタースクール出版，1986年）。

出するのではなく，学校教育に関わるあらゆる人々が「学習コミュニティ」の参加者として，学校の運営や方針決定に意見を表明することが重要であるとされる。彼の主張からは，どのような立場の人物が，どのような関わりをもちながらスタンダード開発を行うのかが問われることになる。

　3点目に，カリキュラムやスタンダード開発においてさまざまな立場性を尊重する営みが，子どもたちの真の学力保障につながりうるものとなっているのかという疑問の声も挙がっている。サンドラ・ストーツキー（Sandra Stotsky）によれば，多文化教育の教材として使用されている文学作品は，子どもたちの読み書きの能力を低下させているという*11。具体的には，文化特有の語彙を理解するために子どもたちの知的エネルギーが無駄に使われてしまっていること，またそのように獲得された語彙はその後の学習の上達に役立っていないこと，教材で使用されている文章は短く，単純な単語しか使用されていないことが挙げられている。1970年代以降，学習者のもつ文化的背景を尊重し，多文化教材を用いた言語教育が興隆していたアメリカにおいて，まさにそのことが学力低下を招いたと捉えられたのである。

　アメリカにおける「多文化性」の主張は，主にマイノリティの立場から，主流文化への同化を促されることへの反発となって表れてきた。しかしながら昨今のアメリカにおける「多文化性」の主張は，重大な隘路に陥っていることが，梶田孝道によって指摘されている*12。梶田によれば，「多文化性」の主張の基調である「相違への権利」をマジョリティ側が逆手にとることによって，集団間の相互隔離や相互排除が強まっているという。具体的には，「日常生活においても白人と黒人との意思疎通は意外なほど少なく，黒人英語は他の人々にとって理解困難であり，その一方で黒人は黒人英語の教育を受けるべきである，という主張すら一部に存在する。このよ

---

*11　Stotky, S., *Losing Our Language: How Multicultural Classroom is Undermining Our Children's Ability to Read, Write, and Reason*, New York, Free Press, 1999, pp.10-12.

*12　梶田孝道『統合と分裂のヨーロッパ——EC・国家・民族』岩波書店，1993年，pp.140-147。

うに今日のアメリカでは,『人種』ないしは『文化』の相違に起因する形で,人種・民族間の『相互隔離』が進行している」という。つまり,「多文化性」の尊重という仮面をもったマイノリティの隔離もしくは排除の実態が生まれてきているというのである。

この現状を克服するためには,多様な文化内容を教育内容として含み込むだけでは不十分であり,真にすべての子どもたちの学力保障につながる言語教育を推進するにあたっては,「多文化性」をくぐりぬけることによって生み出された「普遍性」が見出されているのかという視点が確保されることが望まれる。

以上を踏まえると,アメリカにおいて「多文化性」を尊重しつつ「結果の平等」をめざして言語科スタンダードを開発するためには,次の3点に留意する必要があると言える。1点目は,どの言語に焦点を合わせた言語科スタンダードを開発するのかという視点である。2点目は,誰のどのような文化や意見が内包されているのか,どのような過程を経てスタンダードが開発されているのかという視点である。3点目は「多文化性」をくぐりぬけながら,そのなかでいかに「普遍性」を見出していくのかという視点である。言語科スタンダードを読み解いていく上でも,これら3つの視点を念頭に置く必要があると言えよう。

第2節　SELAの開発

(1) 開発の経緯

先述の通り,1990年に「全米教育目標」が公表され,各教科のナショナル・スタンダードの開発が要請された。この要請を受け,1992年秋,連邦政府からの補助金を得たイリノイ大学の読解研究センターのスタンダード開発プロジェクトに,国際読書学会と全米英語教師協議会が加わり,全米

規模の言語科スタンダード開発がはじまった*13。

　SELA 開発を動機づけたのは，次の 3 つの信念である。1 つめは，子どもたちが将来要求されるリテラシーの水準に対応できるようになるためには，スタンダードの開発が必要である，というものである。これは，子どもたちに要求されているリテラシー概念が拡大していること，そのため言語科においても限られたカリキュラムのなかで，多様な言語の側面に焦点を当てることの必要性が認識されたためである。ここで特に注目されたのは「話し言葉（spoken language）」と「視覚的コミュニケーション（visual communication）」である。前者に関して，コミュニティ間の口頭文化（oral culture）の重要性がますます高まっていること，話し言葉と書き言葉（written language）の関係性に注目が集まってきたことを踏まえて，テキストについて議論したり，プレゼンテーションを作成したりするという，話し言葉の機能を獲得する指導を組み込むことの重要性が指摘されている。後者に関しては，現代社会においては，文字化されたり話されたりする言語だけでなく，映像や図表などの視覚的な言語についても批判的にまた創造的に関わることの重要性が注目されてきたことを踏まえ，それらと従来の言語形式の知識を統合させるような指導の必要性が唱えられている。

　信念の 2 つめは，スタンダードは，教師や研究者，保護者が有するリテラシー教育に関するビジョンを統合し得るものであり，共有されたビジョンは実現可能なものである，という信念である。この信念を実現するために，SELA の開発過程が開かれていること，教師・研究者・保護者・政策立案者ら，さまざまな立場の意見が反映されることが重視された。

　SELA では，スタンダードにはすべての子どもが言語科において発達させるべき知識と方略，およびその発達を可能にするカリキュラムと指導の要素が含み込まれるべきであると考えられている。ただし，指導方法を画一的に規定することを志向してはいない。具体的な指導方法は，教師に

---

*13　International Reading Association and National Council of Teachers of English, *op. cit.*, pp.2-17.

第4章　言語科スタンダードの開発

資料4-1　SELA において共有されたビジョン

---

① 子どもたちが生涯を通じて直面するであろう，多様なリテラシーに関する要求に対して，彼らが備えられるようなコンピテンシーを言語科において発達させるべきである。

② 言語科は，言語科としてだけでなく，他教科における生徒の学習にとっても必要である。

③ 生徒は，意味のある活動や設定を通して，言語に関するコンピテンシーを発達させることができる。

④ 教師のビジョンを実践に反映させることを妨げるような障害物を特定し，取り除く。

⑤ パフォーマンスにもとづいた評価を使用して，生徒の学習を評価する。

（出典：International Reading Association and National Council of Teachers of English, *Standards for the English Language Arts*, Newark, Del.: International Reading Association, Urbana, Ill.: National Council of Teachers of English, 1996, pp.5-6 をもとに筆者作成。）

よって決定されるべきであると考えられているためである。SELA で共有がめざされるのは，資料4-1 に示す5点である。子どもたちが現実世界で直面する課題に対処できる能力を育むとともに，その能力をパフォーマンスにもとづいた評価を使用して評価すること，教師の自律的な実践を支援することなどが挙げられている。

　SELA の信念の3つめは，公平性と卓越性を促進することである。アメリカではすべての子どもに対して公平な教育機会を提供することをめざしてきたが，低所得家庭や特定の言語的・文化的グループ，特別なニーズを抱える子どもに対しては，この目標は達成されているとは言えなかった。そこで SELA では，スタンダードを設定することで，上記の子どもに対する教育機会を提供することをめざしたのである。

　ただし，スタンダードそれ自体が，貧困や民族的・文化的差別，家庭における非識字，社会的・政治的特権の剥奪などの影響を消し去ることはできない，ということも認識されている。すべての子どもに公平な教育機会

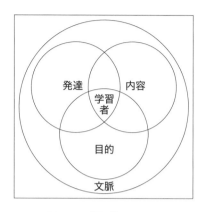

図 4-1 相互作用モデル

(出典：International Reading Association and National Council of Teachers of English, *Standards for the English Language Arts*, Newark: International Reading Association, Urbana: National Council of Teachers of English, 1996, p.10 を訳出。)

を提供するためには，以下4点の問題に対処すべきであるとしている。すなわち，学習過程を反省する機会を提供すること，質の高い教師とスタッフを雇用したり，高水準の指導教材を入手したり，書籍などの備品を購入できるよう，学校が十分な資金を持っていること，質の高い教員が在籍していること，設備の整った学校であることである。

　SELAでは，生徒たちが読んだり，書いたり，話したり，聞いたり，見たり，視覚的に表現したりするという，生徒たちの経験と活動におけるスタンダードを設定することが重視されている。そこでSELAでは，「学習者（learners）」を中心に位置づけ，言語教育を4つの側面，「内容（content）」，「目的（purpose）」，「発達（development）」，「文脈（context）」から捉える。これらの関係性を示したのが，図4-1の相互作用モデル（interactive model）である。「学習者」を中心に据えることによって，言語の使用や学習が特定の文脈における能動的な過程であることを示すことができる。ここでの「内容」とは，書き言葉・話し言葉・視覚的テキストに関する知識と，そのようなテキストを創造し，解釈し，批評するための過程と方略に関する知識，

そして言語自体の構造と，言語によって生み出される決まりである。「目的」としては，「情報を入手し，コミュニケーションを行うため」，「文学的な反応と説明のため」，「学習し省察するため」，「問題を解決し応用するため」という4つの目的が掲げられている。さらに「目的」を持って「内容」を活用する学習において，子どもがどのように知識を獲得し，コンピテンシーを発達させていくのか，どのような質のパフォーマンスを示し，その質が発達していくのか，という「発達」の側面からも言語教育を捉えることが重視される。最後に，これら3つの側面に影響を与えるものとして「文脈」が位置づけられる。ここでの「文脈」は，特定の場面を想定するものではない。なぜなら，カリキュラムの最終決定権は地域の教育関係者にあり，各地域の要望や関心に応じた学習機会が生み出されるべきであると考えられているためである。SELA においては，各地域で行われる言語教育がさまざまな文脈を含む，真正の学習経験（authentic learning experience）となることが重視されている。各地域の実情に合わせた文脈を設定することにより，学習が真正なものとなると考えられているためである。以上4つの側面は，どれも言語教育を分析する視点として重視されるが，SELA においては特に「内容」が強調される。これは各地域・教師の自律性を保障しつつ，「生徒が言語科において何を知るべきか，何ができるようになるべきか」を規定することによって，学力保障の実現をめざすためである。

SELA では，以上の3つの信念と相互作用モデルにもとづき，スタンダード開発が進められた。1992年10月から草稿の検討が行われ，1995年10月に最終稿が完成し，さらにそれを2500以上の個人とグループが検討した。プロジェクトの立ち上げから4年の歳月を経た1996年3月に SELA が完成した。

(2) SELA における「多文化性」と「普遍性」

表4-1に示す通り，SELA は6つのクラスターで構成され，それぞれのクラスターに2つずつ，合計12個のスタンダード［以下，丸囲みの数字で表す］が設定されている。

表 4-1　SELA の具体像

1	① 生徒は，テキスト，自分自身，アメリカや世界の文化についての理解を構築するために，新しい情報を獲得するために，社会や職場のニーズや需要，個人の充足感に対応するために，幅広い文字化されたテキストや文字ではないテキストを読む。
	② 生徒は，人間の経験の多様な次元（例：哲学的，道徳的，美的次元など）の理解を構築するために，多様なジャンルや時代の幅広い文学を読む。
2	③ 生徒は，テキストを理解し，解釈し，評価し，鑑賞するために幅広い方略を適用する。彼らは，先行経験，他の読み手や書き手とのやりとり，単語の意味や他のテキストに関する知識，単語認識方略やテキストの特性に関する理解（例：音と文字の一致，文章構造，文脈，図）を利用する。
	④ 生徒は，多様な聴衆と効果的にコミュニケーションするために，またさまざまな目的のために，口語言語，書記言語，視覚的言語（visual language）の使用を調整する。
3	⑤ 生徒は，さまざまな目的をもつ多様な聴衆とコミュニケーションするために，適切に，書く際には多様な方略を使用し，多様な書く過程の要素を使用する。
	⑥ 生徒は，文字化されたテキストもしくは文字ではないテキストを作成したり，批評したり，議論したりするために，言語構造，言語に関する慣習（例：綴りや句読点），メディア技術，比喩的な言語やジャンルについての知識を適用する。
4	⑦ 生徒は，考えや疑問を生み出したり，問題を設定したりすることによって，問題となっていることと興味のあることについて調査を実施する。彼らは，彼らの目的と聴衆に合う方法で，自分たちの発見についてコミュニケーションするために，さまざまな情報源（例：文字化されたテキストや文字ではないテキスト，人工物（artifact）や人）のデータを収集したり，評価したり，総合したりする。
	⑧ 生徒は，情報を収集したり総合したり，知識を生成したり知識についてコミュニケーションを行ったりするために，さまざまな技術的・情報的な資源を使用する。
5	⑨ 生徒は，文化や民族，地域，社会的役割による言語の使用やパターン，方言などの多様性についての理解と敬意を発達させる。
	⑩ 英語が第一言語でない生徒は，言語科においてコンピテンシーを発達させるために，またカリキュラムを通して内容を理解するために，それぞれの第一言語を使用する。
6	⑪ 生徒は，さまざまなリテラシーコミュニティに，博識で，反省的で，創造的で批判的なメンバーとして参加する。
	⑫ 生徒は，自分たちの目的（例：学習のため，楽しみのため，説得するため，情報を変更するため）を達成するために，口語言語・書記言語・視覚的言語を使用する。

（出典：International Reading Association and National Council of Teachers of English, *Standards for the English Language Arts*, Newark: International Reading Association, Urbana: National Council of Teachers of English, 1996, p.3 をもとに作成。）

先述した，言語科スタンダードを分析するための第1の視点，すなわち「どの言語に焦点を合わせた言語科スタンダードを開発するのか」という視点に応えるものが，⑩である。⑩において，英語を第一言語としない学習者が，それぞれの第一言語を使用することが承認されている。⑩が設定された背景には，「英語を第一言語としない生徒は，彼らの第一言語が育まれている環境において，英語のアカデミックな成功が実現する可能性が高い」という言語教育に関する研究成果が存在する。「英語を第一言語としない生徒が，どれほど自信にあふれ，熟達していたとしても，英語で専門的な概念を把握することは難しい」こと，「もし第一言語に関する支援が早期に撤退してしまうと，彼らは学校教育において不利な立場に置かれてしまう」ことを踏まえ，英語を第一言語としない学習者は，第二言語として英語を学ぶとともに，第一言語で学習する機会が保障されるべきであると考えられたのである。

　ただしこのことは，英語を第一言語とする学習者との分離（separation）や隔離（segregation）を意味しているわけではない。言語学習においては，社会的相互作用（social interaction）が必要不可欠であり，英語学習者にとっても，他の言語を第一言語とする者との会話のなかで英語の能力を育む機会を与えられることが重要であることが認識されている。

　以上⑩に関して言及されていることは，バイリンガル教育法において，すべての学習者に第一言語よりも英語の習得を先行して促そうとしていたこととは対照的である。バイリンガル教育法においては，英語を第一言語としない学習者の社会参加の権利を保障するために英語習得がめざされていたが，SELAにおいては同じ目的は有しつつも，むしろ第一言語による学習権を確保することが，学習者が将来，アメリカにおいて社会参加することにつながると発想されているのである。

　先述の通り，アメリカにおけるバイリンガル教育をめぐっては，1980年代以降，英語公用化運動が展開され，英語を公用語とみなすのか，どのような形でバイリンガル教育を実施するのかについて議論が積み重ねられてきた。ただし，この議論は州によって大きく取り組みの差が見られる。そ

のため，言語選択の問題は，SELA だけでなく，州での取り組みに着目する必要がある。

　次に第 2 の視点，「誰のどのような文化や意見が内包されているのか，どのような過程を経てスタンダードが開発されているのか」という視点から見てみよう。先述の通り，SELA は，教師・研究者・保護者・政策立案者らが関わり，それぞれの意見が反映される形で完成している。加えて，⑨には「多様性（diversity）」という文言が含まれ，まさに文化的・人種的・民族的な差異と，その差異によって生み出される言語の多様性に気付き，尊重することの重要性が言及されている。そして，そのような差異を理解することによって，相互理解の基礎が築かれると考えられている。SELA では，言語とそれによって生み出される文化の差異というものを浮き彫りにし，差異を生み出しているものを議論の俎上に乗せようとしている。そしてそのことが，アメリカにおける統一性の実現に不可欠なものとして捉えられている。ここには，特定の文化を押し付けるのではなく，議論を通じて「普遍性」を見出していこうとする姿勢が表れていると言えよう。ただし先述の通り，文化の差異性に考慮することは一方では学力低下を招く危険性を合わせもつとの指摘もある。そのため，「多文化性」をくぐりぬけた「普遍性」が位置づけられる必要がある。では SELA では，どのような「普遍性」が重視されているのだろうか。

　SELA では，③において，テキスト自体の理解・解釈・評価・鑑賞のために，学習者の先行経験や他者とのやりとり，単語の意味や他のテキストに関する知識，単語認識方略，テキストの特性に関する知識を習得することが求められている。さらに④・⑤において，多様な聴衆とコミュニケーションを行うという「目的」のもと，さまざまな言語様式や方略を使用することが明記されている。これらは，先述の「相互作用モデル」を説明する際に示したように，知識を習得することだけでなく，さまざまな受け手や目的に合わせて知識を活用することを求めるものである。ここから，SELA では自分とは異なる文化を持つ他者とコミュニケーションを行うための知識の習得と，それらの知識を活用することの重要性が述べられてお

り，「多文化性」をくぐりぬけた「普遍性」を志向していると言える。

(3) SELA における「文学」教育の知識

　では具体的にどのような知識の習得がめざされているのだろうか。本章では特に，「文学」に関連するスタンダードに注目してみたい。なぜなら，先述のストーツキーの指摘によれば，さまざまな文化が描かれた文学作品を用いた指導を行うことが学力低下の一因として捉えられており，多文化な文学作品を用いる際の「普遍性」の保障が重要であると考えられるためである。

　SELA において，テキストの種類として「文学」に言及されているのは，②である。表4-1に示したスタンダード上では，「多様なジャンルや時代の幅広い文学」と記述されるにとどまるが，スタンダードに関する補足説明の箇所には，「多様な」文学の具体像，すなわち「詩，短編小説，小説，戯曲，エッセイ，伝記，自伝」が挙げられている。さらに比喩や脚韻といった文学用語（literary language）や，絵本・人形芝居・ロールプレイング・読み聞かせを通じたナラティブ（narrative）の学習も挙げられている。加えて③では，「目的」に応じて活用されるべき「内容」が重要であることが指摘されている。ここでは，学習者が音韻意識や語彙，言語構造，世界についての知識などを用いながら，意味を構成するための方略を発達させることや，テキストの種類，読む目的，読み手自身の知識や経験などを踏まえてテキストを読むことの重要性について言及されている。ただし，具体的な語彙や方略は示されていない。

　このように SELA においては，多様な文化的背景を持つ学習者が，アメリカの学校教育ひいてはアメリカ社会に参加することを実現するため，第一言語での学習を行うことが承認され，多様な聴衆とコミュニケーションを行うための知識を活用することの重要性が言及されている。ただし知識の内実として，「文学」に関しては，ジャンルが示されるにとどまり，具体的な教育内容と各学年段階での達成水準は示されていない。そのため，各学年段階で達成すべき教育内容と，「多文化性」を尊重するための具体的な

方策が明らかとならない。そこで次節では，他の州から参照されることが多く，学年段階での達成基準が示されているイリノイ州の言語科スタンダードに着目したい。具体的な教育内容を明らかにするとともに，先述の言語科スタンダードを読み解くための3つの視点を踏まえて検討していこう。

第3節 | イリノイ州における言語科スタンダード

　まず第1の視点に関しては，イリノイ州では州法（105 ILCS 5）で移行型バイリンガル教育（transitional bilingual education）を行うことが定められている[14]。ここでは，第一言語が英語でない学習者に，3年間をめどに，英語習得をめざして第一言語での教育を受けさせること，アメリカと出身国両方の文化を教えることなどが規定されている。この規定により，第一言語での学習が承認されているものの，それは過渡的なものとして捉えられている。

　次に第2の視点であるが，イリノイ州では1995年にスタンダード開発が開始された[15]。その際，教師・保護者・専門家が参加する7つの教科グループが編成され，それぞれが1985年に同州で設定された教育目標と，全米レベルでのスタンダード，そしてイリノイ州の各学校から報告された子どもの学習に対する期待を踏まえて，スタンダード開発が行われた。1996年7月には草稿が提出され，1997年1月まで世論調査や公聴会を通じて検討が行われた。1997年2月には教育者・保護者・専門家による新たなグループが編成され，スタンダードの修正が行われたのち，7教科で構成されるイ

---

*14　一時的に学習者の第一言語での学習を行うこと。イリノイ州法（http://www.ilga.
　　　gov/legislation/ilcs/ilcs4.asp?DocName=010500050HArt%2E+14C&ActID=1005&ChapterI
　　　D=17&SeqStart=115800000&SeqEnd=117300000，2013年3月31日確認）。
*15　スタンダード開発に関して，イリノイ州教育委員会HP（http://www.isbe.state.il.us/
　　　ils/pdf/ils_introduction.pdf，2013年3月31日確認）を参照。

リノイ・ラーニング・スタンダード（the Illinois Learning Standards）が完成した。このように，多様な立場の人々による議論を経て，州レベルでのスタンダードが開発されている。

その1つである言語科スタンダードでは，5つの領域，すなわち「読むこと」，「文学作品を読むこと」，「書くこと」，「聞くこと，話すこと」，「研究」が設定され，各領域に2～3つの項目が示されている。前節に引き続き，文学に関連するスタンダードに注目しよう。イリノイ州の言語科スタンダードでは，「文学作品を読むこと」の領域が「読むこと」と独立して設定されている。それは以下の理由による。すなわち，「文学作品は，考えを伝達し，社会と時代を反映し，人間の想像力を表現するものである。文学作品は，理解と豊かさと喜びをもたらすものである。生徒たちは，文学作品の価値を理解し，その形式を認識することによって，他者の考えや問題，ものの見方，行動を学習し，それに反応することができるようになる。文学教育は，短い詩や長く複雑な文章の構造や内容を理解することを含んでいる。作者がメッセージを伝え，反応を引き起こすために使用した技術を探究することによって，生徒たちは文学と，彼らの生活や日々の表現を関連づけるのである」[*16]。このようにイリノイ州では，文学作品を「考えを伝達し，社会と時代を反映し，人間の想像力を表現する」ものとして捉えている。そして，文学作品を読むことの教育的な価値として，「他者の考えや問題，ものの見方，行動を学習し，それに反応する」ことが見出されている。つまり文学作品を用いた学習では，作品中に描かれる事柄を理解することだけでなく，その文学作品を通して，作品の背後にあるさまざまな時代・社会状況や，その時代・社会に生きる人々の考えや行動を読み解くことがめざされているのである。

この「文学作品を読むこと」の領域では，「多様な社会や時代，考えを代表している文学作品を読み，理解する」ために，2つの下位項目が設定さ

---

*16 イリノイ州言語科スタンダード，ゴール2（http://www.isbe.state.il.us/ils/ela/pdf/goal2.pdf，2013年1月28日確認）。

表4-2 イリノイ州における「文学」スタンダード　項目A

前期初等	後期初等	ミドル・スクール	前期中等	後期中等
2.A.1a 文学作品の主題・設定・筋・登場人物という文学の要素を特定する。	2.A.2a さまざまな文学作品のなかで使用されている要素と技術（例：性格描写・ナレーションの使用・会話の使用）を特定する。	2.A.3a さまざまなジャンルを表している古典的・現代的な作品のなかで使用されているさまざまな文学の技術（例：比喩表現・ほのめかす表現・会話・描写・語句の選択・方言）を特定し、分析する。	2.A.4a さまざまな形式と媒体を表している古典的・現代的な作品のなかで使用されている文学の技術の効果的な使用（例：比喩表現・ほのめかす表現・会話・描写・象徴化・語句の選択・方言）を分析し、評価する。	2.A.5a さまざまな時代と伝統における口頭・書記・視覚的作品を比較し、評価する。文学作品の複雑な仕掛け（例：構造・イメージ・形式・複線・フラッシュバック・意識の流れ）を分析する。
2.A.1b フィクションとノンフィクションに文学作品を区分する。	2.A.2b 文学作品の要素（例：主題・人物・設定・筋・トーン・対立）がどのように意味を創り出すために使用されているのかを表現する。	2.A.3b 主題・登場人物・筋・設定の展開が、どのように文学作品全体の効果に影響を与えているのかを表現する。	2.A.4b 登場人物・筋・設定・主題・対立・解明部の間の関係性と、それらの文学作品の有効性への影響を説明する。	2.A.5b 登場人物・筋・設定・主題・対立・解明部の間の関係性と、それらの文学作品の有効性への影響を評価する。
2.A.1c 散文と詩の違いを表現する。	2.A.2c 文学作品の形式（例：写実的なフィクション・ファンタジー・語り・ノンフィクション・電子的文学形式）の明確な特徴を特定する。	2.A.3c 特徴とさまざまな文学作品の形式（例：短い物語・小説・ドラマ・寓話・伝記・ドキュメンタリー・詩・サイエンスフィクション）を特定する。	2.A.4c 作者の表現方法と文学作品の形式（例：短い物語・小説・ドラマ・寓話・伝記・ドキュメンタリー・詩・エッセイ）の関係性を表現する。	2.A.5c 形式（例：短い物語・エッセイ・スピーチ・詩・演劇・小説）の展開と、アメリカや他国の文学作品の意味を分析する。
		2.A.3d 作者が、作者の視点を伝達するために使用する言語の構造や語句の選択、様式を特定する。	2.A.4d 作者が、作者の視点を伝達するための使用する言語の構造と語句の選択の効果を表現する。	2.A.5d さまざまな文学作品の形式・様式・視点の歴史的文脈への影響を評価する。

（出典：イリノイ州言語科スタンダード、ゴール2（http://www.isbe.state.il.us/ils/ela/pdf/goal2.pdf、2013年1月28日確認）を筆者訳出。）

第 4 章　言語科スタンダードの開発

表 4-3　イリノイ州における「文学」スタンダード　項目 B

前期初等	後期初等	ミドル・スクール	前期中等	後期中等
2.B.1a　文学作品と自分自身の経験を関連づけることで作品に反応し、その反応を他者に伝える。	2.B.2a　推論すること、結論を導き出すこと、文学作品と自分自身の経験・既有知識・他のテキストと関連づけることによって、文学作品に反応する。	2.B.3a　個人的・創造的・批判的視点から文学作品に反応する。	2.B.4a　批判的な考え方や感想を、口頭・視覚的・書記・電子教材から集める。	2.B.5a　文学作品の解釈を分析し、表現する。
2.B.1b　さまざまな時代の文学作品における共通の主題を特定する。	2.B.2b　異なる社会や時代の文学作品において探究された主題を特定し、説明する。	2.B.3b　さまざまな社会と時代を通した共通の文学作品の主題を比較・対照する。	2.B.4b　アメリカ文学と他の歴史的なものの見方を持つ他国の文学の形式・内容・目的・主題を分析する。	2.B.5b　現代的・歴史的な経済・社会・政治の問題とものの見方を理解するための手段として文学作品から集めた知識を応用する。
2.B.1c　登場人物・設定・筋と現実世界の場面とを関係づける。	2.B.2c　文学作品の登場人物・設定・筋と現代的・歴史的な出来事・人々・ものの見方とを関係づける。	2.B.3c　文学作品中の登場人物がどのように対立に対処し、問題を解決し、現実世界の場面と関連づけているのかを分析する。	2.B.4c　文学作品で示されている動機・結果として生じた行動・結論を議論し、評価する。	

（出典：イリノイ州言語科スタンダード、ゴール 2（http://www.isbe.state.il.us/ils/ela/pdf/goal2.pdf、2013 年 1 月 28 日確認）を筆者訳出。）

れている。1 つは、文学作品を構成する要素やそこで使用されている技術を理解するものであり、もう 1 つは、さまざまな文学作品を読み、解釈するものである。それぞれ 5 つの段階毎にスタンダードが設定されている。

　前者［表 4-2 に示す］では、個々の作品で使用されている文学的な要素（人物・筋など）や技術（比喩表現など）を特定すること、その要素や技術が文学作品にどのような効果を与えているのかを分析・評価することがめざされる。ミドル・スクール以降は、作品を生み出した「作者の視点」を踏

まえて，要素や技術を分析・評価することがめざされる。「作者の視点」を想定することによって，なぜその要素や技術が使用されているのか，その意図を分析・評価することになる。つまり，作者という一人の他者が，どのような意図を持って要素や技術を選択し，使用しているのかを推測し，評価するのである。「作者の視点」を踏まえることで，作品理解の学習を超えて，他者の意図を想定し，表現を理解する学習へと拓かれていると言える。

　一方後者［表4-3に示す］では，文学作品と自分自身の経験や異なる時代・社会の他の作品と関連づけることによって，作品の主題を分析したり，特定したりすることがめざされている。さらに後期中等教育段階では，作品自体の解釈に加えて，作品の背後にある時代背景や社会状況を読み取るために，文学作品の学習を通して得た知識を応用することもめざされている。このことによって，作品が生み出された文化を学習する機会が設定されるのである。

　このようにイリノイ州の言語科スタンダードは，第3の視点として，文学作品の内部で使用される要素や技術を特定すること，それらによって生み出される効果を分析・評価すること，文学作品の外部に存在する学習者の経験や他の時代・社会における作品と関連づけて解釈を生み出すことが教育内容として設定され，学年段階に分けて達成基準が示されている。以上の教育内容は，文学作品を読むという行為において，「作者の視点」を踏まえ，作品が生まれた時代背景や社会状況を検討することで「多文化性」の存在に気付き，他者との対話を生む契機を生み出すものであると言える。ここからイリノイ州では，言語科スタンダードを開発するにあたって，「多様性」を尊重し，「普遍性」を位置づけることによって，「結果の平等」を保障するための方途が模索されていたと言えよう。

　では，これらの言語科スタンダードにもとづくと，どのような実践が展開され得るのだろうか。そのことを明らかにするために，SELAにもとづく実践として示された『事例集』と，イリノイ州の言語科スタンダードにもとづく実践事例を見ていきたい。

第4節 『事例集』における評価事例

(1)『事例集』における評価の枠組み

『事例集』は，幼稚園段階から第 12 学年までが大きく 3 段階に分けられ，各段階に 1 冊ずつ，計 3 冊で構成されている。ここでの 3 段階は，幼稚園段階から第 5 学年，第 6 学年から第 8 学年，第 9 学年から第 12 学年である。どの学年段階においても，評価のための枠組みとして，① 3 種類の知識（three ways of knowing）*17，②知識の 4 領域（four domains of knowledge），③発達のパターン（patterns of development）が示されている*18。

「3 種類の知識」の 1 つめは，「宣言的知識（knowing that としての知識）」であり，伝統的なテストにおいて子どもたちに示すよう求められていたものである。2 つめは「手続き・過程・パフォーマンスの知識（knowing how としての知識）」であり，読んだり書いたりするための方略と，知識を行動へ移すための方略である。3 つめの「背景・一般的認識としての知識（knowing about としての知識）」は，言語を使用する目的についての一般的な知識である。『事例集』では，この 3 種類の知識を，「読むこと」「書くこと」「聞くこと・話すこと」のそれぞれにおいて表現することとしている。これら「3 種類の知識」を意識することで，読み・書き・話し・聞く行為が広さと深さを持つと考えられているためである。

つぎに「知識の 4 領域」とは，「認識（cognition）」「修辞学（rhetoric）」「言語学／慣習的表現（linguistics／convention）」「文化的主題もしくは観念（cultural themes or ideas）」である。「認識」とは，読んだり書いたりする時に

---

*17　なお，英文では "ways of knowing" となっており，直訳すれば「知る方法」となるが，具体的な説明としては宣言的知識等，知識の種類が記述されているため，本書では「知識の種類」と訳すこととした。

*18　以下の『事例集』についての説明は，Myers, M. and Spalding, E. (eds.), *Exemplar Series Grade 6-8*, Urbana: National Council of Teachers of English, 1997, pp.x-xvi を参照した。

表4-4　言語科における広さと深さを評価するためのパフォーマンス事例

3 種類の知識	言語科における知識の 4 領域			
	認識 ：処理	修辞学 ：距離の置き方	言語学／慣習的表現 ：文法構造，テキスト構造，慣習的表現	主題／観念 ：構築
広く深く読む	・読むことにおける流暢さを示す。 ・登場人物の考えについて正しい推測を行う。	・深さ：一人称の語り手を読む。 ・広さ：さまざまな語り手を読む。	さまざまな形式（詩，小説，短編小説，雑誌，新聞）を読む。	・歴史上の単一の観念を辿る。 ・同じ問題に関する異なる著者のさまざまな意見を読む。
広く深く書く	・手書きにおける自動化を示す。 ・慣習的表現の編集の証拠を示す。 ・質問したり，信じたり，疑ったり，要約したり，明確にしたりするという方略を使って，下書きを書く。	・一人称から二人称へ，作品の視点を動かす能力を示す。 ・公共の問題について，異なる3人の聴衆に向けて書く。	さまざまな文学形式（詩，短編小説）や非文学形式（報告，論説，論文，特集記事）で書く能力を示す。	文学的テキストを書く際に，主題・場所・登場人物の要点を示す。
広く深く読み話す	・話すことにおける流暢さを示す。 ・スピーチを向上させるために，さまざまな資源を使用して下書きを書く。	小さなグループの議論を導いたり，大きなグループの議論を聞いたり報告したりする。	物語や説明等，スピーチにおいてさまざまな構造を使用する。	公共の問題についてクラスでスピーチを行う。

（出典：Myers, M. and Spalding, E. (eds.), *Exemplar Series Grade 6-8*, Urbana: National Council of Teachers of English, 1997, p.xviii をもとに訳出。）

流暢な処理を行うための方略と，メタ認知的な処理のための方略である。「修辞学」とは，聴衆や主題がどのような距離感で描かれているのかを捉えるものである。「言語学／慣習的表現」とは，テキストや文法の構造，慣習的表現を指す。「文化的主題と観念」とは，歴史や文化など中核的なものや，立場や選択など二重性を持つものを含む。『事例集』では，表4-4に示

138

第4章　言語科スタンダードの開発

表4-5　言語科における発達のパターン

	言語科における知識の4領域			
	認識 ：処理	修辞学 ：距離の置き方	言語学／慣習的表現 ：文法構造，テキスト構造，慣習的表現	主題／観念 ：構築
	・記号化／記号の解読 ・処理とメタ認知的方略	・聴衆との距離 ・主題との距離	・テキスト構造 ・文法のモデル化	・中核的観念 ・二重概念
発達のパターン	・経験から，活字コードを描いたり，マッピングしたりすることへ ・記録することから，報告すること，一般化することへ	一人称の経験から三人称の省察へ	文法：音声から単語や熟語へ	単一の観念から観念の構造へ
	・ゆがんだものや断片的なものから，慣習的表現や流暢なものへ ・手続きの処理から，思考自体を思考することへ ・過度な支援を必要とすることから選択された足場かけへ	表現上の聴衆から，距離のある公的な聴衆へ	テキスト：語りから系統的モードへ 文法：付加的なものから深く埋め込まれた構造へ 会話：文字から音へ，単語から熟語へ	「ヒーロー」のような日常的な概念から，「リーダーシップの心理学」のような科学的／学問的な概念へ

（出典：Myers, M. and Spalding, E. (eds.), *Exemplar Series Grade 6-8*, Urbana: National Council of Teachers of English, 1997, p.xixi をもとに訳出。）

す通り，「読むこと」「書くこと」「聞くこと・話すこと」のそれぞれの能力ごとに4領域の知識が示されている。

　最後に「発達のパターン」とは，子どもたちの言語発達は，高次の段階に移ろうとする際，典型的なパターンが示されるという考えにもとづき整理されるものである（表4-5）。これは，子どもたちの発達のパターンを捉え，次の段階へと促すために必要な手立てを考えるために参考にされるものである。

このように『事例集』では，評価の枠組みとして，言語能力と言語の知識領域ごとに，めざすべき生徒の行為が整理されている。このことによって，評価課題を考える際に，生徒がどのような知識を用いて，どのように行動することが求められているのかを明示しやすくなる。実践に具体化するための架け橋としての理論的整理が行われている。

では，SELA にもとづくと，具体的にどのような評価課題で生徒の理解を見取ることができるのだろうか。『事例集』では，SELA にもとづく評価課題と，生徒の作品事例，その事例に対するルーブリックおよび教師によるコメント，ポートフォリオの事例が示されている。ここでは『事例集』のなかから，特に「文学作品への反応（response to literature）」を検討する。

(2)「文学作品への反応」の評価課題

『事 例 集』で は，1992 年 に 実 施 さ れ た NAEP（National Assessment of Educational Progress）の報告書『読むことの評価の再設計——真正のテキストと改革の手法（*Reading Assessment Redesigned: Authentic Texts and Innovative Instruments in NAEP's 1992 Survey*）』[19] での事例を用いながら，「文学作品への反応」に関する評価課題が例示されている。

NAEP では，表 4-6 に示す「読みのルーブリック／フレームワーク」が使用されている。ここでは，3 種類の読むことの目的に応じて，4 つの段階で読むことの水準が捉えられている。3 種類の目的とは，「文学経験」「情報」「課題」である。「読む」という行為は，その目的によって必要となる知識や行為が異なるという考えにもとづき，このルーブリック／フレームワークにおいても区別されている。4 つの段階とは，読み手に最初の印象や，読みに関する熟考されていない理解を用意するよう求める「最初の理解」の段階，最初の読みの理解をさらに完成させるために，最初の読みを乗り越えるよう求める「解釈の展開」の段階，テキストから得た知識と個

---

*19 Langer, J. A., *Reading Assessment Redesigned: Authentic Texts and Innovative Instruments in NAEP's 1992 Survey*, Washington, D.C.: The Center, 1995.

第4章 言語科スタンダードの開発

表4-6 NAEP1992における読みのルーブリック／フレームワーク

	最初の理解 （読み手に最初の印象や，読みに関する熟考されていない理解を用意するよう求めるもの）	解釈の展開 （最初の読みの理解をさらに完成させるために，最初の読みを乗り越えるよう求めるもの）	個人的な省察と反応 （テキストから得た知識と個人的な背景知識をつなげるよう読み手に求めるもの。ここでの焦点は，いかにテキストと個人的な知識を結び付けることができるかということである。）	批判的な立場の提示 （読み手にテキストから離れて立ち，テキストについて考えることを求めるもの）
文学経験のための読み	その物語は何についてのものか？ 主人公をどのように描写しているか？	プロットはどのように展開されているか？ 登場人物は，物語のはじまりからおわりにかけて，どのように変わったか？	この登場人物は，どのようにあなたの＿＿に関する考えを変えたか？ この物語は，あなた自身の経験と似ているか，それとも異なっているか？	設定を＿＿として，もしくは登場人物を＿＿として，物語を書きなおす。 筆者は＿＿と関係している＿＿をどのように使用しているか？
情報のための読み	この論文は，あなたに＿＿について教えてくれるか？ このトピックについて著者は何を考えているか？	この出来事の原因は何か？	最近のどの出来事が，あなたにこのことを思い出させたか？ この描写は，あなたが＿＿について知っていることに合致しているか？なぜか？なぜそうではないのか？	著者の論旨を改善するためには，何を追加することができるか？
課題を行うための読み	最終地点に着くまでにあなたは，どのくらい時間を使えるか？	この方向の段階の結果として何が起きるか？ この段階の前にあなたがすべきことは何か？	＿＿のために，どの情報を見つける必要があるか？ Xの段階を除外するという状況を描きなさい。	この情報はなぜ必要なのか？ もしあなたが，それを除外すると何が起こるか？

（出典：Myers, M. and Spalding, E. (eds.), *Exemplar Series Grade 6-8*, Urbana: National Council of Teachers of English, 1997, p.22 をもとに訳出。）

141

人的な背景知識をつなげるよう読み手に求める「個人的な省察と反応」の段階，読み手にテキストから離れて立ち，テキストについて考えることを求める「批判的な立場の提示」の段階である。

　例えば「文学経験のための読み」では，読み手のテキストに抱いた最初の印象とテキストの表面上の理解を踏まえつつ，テキストに関する構造的な分析を行い，それらを結びつけることを求めている。さらに，テキストから離れて読むことを通して，テキストについての理解・解釈・評価・批評を行うことができるように段階が区分されている。

　具体的な評価課題を見てみよう。第6〜8学年相当の『事例集』における「文学作品への反応」の評価課題では，アンネ・フランク（Anne Frank）の描いた『キャディの生涯（*Cady's Life*）』とエドワード・E・ヘイル（Edward E. Hale）の「私はひとり（I am one）」という詩が読解の対象として選択されている。『キャディの生涯』は，アンネが隠れ家で身を隠していた時期に執筆した童話の1つで，キリスト教徒のキャディの視点から物語が語られている。キャディにはユダヤ人の友人メアリーがおり，彼女は最終的に拘束されてしまう。

　「私はひとり」は「I am only one/ But still I am one/ I cannot do everything/ But still I can do something/ And because I cannot do everything/ I will not refuse to do the something that I can do」という6行で構成される詩である。この詩はアンネの伝記の導入部で述べられたものである。なお，この課題は，テキストを理解・解釈・評価・批評するための方略を活用することを求める課題であり，SELA のスタンダード1・2・3・6と関連性のあるものとして設定されている。

　この評価課題は，4つの設問で構成されている。いずれも多肢選択ではなく，生徒による自由記述を求めるものである。これは，生徒に自らの考えを生み出すとともに，書くという行為を通して自らとコミュニケートしてほしいとの願いが込められているためである。また『事例集』では，それぞれの問いについて，具体的な生徒の反応が画像で示されている。表4-7は，4つの設問について，それぞれ高評価と低評価の事例として示され

第4章　言語科スタンダードの開発

表4-7　言語科における広さと深さを評価するためのパフォーマンス事例

	高評価	低評価
問1	She was able to see things from the outside. She never really knew what they did to the Jews but yet still felt pain in losing her friend. She represented the thoughts & feelings of the Germans against the occupation. 彼女は，外側から物事を見ることができる。彼女は，彼らがユダヤ人に対して行ったことを実際は分かっていなかったが，それでもまだ友達を失った痛みは感じていた。彼女は，侵略に反対するドイツ人の考えと感情を表現していた。	The author wrote this story from the perspective of Cady, a Christian, because she was also with her and her family, she knows what happened. 作者は，この物語をキリスト教徒のキャディの視点から書いている，なぜなら，彼女も彼女や家族と一緒にいて，何が起こったのか知っているからである。
問2	She could write down what it was like on others would know what cruelty the German's performed. She gave the word Jewish a face so others realized it was not just a few that was killed it was a person with hopes & fears like the rest of us. ドイツ人の行為がいかに残虐であったのかについて，他者が知っているかのように，彼女は書くことができた。	Anne felt helpless because she couldn't do anything. アンネは，無力さを感じた，なぜなら，彼女は何もできなかったからである。
問3	The slamming door symbolize the Nati's shutting out the Jews and later shutting them out of existence their door to life had been slammed. 扉がバタンと閉まることは，ナチがユダヤ人を締め出すこと，その後，すでに人生の扉がバタンと閉まっている彼らの存在を締め出すことを象徴している。	She means that when you close a door its like closing the door of life. 人生の扉が閉じられるように，扉を閉めることを意味している。
問4	In the poem Hule is talking about how an indivisual can even make different in the world. Anne Frunk made a big difference in the world when it came to understanding different people. Her diary and writings have proven inspirational to others around this world. She has influenced people to realize what a stupid racial intolerance is, and maybe there will never be another Holocaust because of her writings. この詩でヘイルは，個人がどのように世界を変えることができるのかということについて語っている。アンネ・フランクは，異なる人々を理解することについて，世界で大きな違いを生み出した。彼女の日記と文章は，この世界の人々にインスピレーションを与えることが証明されている。彼女は人々に，人種への不寛容がいかに愚かなことであるのかということに気づかせる影響を与えてきた。彼女の文章のおかげで，ホロコーストのようなものは決して起きないだろう。	Her life was very sad. She lived during world war Ⅱ. So she heard a lot of noises during the night. I know exactly the way one feels. 彼女の生活は，とても悲しいものだった。彼女は第二次世界大戦の間，生活していた。このため，夜中多くの騒音を聞いた。私は，人の感じ方をはっきりわかっている。

（Myers, M. and Spalding, E. (ed.), *Exemplar Series Grade 6-8*, Urbana: National Council of Teachers of English, 1997, pp.23-27 をもとに筆者作成。なお，英文は子どもの解答をそのまま掲載したものであり，文意の取れない記述も含まれているが，日本語訳では筆者が意味を推測したものを掲載している。）

143

ている生徒の反応を引用して筆者が作成したものである。

　問1は,「なぜ作者はこの物語をキリスト教徒であるキャディの視点から書いたのか？」である。誰の視点から描かれているのか,その視点で描かれることで作品全体にどのような効果をもたらしているのかを分析できているのかが問われる問題である。高評価を受けた生徒は,アンネがキャディの視点から描くことで,「侵略に逆らうドイツ人の考えや感情を表現していた」と分析している。キャディの視点から作品を描かれることの効果について,自分の考えを書くことができるかどうかが判断される。

　問2は,「詩『私はひとり』を読みなさい。アンネ・フランクにとって,『私にできる何か』とは何ですか？」である。これは異なるジャンルのテキストを用いて,テキスト解釈を求める問題である。書き手としてのアンネとアンネが作り出した人物とを区別したうえで,『キャディの生涯』の意味を考察できているのかが,評価の分かれ目となる。

　問3は,「パタンとドアが閉じることは,人生のドアを閉じることを象徴していると彼女が言うとき,作者は何を指しているのか説明しなさい」という課題である。この課題では,「キャンディの生涯」で象徴的に描かれる描写（ドアが閉まること）について批判的に考え,解釈することが求められている。

　以上問1〜3は,「受理」もしくは「不受理」の2段階で評価され,問4のみ「拡張的（extensive）」「本質的（essential）」「部分的（partial）」,「不十分（unsatisfactory）」の4段階で評価される。

　問4は,「『私は一人』の詩は,アンネ・フランクの生涯を理解することに,どのように助けてくれますか？　冒頭の情報を用いて,あなたの考えを説明しなさい」である。アンネの童話とヘイルの詩に共通している内容を捉えることが求められる問題である。この問いでは,異なるテキストの共通項を探ることによって,それぞれのテキストの理解を深めることが意図されている。問4のコメントには,「2つのテキストをいかに結びつけることができているのか」が判断基準であると明記されている。つまり,結びつけの度合いで,先述の4段階が判断される。

この設問には2つの危険性があると考えられる。1つは，アンネの童話の理解をヘイルの詩が手助けしてくれるという前提のもとで問いが示されることによって，理解の方向性が限定されていることである。もう1つは，先述の4段階は，段階を区分しやすい用語であるものの，どのような記述であれば「本質的」であるのかが明示されていないために，評価者によって評価が異なる危険性がある。これは決して数値で区分する必要があるという指摘ではない。評価者間で合意が得られるようなルーブリックの文言が選択される必要があると考えられる。

このようにSELAでは，おおまかな言語科の方向性が示される段階にとどまっていたが，SELAにもとづいた評価課題の事例をまとめた『事例集』では，具体的な知識と，その知識を用いて，子どもたちがどのようなパフォーマンスを示すのかが示されていた。さらに，具体的な評価課題においては，読むという行為を段階的に捉え，各段階における評価課題を作成することによって，読むという行為を多角的に評価する構成となっていた。「文学作品への反応」の評価課題では，ひとつの文学作品の内部での解釈を求めるものと，他の作品を比較しながら解釈を求めるものとが準備されていた。これらは，複数の側面からテキストの理解を捉える問題であると言えた。

ただし，『事例集』において示される評価課題は，SELAの複数のスタンダードと関連性を持つものとして示されていたことには注意が必要である。このことは，言語科の評価課題が，SELAの12のスタンダードを合わせ持つ，複合的なものであることを表しており，言語科における評価課題が「読むこと」「書くこと」「聞くこと・話すこと」が関連するなかで成立していることを踏まえての記述であると考えられる。しかしながら，各スタンダードの達成状況を見取りにくくしている側面もある。

また『事例集』では，生徒の反応と，それに対するコメントが示されているため，生徒の解答をどのように読めばいいのかを実例をもとに知ることができる点が便利である。しかしながら，評価課題ごとにコメントが付されているため，生徒に対して言語科に関するどのような発達をのぞんで

いるのかを理解することが難しい。これでは，長期的にどのような段階を
踏んでいけば，言語能力の発達が見込めるのかについて捉えにくいと言え
るだろう。個々の評価課題に対する長期的なルーブリックとしての記述が
のぞまれる。

第5節 ｜ イリノイ州における「文学」領域のパフォーマンス評価

　では次に，イリノイ州の言語科スタンダードにもとづく評価課題を見て
みよう。イリノイ州では，州レベルの言語科スタンダードを達成すること
をめざした評価実践事例を，各スタンダードに対応するかたちで，州の教
育委員会のホームページ上で公開している[20]。評価実践事例としては，文
学作品を読んだ後にしおりを作成する実践や，文学作品の作者として作品
の最後を書きかえる実践などが公開されている。本書では生徒の作品が例
示されている，第7〜9学年の項目Aに対応する「スクラップブック」の
事例を取り上げよう[21]。

　この実践では，いくつかの文学作品を読み，議論を交わした後に，比較
ワークシート（comparison worksheet）を用いて，フィクションとノンフィク
ションの小説の分析を進め，それらの相違点を見出す学習が行われる。比
較ワークシートには，資料4-2に示す，小説を分析する際の要素が列挙さ
れている。生徒はこの要素に沿って，文学作品を分析し，その分析にもと
づいてスクラップブックを作成していく。

　本実践で使用されたルーブリックは2つの観点，「要素」と「スクラップ

---

*20　文学の評価実践事例は，以下のページから閲覧することができる（http://www.isbe.
　　state.il.us/ils/ela/capd.htm，2013年2月20日確認）。

*21　この実践事例は，イリノイ州教育委員会のHP（http://www.isbe.state.il.us/ils/ela/
　　stage_H/2AH.pdf，2013年1月28日確認）に掲載されているものである。

146

第4章　言語科スタンダードの開発

資料4-2　比較ワークシートに示された分析の要素

・タイトル　　　　　　　・作者
・作者の視点　　　　　　・設定（場所，時期）
・主要人物と使用された性格描写（例：思想，感情，話し方，行動，意見，反
　応，人格，身体的特徴）
・文化　　　　　　　　　・対立（主なもの，些細なもの）
・主題　　　　　　　　　・文学的用語，仕掛け
・ジャンルを明らかにするものを特定する
・歴史的な期間　　　　　・政治的，社会的文脈
・象徴的な絵や写真

（出典：イリノイ州教育委員会の HP（http://www.isbe.state.il.us/ils/ela/stage_H/2AH.
pdf, 2013 年 2 月 20 日確認）から訳出。）

ブック」で構成されている。「要素」では，資料 4-2 に示した分析の要素の
うち，いくつの要素を用いて分析を行っているのかを量的に評価する。
「スクラップブック」では，それらの要素が正しい英語で書かれているか，
象徴する絵や写真と関連づけて位置づけられているかどうかをルーブリッ
クに照らして質的に評価する。どちらの観点も 4 つのレベル（begins,
approaches, meets, exceeds）で区分される。

　資料 4-3 に示すのは，ルーブリックのなかで「目標を達成している
(meets)」と判断された作品である[22]。この生徒のスクラップブックには 12
種のすべての要素にもとづく分析が貼られている。それぞれの要素にもと
づく分析は妥当なものであるものの，その配置には一貫性がなく，また絵
と分析の視点との関連づけられていない。

　一方資料 4-4 に示すのは，「目標を上回る（exceeds）」と判断された作品

---

[22] これは，ステファニー・S・マクファーソン（Stephanie S. Mcpherson）が描いた，
　米国の女性活動家ジェーン・アダムス（Jane Addams）の伝記についてのスクラップ
　ブックである。

147

資料 4-3　meets レベルのスクラップブック

■分析の内容（作品中に貼られた文章）

- 短編
- 1800 年代後半から 1900 年代前半
- 人々が必要としているものをすべて提供している
- 彼女は上流階級家庭の出身である
- 世界にはすべきことがたくさんあり，彼女はどこからはじめたらいいかわからなかった
- ナレーターによって，三人称の視点から語られている
- ステファニー・サマルティーノ・マクファーソン
- 受け取るよりも，与えることが良い
- イリノイ州シカゴのジェーン・アダムスの伝記
- 彼女は貧困と闘った
- ジェーン・アダムスの平和とパンの物語
- ジェーン・アダムスは，何も持っていない人々の世話をし，気にかけた

（出典：イリノイ州教育委員会の HP（http://www.isbe.state.il.us/ils/ela/stage_H/2AH.pdf，2013 年 2 月 20 日確認）から子どもの作品を引用。分析内容の日本語は，筆者が子どもの作品から訳出したもの。）

第4章　言語科スタンダードの開発

資料4-4　exceedsレベルのスクラップブック

■分析の内容（作品中に貼られた文章）

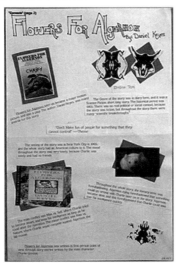

- 『アルジャーノンに花束を』は，後に映画化され，また劇化された。作者のダニエル・キイスは，この物語で多くの賞を獲得した。
- この物語のジャンルは，日記形式であり，サイエンスフィクションの中編小説である。時代は1965年である。フィクションであるため，現実の政治的・社会的文脈は含まれていないが，物語全体を通して，多くの「自然科学における飛躍的進歩」が描かれている。
- 「彼らがコントロールできないことで，人をからかってはいけない」—主題
- 物語の設定は，1965年のニューヨーク市であり，物語全体を通して米国文化が描かれている。チャーリーは孤独で友達がいないため，物語全体の雰囲気は孤独である。
- 物語全体を通して，（ここで使われている）文学的用語は伏線である。アルジャーノンが死に瀕していることは，その後の物語でチャーリーに何か悪いことが起こるのではないかと予期させている。アルジャーノンの動きが鈍くなることは，チャーリーもまた彼の知能を急速に失っている（ことを示している）。
- 主な対立は，男と彼自身のものであり，チャーリーは（知能の退行を遅らせるための）手術方法を変更できている間は，賢明で知能を保持しようと試みた。些細な対立は，男と自然のものであり，チャーリーはアルジャーノンが実験用のネズミとならないよう立ち向かった。
- 『アルジャーノンに花束を』は，一人称の視点から描かれ，物語全体を通して主人公のチャーリー・ゴールトンによって書かれている。

(出典：イリノイ州教育委員会のHP (http://www.isbe.state.il.us/ils/ela/stage_H/2AH.pdf, 2013年2月20日確認）から子どもの作品を引用。分析内容の日本語は筆者訳出。)

149

である[*23]。この作品では文学作品のタイトルと作者名が上部に明示されているため，スクラップブックの対象となる文学作品が一目でわかる。また分析の要素がいくつかのまとまりとして記述され，分析内容と絵が対応しているため，分析の結果が読み取りやすい。

　分析の要素を使用して文学作品を読むことは，目的を誤ると，分析を行うこと自体が自己目的化し，分析に必要な箇所を文章から抜き出すという作業に陥る危険性がある。しかしながら，スクラップブックの作成という目的意識をもつことによって，要素を用いて分析することは作品を理解するための手段として位置付けられ，学習者は分析の要素を関連づけながら，作品を読み進めていくことが可能となる。またこの学習は，作品理解を言語化することに困難を示す子どもたちにとって，言語だけでなく絵や写真との関連で示すことができるため，理解の表出を手助けするものとなる。そのような子どもたちにとっては，スクラップブックの作成が，作品理解を導くためのステップとして位置づけられる。

　このように，スクラップブックとして分析結果をまとめる活動を位置づけることで，生徒の作品理解の様相を見取ることが可能となる。ただし，作品に対する理解を詳細に見取るためには，スクラップブックとしてまとめるだけでなく，分析の結果得られる解釈の様相を，また異なる媒体を用いて書くという活動を位置づけることが必要であろう。

　以上のように，イリノイ州の「文学」領域におけるパフォーマンス評価では，文学作品を理解するために必要な要素や技術を特定し，それを用いて理解を表現することを求めるパフォーマンス評価実践を行っていた。文学作品を分析することと文学作品を解釈することは，それぞれ独立して行うことが可能な学習であるが，この実践においてはスクラップブックをまとめる学習を位置づけることによって，この2つの学習を架橋する特質を示していると言えよう。

[*23]　これは，ダニエル・キイス（Daniel Keyes）が創作した『アルジャーノンに花束を（*Flowers for Algernon*）』についてのスクラップブックである。

第4章　言語科スタンダードの開発

第6節 「多文化性」をくぐりぬけた「普遍性」

　本章では，アメリカで開発された2つの言語科スタンダードに着目し，アメリカにおけるスタンダード運動をめぐる議論を踏まえて検討することを試みた。その結果，SELA においては多様な文化的背景を持つ学習者が，最終的にはアメリカ社会に参加できることをめざし，第一言語を用いて学習を行うこと，言語とそれによって生み出される言語使用の多様性を理解し尊重すること，多様な聴衆とのコミュニケーションを実現するための知識の習得とその活用が重視されていることが明らかとなった。ただし教育機会の公平性の推奨や，「多文化性」の尊重という方針を示してはいるものの，具体的な方策の提示はなされていないという限界も見られた。

　イリノイ州の言語科スタンダードにおいては，学習者の第一言語による学習は，英語習得に向けた過渡的なものとして捉えられていた。さらに，子どもが習得すべき事項の詳細が挙げられるとともに，その事項を用いて達成すべき認知プロセスが，学年段階に応じて記述されていた。スタンダードには「作者の視点」が位置づけられ，作品の背後にある時代状況を分析・評価することが含まれていた。このことは，特定の文化内容の学習ではなく，多様な文化内容を俯瞰的に見る学習を拓くこと，多様な聴衆とコミュニケーションを行うための知識の習得が重視されていることを意味している。

　「多文化性」の尊重がマイノリティの隔離もしくは排除につながることを防ぐためには，他者との対話を生む契機となる知識の習得が不可欠である。これまで，スタンダードの設定は同化主義を後押しするものであると指摘されてきたが，SELA やイリノイ州の言語科スタンダードは，多文化間のコミュニケーションの促進を実現するスタンダードであり，まさしく「多文化性」をくぐりぬけた「普遍性」を志向する言語教育の在り方を提示するものとして，高く評価できるだろう。

151

以上のことから，共通の教育内容として多文化間のコミュニケーションが図られるための知識やスキルを選択することを含めたスタンダードを設定することで，文化的多様性を踏まえながらも，子どもたちの学力を保障していく道筋が拓かれると考えられる。60年代の公民権運動や，子どもたちの「言語経験」を重視する立場からの提起により，さまざまな文化を教育内容として設定したカリキュラムが作成されていた。しかしながらストーツキーが指摘していたように，教育内容として多文化を取り入れるだけでは，子どもたちの学力保障にはつながらない危険性があった。本章の検討を通して，さまざまな文化自体を知識として教育内容に含み込むだけでなく，どのように文化を見ていくのか，具体的にはなぜその文化が生み出されたのか，他の文化と何が異なるのかなどの，文化に対する見方・考え方を教育内容として選択することによって，異なる文化間のコミュニケーションが促される可能性があると言えるだろう。

　以上の考察を踏まえて，テキストを読み解いていくための知識やスキルを位置づけたテキスト理解を示すのが，図4-2である。テキスト理解を導くための知識やスキルを明示し，読者は，それを用いてテキストを理解する。このことによって，自己理解と他者理解を深めていく。そのことによって，多様な文化的背景を尊重しながらも，他者とコミュニケートできるようになるためのテキスト理解が導かれる。

　このようにアメリカでは，1983年に『危機に立つ国家』が発表され，全国規模で学力を保障することの必要性が自覚化された。1980年代後半から1990年代にかけて「文化戦争」が繰り広げられ，「文化的多様性を尊重する動向は，伝統的な価値や秩序を壊し，アメリカを分裂に導く」と批判する保守派と，「多文化を尊重する動きは，西洋中心主義のなかでこれまで聞かれなかった声の回復に貢献する」と賛成する革新派とのあいだで議論が交わされた。言語科においても，個々に取り組まれていた研究蓄積を踏まえ，言語科スタンダードが設定された。「機会の平等」だけでなく「結果の平等」が志向されることで，学力保障の実現に向けた取り組みが行われていた。また，多様な文化的背景を持つ学習者が，アメリカの学校教育ひ

第4章　言語科スタンダードの開発

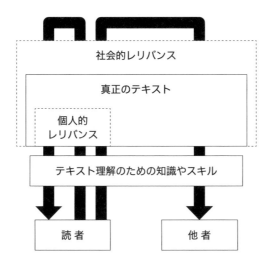

図4-2　イリノイ州の言語科スタンダードを踏まえたテキスト理解

いてはアメリカ社会に参加することを実現するため，第一言語での学習を行うことが承認され，多様な聴衆とコミュニケーションを行うための知識を活用することが重視された。言語科スタンダードにおいては，「多文化性」をくぐりぬけた「普遍性」が志向されていた。

　ただし，いかにスタンダードにおいて「多文化性の尊重」と「学力保障」の両立が図られようとしていたとしても，授業としてそれが実現されなければ，名目と化してしまう。さらに，アメリカでは2000年代以降，SELAの方針とは異なる学力保障の在り方が提起されていくことになる。そこでは，リーディング・ファーストと呼ばれる言語教育に関わる教育政策が実施されることとなり，多くの賛否の声が集まることになる。そこで次章では，リーディング・ファーストを，その教育政策を導くこととなったキャサリン・スノーの視点から読み解いていきたい。そして，なぜ批判の対象となったのかを，その理論基盤を踏まえて検討していきたい。

第5章
言語教育における科学性と有効性

扉写真：キャサリン・E・スノー（Catherine E. Snow）。ハーバード大学教授。子どもの言語とリテラシーの発達を専門とする。「低年齢児の読むことの困難性の予防に関する委員会」と「RAND 読解研究グループ」の議長を務めた。（Photo：Courtesy of Professor Catherine Snow）

第 5 章　言語教育における科学性と有効性

　「リーディング・ファースト (Reading First)」とは，NCLB 法のもとで実施された言語教育に関わる教育政策であり，連邦政府からの潤沢な補助金のもと，読むことの教育を改善し，子どもたちの読む力を向上させることをめざすものである[*1]。この政策では，幼稚園から小学校第3学年の子どもたちに対する読むことの指導を改善するために，科学的根拠にもとづいた読むことのプログラムと教材の使用が求められた。

　しかしながらリーディング・ファーストに対しては，その効果や運営面，プログラムの内容，理論的背景に関して，さまざまな疑問や批判が投げかけられている[*2]。特に疑問視されているのは，読むことの「基礎的なスキル」と「理解」との関係である。リーディング・ファーストを通して，多くの学校で読むことの「基礎的なスキル」は改善されているものの，文章全体の「理解」には課題があることが指摘されている。その原因として，「基礎的なスキル」にばかり焦点が当てられたことや，文学作品を読む機会が十分に確保されていないこと，批判的思考などテキストを客観的に読む側面には目が向けられていないことが挙げられている。さらに，リーディング・ファーストが依拠した理論基盤である「全米読解委員会 (National Reading Panel)」は非常に狭い視点からの，しかも数量的に限定された研究成果しか検討しておらず，偏った理論基盤しかもち得ていないことも指摘されている[*3]。

　これらの指摘は，リーディング・ファーストの持つ脆弱性について言及するものであるが，その理論的根拠が生み出された背景や，リーディング・ファーストが推進された意図を踏まえていないため，そのような脆弱

---

*1　リーディング・ファーストの概要については，アメリカ合衆国教育省 HP を参照のこと (http://www2.ed.gov/programs/readingfirst/index.html，2012 年 12 月 3 日確認)。

*2　Gold, M., Study Questions 'No Child' Act's Reading Plan, *Washington Post*, May2, 2008 (http://www.washingtonpost.com/wp-dyn/content/article/2008/05/01/AR2008050101399.html?hpid=sec-education，2011 年 8 月 5 日確認)。ワシントン・ポスト紙や初等・中等教育に関する全国紙 *Education Week* などで相次いで批判が行われた。

*3　Manzo, K. K., "Reading First Doesn't Help Pupils 'Get it'; Other Factors skewing results of study, federal officials posit," *Education Week*, Vol.27, No.36, 2008, p.1.

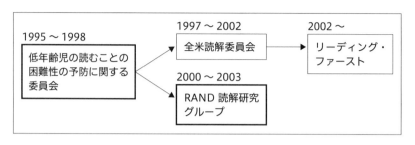

図 5-1　各委員会と政策の関係図
（出典：筆者作成，スノーが関わる委員会および政策を太線で示す。）

性を生み出す原因の解明と，その問題を克服するための方途の解明には至っていない。

　そこで本章では，リーディング・ファーストが依拠した理論を，キャサリン・E・スノーの視点から検討してみたい。なぜなら，リーディング・ファーストの理論基盤である「全米読解委員会」が，さらにその理論基盤として採用したのが，「低年齢児の読むことの困難性の予防に関する委員会（Committee on the Prevention of Reading Difficulties in Young Children）」であり，その議長を務めたのがスノーだからである。スノーは，アメリカにおいて読むことの教育に関する研究を推進してきた人物である。

　本委員会の成果は，一方では「全米読解委員会」に取り入れられ，さらにリーディング・ファーストの理論基盤として採用された。他方この成果は，「RAND 読解研究グループ（RAND Reading Study Group）」に継承される。これらの関係性を示したのが図 5-1 である。

　この 2 つの委員会は，2000 年前後という同時期に行われた，読むことに関する研究であるため，その成果は混同される場合が多い。しかしながら，両者には明確な違いが存在していることを，ティモシー・シャナハン（Timothy Shanahan）が指摘している。シャナハンによれば，「PRD が学校への提案を考慮している学者グループの間での合意を反映した報告書であるのに対して，全米読解委員会は指導に関する多様な提案が含まれることを

158

防ぐための研究成果を統合している報告書である」*4 という。ではこの違いは、読むことの教育実践において何をもたらしているのだろうか。また、「低年齢児の読むことの困難性の予防に関する委員会」から「全米読解委員会」へと研究が展開していくなかで、前者の研究成果のどの点が引き継がれ、どの点に修正が加えられたのだろうか。このことを明らかにするために、本章では、この2つの委員会の問題意識と、研究に取り組んだ時代背景を合わせて検討する。その際、スノーの言語観を示すことで2つの委員会を比較する際の視点としたい。

　スノーの言語観を見るにあたって重要なのは、リテラシーを構成している要素を明らかにしようとするのか、それともリテラシーをホリスティックに捉えるのかという視点である。なぜなら、アメリカにおける教育政策が拠って立つリテラシー観は、前者を極端に捉えたものであると、スノーが論難するからである*5。前者においては、リテラシーとは学校においてのみ指導されるスキルと捉えられ、それを子どもが個人の操作を通じて獲得するものとして位置づけられている。この立場では、リテラシーが政治的もしくは文化的な参加とは関連づけられていない。後者においては、社会や文化によって特徴づけられる空間に子どもが参加することを通じてリテラシーが獲得されると捉えられる。この立場においては、個人のスキルに注目することは拒絶され、学校教育やフォーマルな指導の重要性は控えめに扱われ、発達についての情報が無視される傾向があるという。この2つの立場はどちらも極端で、調整が必要であるが、政策決定の際にはこのような極端な立場性が示され、真に子どもたちの読む力を育むための決定がなされていないとスノーは指摘する。では、スノーはどのようにリテラシーを捉え、どのような読むことの指導方法を重視しているのだろうか。

---

*4　Shanahan, T., "National Reading Panel," *The Greenwood Dictionary of Education*, Westport: Greenwood Publishing Group, 2003, p.403. PRD と　は、Committee on the Prevention of Reading Difficulties in Young Children の略称である。

*5　Snow, C. E., What counts as literacy in early childhood?, In McCartney, K. & Phillips, D. (eds.), *Handbook of Development in Early Childhood*, Oxford: Blackwell, 2006, p.5.

以上の問題に迫るために，リーディング・ファーストの理論基盤である「全米読解委員会」と，同委員会が依拠した「低年齢児の読むことの困難性の予防に関する委員会」の具体像に迫る。まずは，スノーの問題意識の根底にある補償教育に注目し，そこで指摘されてきた問題点と，補償教育の流れを汲んで実施した「ホーム・スクール・スタディ（Home School Study）」の成果と課題を示す。つぎに，スノーが取り組んだ「低年齢児の読むことの困難性の予防に関する委員会」の成果を取り上げる。ここでは，「全米読解委員会」の成果との違いを明らかにすることを通じて，リーディング・ファーストが抱える課題を生み出す原因を明らかにすることを試みる。

第1節　スノーの問題意識

　スノーは1966年にオハイオ州オバリン大学心理学部を卒業後，カナダに渡り，マクギル大学において67年に修士号を取得，71年に博士論文「言語獲得と母親の語り（Language acquisition and mother's speech to children）」により博士号を取得した。その後オランダに渡り，エラスムス大学およびアムステルダム大学において，継続して子どもの言語発達と，彼らを取り巻く環境的要因の関連性に着目し，その要因を分析する研究に従事した。帰国後，アメリカにおける補償教育を取り巻く現状を憂い，研究の視野を広げていく。ではアメリカにおける補償教育を取り巻く現状とはどのようなもので，その現状をスノーはどのように見ていたのだろうか。

(1) 補償教育が直面する課題の克服に向けて

　第1章で見てきたように，ヘッド・スタート・プログラムとフォロー・スルー・プログラムは，社会的に恵まれない層の子どもが家庭から学校に移行する際にさまざまな不適応を起こし，学年を増すごとに不利な状況を

深刻化させている状況を改善するために取り組まれたものであった。就学前段階から認知・情動・身体に総合的に働きかけることを通して，学校レディネスと社会適応力を高め，親世代から子世代に受け継がれる貧困のサイクルを断ち切ることをめざしていた。

その後，このプログラムは，子どもたちの認知面の発達を促していないと指摘された。なぜなら，プログラムに関わる早期幼児教育の専門家は，多面性をもつ子どもの発達に関する研究方法に馴染んでおり，結果として認知的な発達よりも社会的・情緒的な発達に焦点が当てられていたためである。このような状況が周知されなかったにも関わらず，プログラムを終えた子どもたちの認知面での発達が芳しくないとして，このプログラムに対する失望が広まっていった[6]。

さらにこの状況に追い討ちをかけるようにコールマン報告が提出され，補償教育をゆるがす事実が公表された[7]。この報告では，「成績は，学校の質というよりもむしろ生徒の家庭背景に関係している」こと，つまり，子どもの学業成績を規定している最も大きな要因は，学校の質ではなく，家庭環境であるという事実が指摘された。これは，学校を改革することが生徒の成績に積極的な影響を与えないこと，そして補償教育プログラムには効果が期待できないことの証拠を提供していると考えられた。

以上の補償教育をめぐる現状や学校教育の無力性に関する指摘に対して，スノーは以下の問題意識をもっていた[8]。すなわち学校教育の無力性に関する指摘においては，社会階層の違いがリテラシーの獲得の失敗につながる要因として指摘される傾向が強かった。また社会階層以外に原因を求める研究においても，家庭における言語刺激の不足，子どもの個性などに帰

---

*6　ラヴィッチ，前掲書，pp.220-228。

*7　Coleman, J. S., "A Brief Summary of the Coleman Report," *Equal Educational Opportunity: An Examination of Harvard Educational Review*, 1969.

*8　Snow, C. E., Barnes, W. S., Chandler, J., Hemphill, L. and Goodman, I. F., *Unfulfilled Expectations: Home and School Influences on Literacy*, Cambridge: Harvard university Press, 1991, p.8.

せられるなど，社会階層との関係で原因が特定されていた。リテラシー獲得を促進する要因の特定をめざした研究においても，その調査が行われるフィールドが家庭もしくは学校に限定されていた。この場合，促進する要因を特定しつつも，失敗の原因を他方に求めていた。

　つまり，リテラシー獲得の失敗を家庭に求める論者は，両親のリテラシーの低さ，教育歴の浅さ，家庭における本の不足などを挙げ，その原因を克服する場として学校を位置づけていた。一方，原因を学校に求める論者は，学校の設備の不足，校長のリーダーシップの不足，教師教育の不適切さ，学校と家庭における会話パターンの不一致を挙げ，就学前におけるリテラシー教育の必要性を説いていた。そのため，これらの研究では，学校の無力性の原因を特定することに終始していた研究から抜け出すことが志向されてはいたものの，原因を他方に求めることで，家庭もしくは学校の現状の改善にはつながらなかった。このようなアメリカにおける補償教育をめぐる動向に鑑みて，スノーは1つの研究計画を打ち出した。それがホーム・スクール・スタディである。

(2) ホーム・スクール・スタディ実施にあたって

　ホーム・スクール・スタディを行うにあたって，スノーは，州や学区による努力にもかかわらず，リテラシー獲得に失敗する子どものほとんどが低所得家庭の子どもであるということ[9]，さらには，低所得家庭における両親のリテラシーの欠陥は，その家庭の子どもにも再生されるという事実に問題意識をもっていた[10]。しかしながら，経済的に恵まれない状況のなかで，リテラシーの獲得に成功している子どもが実在することもまた事実であった。ここから，リテラシーの獲得の失敗の原因を家庭の収入にのみ求めることはできず，裏を返せば家庭の所得に関わる要因を乗り越える方

---

*9　ここでの「低所得の家庭」とは，年間1万ドル以下の収入の家庭を指している。

*10　この事実は，Applebee, Langer & Mullis（1988）および National Assessment of Educational Progress（1985）によって明らかにされた。

途が存在しているとも考えられた。そこで，低所得家庭の子どもが効果的にリテラシーを獲得している要因を探ることによって，所得格差によって引き起こされるリテラシー獲得の失敗を乗り越える方策を明らかにすること，低所得家庭の子どもにとって有効なリテラシー経験を明らかにし，家庭と学校が連携して子どものリテラシー獲得のための環境を改善するための指針を示すことがめざされた。

　以上の調査対象に関する問題意識に加えて，スノーは既存の調査で捉えられていたリテラシー概念にも問題意識を有していた[*11]。リテラシー発達を支える認知能力に焦点を当てた教育調査は，子どもたちが学校教育において読むことの指導を受け始める時点から開始され，読むことと認知能力との関係が調査の対象とされている。これらの調査においては，「音素への気づき」を有する子どもの読む力の高さが示される場合が多かった。しかしながら文字を解読するという段階を超えて，テキストから新しい情報を取り出すことが必要となる小学校中学年段階以降における認知能力は考慮されていない調査が多かった。つまり，言語獲得の初期である幼稚園から小学校第1・2学年段階に焦点が当てられ，その後の発達段階における認知能力との関連が十分に意識されていなかったのである。ここからスノーは，読むという行為においては文字の解読が必要であり，そのためには「音素への気づき」の指導が重要であることを認識しつつも，その後のリテラシーを発達させる他の認知能力にも焦点を当てることの必要性を主張した。

　そこでスノーが注目したのが，口頭言語（oral language）である。直接顔を合わせて会話が行われる際には，ジェスチャーや，聞き手によるフィードバックを通じて情報が伝えられる。すなわち，身体的・社会的に，言語が文脈のなかで使用され，会話スキルが磨かれていく。このことは，話し手と距離を隔てた場所にいる他者や，話し手のもつ背景知識を共有していない他者に情報を伝える場面とは対照的である。しかしながら話し手に

---

*11　Snow, C. E., "The theoretical basis for relationships between language and literacy development," *Journal of Research in Childhood Education*, Vol.6, No.1, 1991, pp.5-10.

とって不都合な状況において会話を継続しようとする際に，どのようにすれば情報を共有できるのかを試行するなかで，子どもたちは「脱文脈化された言語」を獲得していくと考えたのである。

　このスノーのリテラシーの考え方にもとづき作成された言語発達に関するモデルが，図5-2に示すものである。このモデルでは，就学前に4領域のスキルが発達すると捉えられている。4領域のスキルとは，「エマージェント・リテラシー（emergent literacy)」・「活字」・「会話型言語」・「脱文脈化された口頭言語」である。「エマージェント・リテラシー」と「活字」は，本などの活字との相互作用を通して得られるものであり，前者が読み書きにあたっての学習者の構えを示すものであるのに対して，後者は活字自体を操作するスキルを指す。他方「会話型言語」と「脱文脈化された口頭言語」は，どちらも他者との会話を通じて得られるスキルであり，前者が直接目の前にいる他者に情報を伝えるための身体的・社会的な振る舞いを示すものであるのに対して，後者は，情報を共有しない相手に情報を伝える際に培われるスキルのことを指す。この後者のスキルは，説明文や物語などの談話形態や，空想の世界を創造するために言語が使用されている状況に参加することを通して発達するものであると捉えられている。

　このようにスノーは，「書き言葉」を行使できる能力としてのリテラシーを，「話し言葉」を行使できる能力と対置させて捉えた。そして，リテラシーに関する家庭と学校での経験やスキルの発達に，他者との会話を通じて獲得された「脱文脈化された言語」のスキルが組み合わさることによって「理解」が生み出されると考えた。ここでの「理解」[図5-2における「第4学年の理解」]は，文字の解読を行いながらも，テキスト独自の談話形態に参加することを通じて，子どもが自身の既有知識と新たに読む情報とを関連づけ，子ども自らが構成していくものとして捉えられている[*12]。

　以上のリテラシー概念の捉え方は，機能的リテラシーや批判的リテラシーという名称を用いて，リテラシー概念を拡大して捉えていたアメリカ

---

*12　Snow, C. E., Barnes, W. S., Chandler, J., Hemphill, L. and Goodman, I. F., *op. cit.*, p.5.

第5章　言語教育における科学性と有効性

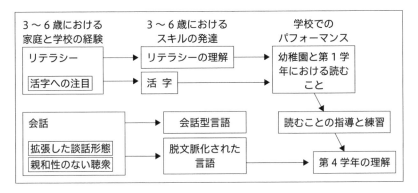

図 5-2　言語発達の関係性

(出典：Snow, C. E., "The theoretical basis for relationships between language and literacy development," *Journal of Research in Childhood Education*, Vol.6, No.1, 1991, p.8 を訳出。)

においては，非常に初歩的・基礎的な，文字の読み書きという段階にリテラシー概念をおしとどめるものである。しかしながらここでは，「理解」とはテキストの情報を受容することではなく，日常とは異なる口頭言語への参加を通して得た「脱文脈化された言語」を合わせもつことで獲得されるものであり，さらに子ども自らが構成していくものであると捉えられている。この「理解」の捉え方には，個人のスキルに注目し，発達についての情報を考慮しながらも，社会や文化によって特徴づけられる空間に参加することを志向しているスノーの問題意識が読み取れる。つまりスノーが，言語発達には学校教育における指導だけでなく，就学前段階からの他者との接触という契機が必須であると認識していること，そうした他者との関わりのなかで，リテラシーの発達に必要な構えやスキルが獲得され，その素地の獲得によってテキストを「理解」することが可能となると考えていることがわかる。

　では，以上の問題意識とリテラシー概念のもと実施されたホーム・スクール・スタディでは，何が明らかにされたのだろうか。

⑶ 読む力の分析から，読む力の向上へ――研究手法と成果

　ホーム・スクール・スタディでは，ボストン在住の 31 組の家庭[*13] を対象として，家庭と学校における学習環境に関するデータを収集するためにインタビューと観察が行われ，子どもたちのリテラシーの獲得状況を把握するために単語認識と理解のテスト[*14] が行われた。

　まず，家庭の質を見取る指標として，「両親のリテラシー状況」「リテラシーの機会の提供」「家庭のルール」「物理的環境」「情緒的安定性」という 5 つの指標が用意された。前 2 者は 4 段階で，後 3 者は 5 段階で評定され，合計評点は 5 点から 23 点までであった。具体的な評価指標は表 5-1 に示す通りである。

　つぎに，教室の質を見取る指標として，「教授」「情緒的雰囲気」「リテラシー環境」という 3 つの指標が用意された。観察者によって，それぞれ 1 点から 3 点までの 3 段階で評定され，合計評点は 3 点から 9 点におさめられた。ただし調査は 2 年間継続して行われたため，最終的には 6 点から 18 点までの幅が設けられた。具体的な評価指標は表 5-2 に示す通りである。

　調査の結果，家庭での質は高いが教室の質は低い条件と，家庭での質は低いが教室の質が高い条件においては，興味深い結論が導き出された。すなわち，前者では 60％の子どもしかリテラシーを獲得できていなかったが，後者では 100％の子どもがリテラシーを獲得していた。

　この調査結果は，スノーたちの期待を示すものであった。すなわち，家庭での質は低いものの，教室の質が高い条件ではすべての子どもがリテラシーを獲得していた[*15]。つまり，教室における質の高さは，家庭の質の低さを補うことが示されたのである。さらに，家庭と学校は相補関係

---

*13　なお，この 31 組の家庭は，教師の推薦によって参加が決定しており，家庭の状況を公表することを承認している。この 2 点を踏まえて，結果分析を捉える必要があるだろう。

*14　単語の使用状況を見取るための物語的作文と説明文の記述，ロズウェルとシャル（Roswell and Chall）によって開発された「読解方略と指導方略に関する診断評価（Diagnostic Assessment of Reading and Teaching Strategies）」と WISC-R が使用された。

*15　Snow, C. E., Barnes, W. S., Chandler, J., Hemphill, L. and Goodman, I. F., *op. cit.*, p.161.

第 5 章　言語教育における科学性と有効性

表 5-1　家庭の質を見取る指標

項目	評点
両親のリテラシー状況	1. 本を読まない。
	2. 最小限に読む。
	3. 新聞と雑誌を読む。
	4. 本を読む。
リテラシーの機会の提供	1. 教材や経験が提供されていない。
	2. 子どものリテラシーの要望に対応している。
	3. 豊富なリテラシーの経験が提供されている。
	4. リテラシーを提供するための機会が追求されている。
家庭のルール	1. ルール・予定がなく，子どもに対する期待がない。
	2. 子どもに対する期待はあるが，予定がない。
	3. ルールはあるが，簡単に破棄されている。
	4. ルールと期待が明確にあり，予定に柔軟性がある。
	5. 非常に高い期待があり，子どもへの信頼がある。
物理的環境	1. 混乱しており，汚れている。
	2. 整理されていない，汚れている。
	3. 清潔ではあるが，一貫性がない。
	4. 清潔で，整理されている。
	5. 家政にうるさく，清潔で，整理されている。
情緒的安定性	1. 不安定であり，葛藤的である。
	2. 情緒的安定性をもつことが困難である。
	3. 家族に問題はあるが，危険性があるわけではない。
	4. 安定している。
	5. 安定しており，健康的である。

（Snow, C. E., "The theoretical basis for relationships between language and literacy development," *Journal of Research in Childhood Education*, Vol.6, No.1, 1991, p.159 を筆者が訳出。）

表 5-2　教室の質を見取る指標

	評点	記述語
教授	1.　否定	混乱し，柔軟性がない。学問を強調する（必ずしも効果的ではない）。退屈な教授である。
	2.　中間	直接教授。子どもたちに対する刺激的で建設的な活動が行われる。
	3.　肯定	直接教授。子どもたちの活動が盛り込まれ，教室では規則正しい生活が行われている。
情緒的雰囲気	1.　否定	叱責が多い。教師の指示に一貫性がなく，子どもたちは不安を抱えている。クラス全員の前で，教師によって子どもが嘲笑される。
	2.　中間	穏やかではあるが，教師と子どものやりとりは行われていない。
	3.　肯定	支援的で，友好的である。建設的な教師と生徒とのやりとりが行われている。
リテラシー環境	1.　貧弱	教材の多様性に欠けている。図書館への訪問は少ない。子どもの作品は飾られていない。
	2.　平均	基礎的な教材を用いて，標準的な指導が行われている。図書館への訪問は行われている。
	3.　豊富	多様な教材が使われている。図書館への訪問が行われており，子どもたちを刺激する活動が盛り込まれている。教師は推論を促す発問を行っており，子どもの作品が飾られている。

(Snow, C. E., "The theoretical basis for relationships between language and literacy development," *Journal of Research in Childhood Education*, Vol.6, No.1, 1991, p.160 を筆者が訳出。)

（compensatory relationship）にあり，お互いの質の低さを補い合うことも明らかにされた。この結果を通して，スノーたちは学校教育に対する希望を抱いた。すなわち，コールマン報告以来，家庭の所得の違いが子どもたちのリテラシー獲得の差異を生み出すという，学校の無力性を指摘する報告が多かったなかで，その違いを克服できる要因が学校に存在することに，子どもたちのリテラシー発達を促す可能性を見出したのである。

　しかしながら，後続の学年における低所得家庭の生徒に関する調査によれば，低所得家庭の子どものリテラシーは低く，学校間の接続において問題を引き起こしていることが指摘されていた。さらに家庭と学校の相補関係は，後続の学年において消失することも明らかにされていた。ただし，

第5章　言語教育における科学性と有効性

これらの調査は家庭と学校の両方において行われてはいなかった。そこで調査が終了した4年後，子どもたちの実態を追跡調査することが決定された。

　追跡調査は，4年前の調査と比べると規模の小さなものであった[16]。教室での観察や，教師に対するインタビューは行われず，生徒に対するインタビューと学力検査だけが行われた[17]。ここでは，調査に参加した生徒一人ひとりの家庭での生活と学校での学力が，4年の歳月を経てどのように変化しているのかを追跡することがめざされた[18]。

　インタビュー調査でまず明らかとなったのは，4年前の調査では成績の振るわなかった生徒でも，家庭環境の肯定的な変化があれば，学習に対する意欲が高まっていることであった[19]。しかしながら多くの場合は，小学校において学力的にも社会性の面でも問題を抱えていなかった生徒であっ

---

[16]　追跡調査を行うにあたって，スノーらはまず本調査へ参加した子どもたちと連絡を取ることからはじめた。調査へ参加していた31家族のうち，最終的に連絡を取ることができたのは29家族であった。そのうち1家族は州外へ引っ越し，その子どもは退学していたため追跡することができなかった。もう1家族の子どもは，母親によると，第9学年になった際に落第したことを受け，家出をしているとのことであった。追跡調査に参加した家族のうち1家族には，兄弟がいるため，調査参加人数は28人であった。28人の内訳は，男性13人女性15人であり，第7学年8人，第9学年11人，第11学年9人であった。

[17]　Snow, C. E., *op. cit.*, p.181.

[18]　具体的には，学業成績はその後も継続して成長しているのか，リテラシーの低下傾向が見られるのか，家庭と学校の関係は弱まっているのか，中・高等学校への適応に困難を抱いているのか，小学校で見られた家庭と学校の相補関係はその後も効果が続いているのかという5点が調査項目として設定された（Snow, C. E., *op. cit.*, p.181.）。

[19]　ここでは，4人の生徒の変化が描かれている。例えばリサ・パルミエリ（Lisa Palmieri）の家庭は，本調査において「最も活力のない家庭」の1つであり，子どもに対する注意は払われていたが，それは非常に否定的な影響を与えるものであった。また子どもの学習に対するサポートは行われていなかった。しかしながら，4年の間に，別の親類の家へ引っ越すことで家庭内の緊張感が解け，両親が安定した職を得るなど家庭環境が改善されていた。そして本人の快活な性格も影響し，高校進学の希望を抱くようになっていた（Snow, C. E., *op. cit.*, pp.182-184 より訳出）。

ても，中・高等学校へと進学する際に問題を抱えはじめる生徒が多く，特に意欲が低下している生徒が多いことが判明した[20]。家庭と学校との相補関係も，その後維持されていなかった。この原因として，保護者自身の学業不振の経験と，そこから生み出される学校への不適応の経験から，学校と協力して子どもの学力向上のサポートを行う姿勢が消失していることが考えられた[21]。これは，子どもの進学に関する期待にも表れ，小学校時代には子どもの進学に関する希望を抱いていた家庭であっても，高校へ進学する頃になると，その期待は消失していた[22]。

　学力検査においては，4つの項目に関する変化が調査された。単語認識，語彙，作文，読解である。ここでは，生徒たちが安定して発達しているならば，1982年時点と比較して4年の進歩が見られることが期待された。検査の結果，語彙と読解では平均して3.3年，作文では2年，単語認識では1.4年の進歩しか見られないことが明らかとなった。ここから，本調査に参加した生徒たちの学力は，小学校時点において予測された学力レベルには到達していないと判断された[23]。

　以上の追跡調査を通じて，スノーたちは自分たちの期待の非現実性を自覚する。すなわち，1980年から82年にかけて行った調査においては，子どもたちの可能性は希望にあふれており，学力に問題を抱えている子どもであっても教師の指導の結果，回復されるものであると考えられていた。

---

*20　特に高等学校への入学により，学習量が増えることよりも，学力によってコースが分かれることに適応することに困難を抱えている生徒が多いことが明らかとなった。また，低所得の家庭の生徒ほど，成人との距離を取ろうとする者が多いことも明らかとなった。低所得の家庭の生徒たちは，家族とともに過ごす時間を嫌い，相談相手として年上の友人を選び，決して教師や保護者に対して相談をもちかけていなかった。カウンセラーに相談する者は一握りの生徒だけであった（Snow, C. E., *op. cit.*, pp.185-191 より訳出）。

*21　生徒の学力に対して危機意識をもっている家庭であっても，生徒に学習を強要することを嫌い，また学校との関係をもとうとしない家庭が増えていることが明らかとなった（Snow, C. E., *op. cit.*, pp.191-194 より訳出）。

*22　Snow, C. E., *op. cit.*, pp.194-196.

*23　*Ibid*, p.204.

第 5 章　言語教育における科学性と有効性

　また，両親とスノーたちによる，子どもの進学に対する期待はほぼ一致しており，たいていの子どもは高校へ進学し，大学に入学するように思われた。しかしながら追跡調査の結果，低所得の家庭の生徒のなかで高校を退学する者が多いこと，そして高校卒業後さらに進学を希望する者はほとんどいないこと，情報源として本や新聞を読んだり，娯楽として文学を読んだりするレベルにまで読解が熟達していないこと，また就職活動をしたり自身の考えを述べたりするレベルにまで作文が熟達していないことなど，子どもたちを取り巻くリテラシー教育の悲惨な現状に直面したのである[24]。

　そしてこの事実を前に，スノーは子どもたちに提供する教育自体を改善することに対しても意識を向けていく。つまり，子どもたちの言語獲得の様相の解明や，リテラシー獲得に影響を与える要因の分析という実証的な視点だけでなく，子どもたちの学習への意欲を高め，リテラシーを保障するための教育を実現することをめざした実践的な視点をもつ研究にも視野を広げていくのである。そして初期の読む力の改善に加えて，子どもたちがその後も継続して学習に取り組み，さらなる読む力の向上を実現することを可能にする方途を探究していくこととなる。この問題意識は，ホーム・スクール・スタディ終了後に設けられた「低年齢児の読むことの困難性の予防に関する委員会」に引き継がれる。そこで次節では，この委員会の取り組みを検討することを通して，スノーが重視した読むことの指導の具体像を明らかにしよう。

---

*24　*Ibid*, p.213.

第2節	要素の背後にある実践の多様性と意図性への配慮

　本節では，スノーの重視した読むことの指導の具体像に迫る。まず「全米読解委員会」の目的と成果を概観することからはじめたい。

(1)「全米読解委員会」の目的と成果

　連邦議会が国立小児保健発育研究所（National Institute of Child Health and Human Development）に対して，子どもたちに読むことを指導するためのさまざまなアプローチの有効性を評価するよう依頼したことを受け，「全米読解委員会」は発足した[25]。本委員会では，何よりもまず，読むことの指導方法の有効性を科学的に追究することが重視された。なぜなら，読むことの指導方法に関わる膨大な研究や議論が行われてきたものの，読むことに困難さを抱える子どもたちが多数存在する現状や，全米規模の読むことのテストにおいて学力が停滞していることが指摘されるなど，十分な解決策が見出されていない現状があったためである。そこで，指導方法の効果を科学的に分析し，効果が認められた指導方法を実施することで問題の解決を図ることがめざされた。

　「全米読解委員会」では，文献研究を実施すること，地域別の公聴会および読むことの問題に関わる教育機関との協議を開催することで研究を進めた。まず文献研究を実施する際には，アメリカ国内における言語教育の実践に関する文献が膨大であったことを受け，どの研究文献をレビューするのかを判断する規準に沿って文献を選定することが合意された。そこでは，「科学性」を追求するために，3点の制限を設けることが決定された。1点目は，査読のある学会誌に掲載された英語の文献に限定すること，2点目

＊25　Report of the National Reading Panel: Teaching children to read, 2002, p.1（http://www1.nichd.nih.gov/publications/pubs/nrp/Documents/report.pdf，2011年7月25日確認）.

は幼稚園から第12学年の児童・生徒の学習に焦点を当てたものに限定すること，3点目は実験的な研究に限定することである。なぜなら，結果の有用さを示すために十分な大きさのサンプルを含んでおり，研究に使用された手続きが明確に定義づけられているためである。「全米読解委員会」では，科学性を追究するために，複数の制限が設けられ，レビューの対象となる文献が限定されていった。

　地域別の公聴会が開催されたのは，教師や保護者，生徒，政策立案者から，直接彼らの要求や調査に関する理解に関する聞き取り調査を行わなければ，連邦議会の指令を成し遂げることはできないと考えられたからである。そこで，1998年5月29日にシカゴ，6月5日にオレゴン州ポートランド，6月8日にヒューストン，6月23日にニューヨーク，7月9日にミシシッピ州ジャクソンの5都市で聞き取り調査が行われた。委員会の調査結果の最終的な受益者となるであろう，教師や保護者，生徒たち125人分の意見を収集した。パブリック・ヒアリングを通して，委員会メンバーは委員会の成果と決定の実行を望んでいる者がいること，また市民にとって何が重要な問題であるのかを理解していったという。聞き取り調査の結果，読むことの指導を行う指導者の育成や，早期に読むことの困難を抱える可能性のある児童を特定することの重要性，科学的な手法にもとづき指導方法を決定することの必要性などが挙げられた。

　以上の研究の結果，読むことの指導に含み込むべき5つの要素が特定された。それが，「音素への気づき（phonemic awareness）」・「フォニックス」・「流暢さ（fluency）」・「語彙」・「理解」である。まず，「音素への気づき」とは，話し言葉を構成する最も小さな単位である「音素」を子どもたちが自在に操ることができるように，それへの注目を促す指導である。また「フォニックス」とは，文字と音声の関係性を視覚的に捉えることを意味しており，「全米読解委員会」ではそれを「体系的に」指導することが重視された。さらに，「流暢さ」を獲得するための音読や黙読の重要性や，「理解」のために「語彙」獲得を促すこと，「理解」を導くための理解方略を明示的に指導することの重要性が指摘された。これらは，読む力の獲得

には，何よりもまず文字の認識が重要であること，文字認識は聴覚および視覚的な認識のうえに成立するものであることを意識した結果である。

　以上の成果は，連邦政府の独立機関である国立リテラシー研究所（National Institute for literacy）によって広く公表された[*26]。2001年にはジョージ・W・ブッシュ（George W. Bush）大統領が，この成果を自身の教育政策の基盤として取り上げ，リーディング・ファーストが実施されることとなった。この背景には，1998年に「読みの卓越性に関する法（the Reading Excellence Act）」が制定されたことが関係している。これは，科学的な研究の証拠にもとづいた強力な基盤を伴った指導方法を支持するものであり，この証拠を示すものとして「全米読解委員会」の研究成果が採用されたのである。そしてリーディング・ファーストでは，科学的な研究成果によって明らかにされた先の5つの要素を含めた教材を使用することが求められ，その成果は標準テストを用いて測られることになった。連邦政府からの補助金を使用するにあたって，その有効性を示すことで国民に対するアカウンタビリティを果たそうと意図したためである。

　このように「全米読解委員会」では，読むことの教育実践に関する多種多様な提案を行うことを退け，科学的に有効性が示された指導方法を一律に用いることで，子どもたちの読む力を向上させることができると考えた。では「全米読解委員会」の理論基盤であり，スノーが議長を務めた「低年齢児の読むことの困難性の予防に関する委員会」ではどのような実践が推奨されていたのだろうか。また「全米読解委員会」との違いはどこにあるのだろうか。

(2) 「低年齢児の読むことの困難性の予防に関する委員会」の問題意識と成果

　「低年齢児の読むことの困難性の予防に関する委員会」は，アメリカの教育省と保健社会福祉省が，全米科学アカデミーに協力を要請し，読むこと

---

*26　このキャンペーンには，国立小児保健発育研究所と教育省も参加し，内容の理解と実践をともに拡大することがめざされた（"What is the National Reading Panel doing now?"（http://www.nationalreadingpanel.org/FAQ/frq.htm，2011年8月25日確認））。

に困難を抱えている子どもたちに対する効果的な介入を研究するために設置された[27]。この委員会では当初，読むことの能力はどのように発達するのか，読むことの失敗を引き起こす危険性のあるグループや個人を特定することに有効な危険因子とは何か，最適な読むことの成果を保障する予防・介入・指導の方法とはどのようなものか，という3つの問いに答えることがめざされていた[28]。

　しかし調査を進めるなかで，スノーたちは以下の3点に気づき，研究対象とする子どもの層を拡大することの必要性を実感した。すなわち，教育現場においては危険因子を特定することよりも，困難性を乗り越えることに焦点を当てた指導が行われていること，そのような実践においては，子どもたちの読むことに関する脆弱性が乗り越えられていること，また読むことに困難を抱える可能性のある子どもたちも，そのような指導を必要としていることである。つまり，読むことに困難を抱える可能性のある子どもを特定することや，その子どもに対して個別に指導することよりも，教室にいるすべての子どもたちに対する指導を改善していくことの重要性を認識したのである。そしてスノーたちは，このような効果的な指導を行うことのできる教師は，目の前にいる子どもたちのために，指導の要素を組み合わせることに細心の注意を払っているという結論を導き出した。

　これは，教師が選択できるような効果的な共通の教材・方略・環境があるということを意味していると考えられた。ここから「低年齢児の読むことの困難性の予防に関する委員会」では，教師たちが効果的な教材・方略・環境にアクセスすることを保障するために，多くの子どもたちにとって成功を導く，読むことの教育のメカニズムを明らかにすることへと研究の方針を転換させた[29]。そしてその際には，子どもたちがどのような点でつまずいているのかを分析し，そのつまずきを生み出さないための指導方法を

---

[27]　Snow, C. E., Burns, S. & Griffin, P. (eds.), *Preventing Reading Difficulties in Young Children*, Washington, D.C.: National Academy Press, 1998, p.32.

[28]　*Ibid*, p.2.

[29]　*Ibid*, p.v + pp.3-4.

明らかにすることをめざした。つまり，スノーたちは指導方法を一律に規定するのではなく，教師らが目の前の子どもたちのために柔軟に指導方法を変更できるような仕組みを見出すことへと研究の視点を変えたのである。

　以上の問題意識のもと，スノーたちは，アメリカ国内で行われ，効果的であると報告されてきた読むことの教育に関する文献調査を進めた。そして，子どもたちのつまずきの特徴と，そのつまずきを乗り越える「初期の読むことの指導」，さらに「初期の読むことのレベルを超えるための要素」を抽出した。

　まず，読むことの熟達の道から子どもたちを遠のかせるものとして3つのつまずきが挙げられた。それは，アルファベットの仕組みを理解したり使用したりすることに関するつまずき，話し言葉と書き言葉の関連を理解することや，読解方略を使って読んだり，読解方略を獲得したりすることのつまずき，そしてこの2つのつまずきによって，意欲が失われることが，3つめのつまずきとされた。

　この3つのつまずきを予防する，効果的な「初期の読むことの指導」とは，子どもたちに以下5つの事柄を行わせているものであった。すなわち，子どもたちに「活字から意味を手に入れる」という目的を持たせ，「文章を頻繁に読む機会」を提供すること，またその際には，「文字と音声の関係性」に触れたり，「アルファベットの書き方」を学ばせたり，「話し言葉の性質」を理解することを促したりする指導であった。

　そして，この「初期の読むことのレベルを超える」ためには，子どもたちは，さらに以下5つの事柄を獲得する必要があることが確認された。すなわち，「音声がどのようにアルファベットとして表現されるのかを理解する」こと，「さまざまなテキストを用いて，流暢に音読できるよう，読むことの練習を行っている」こと，「テキストには意味があり，また興味深いのもだと捉えるための，背景知識と語彙がある」こと，「間違いを修正し，理解をモニタリングするための手続きに気をつけている」こと，「さまざまな目的を持ってテキストを読むために，持続的に興味と動機をもっている」ことの5つであった。以上の調査結果にもとづき，「低年齢児の読むこ

との困難性の予防に関する委員会」では，効果的な読むことの指導を実現し，読むことの困難さを避けるための提言を行った。

特にここでは，「第1学年から第3学年までの読むことの指導に含み込むべき要素」を見てみよう。第1〜3学年の指導においては，次の3点の構成要素を網羅することが提案された。1点目は「文字と音声の関係性を理解させること」である。ただし，文字と音声の関係性を「体系的に」指導するのではなく，さまざまなテキストを用いて「文脈のなかで」指導することや，子どもに文字を書かせる際には，まずは意欲をもって文字を書くことができるよう，書くことに対する励ましを行うことが挙げられた。書くことに対する励ましの指導の事例として，ホール・ランゲージ運動の特徴的な指導方法の1つである「創作スペリング（Invented Spelling）」が示された。創作スペリングとは，子どもたちのスペリングに関する既有知識を重視し，正しいスペリングを教え込むことよりも，まずは子どもたちが自ら創案したルールで書き始めることを大切にする指導方法である。そのなかで，子どもたちの自信と書く意欲を重視する。学んだ文字を使用する機会を与えたり，文字と音声の関係性を理解できているのかどうかを定期的に見取ったりするものである[30]。つまり，「全米読解委員会」では「体系的な」フォニックスの指導が推奨されていたが，それは子どもの文脈に沿うことや意欲を高めることに有効に働かないため，「低年齢児の読むことの困難性の予防に関する委員会」では「付随的に」指導することを重視したのである。この発想は，「音素」や「フォニックス」を「付随的に」指導しようとしたホール・ランゲージ運動と同様のものであり，「体系的に」指導しようとした「全米読解委員会」の見解とは対照的である。

また2点目として，「流暢さを獲得させること」が挙げられた。これは，活字から意味を獲得する能力は，先の「文字と音声の関係性」の理解と「流暢さ」の獲得に依存していると考えられているためである。そのため，繰り返し音読を行うことが推奨された。3点目として「理解を生み出させる

---

[30] Snow, C. E., *op. cit.*, pp.7-8.

こと」が挙げられ，子どもたちの既有知識を活性化させたり，語彙を豊かにさせたり，理解方略を使用させたりすることの重要性が認識され，指導を行う際には個人的な価値やコミュニケーションを目的とすることに注目する必要があることも合意された[31]。

このように「低年齢児の読むことの困難性の予防に関する委員会」では，読むことのつまずきを生み出させないための指導の要素を明示しながらも，子どもの既有知識と個人的な価値を重視している。ここには，ホーム・スクール・スタディから一貫して「理解」概念に子どもを位置づけるというスノーの問題意識が見受けられる。またこの「理解」を，標準テストで測ることはできない。なぜならそこには，子ども個人の価値を位置づけることは避けられているためである。ここにも，「全米読解委員会」における「理解」との相違点を見出すことができるだろう。

「全米読解委員会」と「低年齢児の読むことの困難性の予防に関する委員会」は，両者ともに「読むこと」を構成する要素を明らかにし，「基礎的なスキル」と「理解」を指導の要素として組み込んでいる。そのため両者の研究成果には，一見すると同様の研究成果を打ち出しているかのように見受けられる。しかしながら，以下2点において差異を指摘することができる。1点目は指導方法の多様性への配慮である。「全米読解委員会」では何よりも科学性が追究され指導方法を一律に定めることが志向されていたが，「低年齢児の読むことの困難性の予防に関する委員会」では教師が目の前の子どもたちのために柔軟に指導方法を変更できるようなメカニズムを組織することが重視された。ここには教師に対する信頼と，教師自身による指導の工夫にこそ子どもたちの読む力を向上させるための手立てが見出せるという期待がある。

2点目は「理解」の捉え方である。「全米読解委員会」では，「理解」を導くための理解方略の指導の重要性は指摘されているものの，その目的や学習者の位置づけは明示されていない。前節で示した通り，スノーには，

---

[31]　*Ibid*, p.vi + p.33.

子どもたちの初期の読む力を改善するだけでなく，子どもたちが意欲を持続させながら，継続的に学習に取り組み，さらなる読む力を獲得することをめざすという目的意識があった。つまり，「低年齢児の読むことの困難性の予防に関する委員会」には子どもの読み手としての発達を長期的に捉える視点があった。

　以上，「低年齢児の読むことの困難性の予防に関する委員会」から「全米読解委員会」へと続く読むことの指導に関わる議論を整理してきた。「全米読解委員会」では「科学性」が追求され，その結果，読むことの指導を効果的に行うための5つの要素が実証的に明らかにされた。しかしながら「全米読解委員会」では，「低年齢児の読むことの困難性の予防に関する委員会」で重視された，教師による自律的な指導方法や教材の選択は重視されることはなかった。そのため，「全米読解委員会」の成果にもとづく実践においては，読むことの学力を向上させることが科学的に示された基本的なスキルの指導に焦点が当てられ，教師たちが「有効性」を報告している教育方法が生かされなかった。つまりこれは，「科学性」の追究により，科学的でない指導の要素が，政策に取り入れられなかったことを示している。政策として具体化するためには，その教育方法を取り入れる根拠を示すことが求められるが，「科学性」の追究によって捨象された教育実践が存在したことを，この2つの取り組みを比較することによって指摘できるだろう。

　ではスノーはどのような理論研究を志向していたのだろうか。「低年齢児の読むことの困難性の予防に関する委員会」の報告書を提出後，スノーが取り組んだ「RAND 読解研究グループ」の取り組みを見てみよう。

第3節 「RAND読解研究グループ」の成果

⑴「読解」概念の定義と「評価」の再検討——研究目的

「RAND読解研究グループ」とは、スノーを中心に、総勢14名の研究者や教師が集まって結成した研究グループである[*32]。当初このプロジェクトは、OERIの次官補であったケント・マグアイア（Kent McGuire）が、1999年に、連邦政府の教育政策決定のための取り組みとして、RANDコーポレーションに依頼したものであった。つまり、連邦政府の教育政策の一環として位置づけられたものであった。しかしスノーらが研究を推進し、以下の現状を認識するなかで、当時の教育政策の不十分な点を暴きだし、さらなる研究の必要性を指摘することとなった。

スノーらの現状認識とは、次の4点である。すなわち、すべての子ども

[*32] RAND（Research and Developmentの略称）とは、調査・分析を通じて、政策の改善や意思決定を行うことを使命とした非営利組織である。1948年に設立され、現在50カ国以上の国々から約1600の研究者が集まり、働いている。RANDには、経済や行動科学、医学、工学などから950人の専門家も集められており、このなかからさまざまな使命をもったプロジェクトチームが結成される。RANDの研究者たちは、学究的世界（academia）や政府、産業界の出身者であり、理論と現実世界とを重ね合わせて研究できる者が集められている。このRANDという研究組織において、特に読むことの教育に注目した研究グループが、ここで取り上げるRRSGである。本プロジェクトに参加した研究者らの名前を以下に挙げておく。ドンナ・アルバーマン（Donna Alvermann、ジョージア大学）、ジャニス・ドール（Janice Dole、ユタ大学）、ジャック・フレッチャー（Jack Fletcher、テキサス大学）、ジョージア・アーネスト・ガルシア（Georgia Earnest Garcia、イリノイ大学）、アイリーン・ガスキン（Irene Gaskin、ベンチマークスクール）、アーサー・グレイサー（Arthur Graesser、メンフィス大学）、ジョン・ガスリー（John T. Guthrie、メリーランド大学）、マイケル・カミエル（Michael L. Kamil、スタンフォード大学）、ウィリアム・ナギー（William Nagy、シアトル・パシフィック大学）、アンヌマリー・サリバン・パリンサー（Annemarie Sullivan Palincsar、ミシガン大学）、ドロシー・スティックランド（Dorothy Stickland、ラトガーズ大学）、フランク・ベルチノ（Frank Vellutino、ニューヨーク大学）、ジョアンナ・ウィリアムズ（Joanna Williams、コロンビア大学）。

たちに対して高度なリテラシーを保障することが経済上の必要性として認められていること，NAEP や国際的な学力調査においても，また教師たちの日々の授業実践における印象においても，小学校時代は十分読めていてもその後，読むことの分野で困難に直面する子どもたちが多いこと，人種によって学力の隔たりがあること，「読解」に関する教員養成や現職教育が不十分であることである*33。この4点は，現代のリテラシーに関する要求の高まりとは裏腹に，現実場面においてはその要求に適うリテラシーの学力を獲得できていない子どもたちが多く，またその要求に応える教員養成が実現されていないことを憂いたものである。

　さらに，小学校から高等学校への一貫した「読解」のスタンダードに対する統一見解が不足していること，内容領域の指導と読むことの指導が効果的に統合されていないこと，ハイ・ステイクスなテストでは「読解」概念を十分に反映したテスト項目となっていないことが挙げられた*34。つまりここでは，「読解」の指導を，発達段階を考慮し，内容領域の指導と関連させるとともに，指導と評価の一体化を志向することの重要性が指摘されている。そして最後に，最近の連邦政府による読むことの指導への投資が，小学校低学年だけを対象としている点を危惧している。なぜなら序章で述べた通り，現場の教員によって「第4学年のスランプ」と呼ばれる現象，つまり第3学年までに読むことのスキルを獲得させた生徒が，その後の読むことの能力も発達させるわけではないことが報告されているためである。この点を踏まえて「RAND 読解研究グループ」においては，「リーディング・ファーストとアーリー・リーディング・ファースト（Early Reading First）は，読解に関する研究基盤を発展させないかぎり失われてしまうだろう」*35 と指摘した。以上の現状認識にもとづき，「RAND 読解研究グループ」では，「読解」に関する研究基盤を築くために，「読解」概念を定義す

＊33　RAND Reading Study Group, *Reading for Understanding: Toward an R&D Program in Reading Comprehension*, Santa Monica: Rand, 2002, pp.4-8.

＊34　*Ibid*, pp.4-8.

＊35　*Ibid*, p.8.

るとともに，カリキュラムとの間に適切な接続をもつ「評価」を再検討することが試みられた。

(2)「読解」概念の整理

　まずスノーたちは，「読解」概念を定義するために，「読解」という概念を生み出す知識基盤の隔たりを解消することを試みた。さまざまな「読解」モデルが提起されつつも，そのモデルが依って立つ知識に隔たりがあるため，読むという行為の全体像を描くためにモデル同士の整合性をとることが難しく，それゆえ，理解のための指導を設計するための基盤が十分に形づくられていない現状を危惧したためである。そこで，その隔たりを解消するために，理解に関する異なる研究の伝統の延長線上で研究を行っている研究者たちが，研究交流を行うとともに，教師や教師教育者が相互に入手・使用できる，研究と実践のための正確な知識基盤を構築することをめざした。

　また多くの読み手は，発達を持続させるために，明快で，十分に計画された読解の指導を必要としているにもかかわらず，効果的な読解の指導を改善し，設計するための体系的な研究基盤が作成されていないことも問題視された[36]。そこで「RAND 読解研究グループ」では，「読解」の実践に対して有益な情報を与える研究を遂行するために，まずは「読解」の領域における研究にもとづく実践と研究の現状をとりまとめることを目標として掲げた[37]。

　以上の問題意識のもと研究を進め，「RAND 読解研究グループ」では，読解を「書かれた言語と相互作用することを通して意味を抽出し，構成する過程である」と定義した。さらにこの読解の過程は，「読者」・「テキスト」・「活動」という3つの構成要素から成り立つものであることを示した。ここでは，「読者」とは，理解しようとする主体であり，読むという行為に，さ

---

[36] *Ibid*, pp.2-3.
[37] *Ibid*, p.3.

第5章　言語教育における科学性と有効性

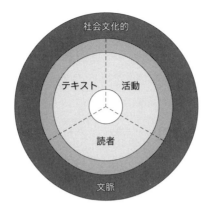

図 5-3　「読解」モデル
（RAND Reading Study Group *Reading for Understanding: Toward an R&D Program in Reading Comprehension*, Santa Monica: Rand, 2002, p.12 より抜粋。）

まざまな能力[*38]や知識，経験をもちこんでくるものとされている。「読者」を位置づけることで，文章を理解するということは，単にテキストに埋め込まれた意味を抜き出すことではなく，「読者」が自分自身の既有知識を用いながらテキストと相互作用することによって，意味を構成するものであることを再確認している。さらに「テキスト」とは，理解される対象であり，「活動」とは，なぜ読むのかという「目的」，読んでいる最中にどのような精神活動に取り組んでいるのかという「過程」，そして読むことの結果として何を学習したり経験したりしたのかという「結果」，これら3つの側面を含んだ概念とされた。以上の「読者」「テキスト」「活動」は，「読者」によって形作られる「社会文化的文脈」の内部でおこる現象を特徴づけるものであるとされた。「読者」が，自分のことを「読者」だとみなすか否かは「社会文化的な事実」であるし，読むという行為が価値のあるものか否かは「社会文化的文脈」によって決められる。「テキスト」に価値があると

[*38] ここでの「能力」には，「capacity」と「ability」の両方の意味が含まれている。

183

見なされるのも，「社会文化的」に決定されるからである。これら4者の関係性を示したのが，図5-3である[39]。

　ただしスノーは，文脈のなかで読むという行為を捉え，その能力を育てるという，文脈に依存した指導を重視しているわけではない。むしろ，文脈にだけ依存する指導のみでは，子どもたちの学力を育むことはできないと述べている[40]。なぜならそこでは獲得すべき「知識（knowledge）」や「応用（application）」が不問にされる可能性があるためである。スノーは文脈を重視しながらも，「知識」と「応用」と「参加（engagement）」が読解の過程で行われたり，獲得されたりすることを重視しているのである[41]。

(3)「評価」方法の提起

　「RAND読解研究グループ」では，カリキュラムと関連し，生徒の到達度を評価するとともに，生徒がどのような支援を必要としているのかを見取る評価を実現するために対応しなければならない項目として，以下6点を挙げている[42]。①対象領域（target domain）の複雑性を十分に表現すること，②単一の評価尺度への依存を回避すること，③読解が獲得されない原因を解明すること，④生徒を発達的な連続体の上に置き，彼らの長所と短所を特定すること，⑤テストを通過するためにカリキュラムを限定するのではなく，活動の幅を広げること，⑥信頼性と妥当性を確保することである。

　特に注目したいのは，2点目と6点目である。2点目においては，「このタイプ［多肢選択式問題］のテスト項目は，本当の理解が起きているときにその理解を再現するものではなく，理解のためのルーブリックに該当する一連の能力やスキルを反映するものでもない」として，多肢選択式問題を

---

*39　RAND Reading Study Group, *op. cit.*, p.12.

*40　*Ibid*, p.7.

*41　Sweet, A. P. & Snow, C. E. (eds.) *Rethinking Reading Comprehension: Solving Problems in the Teaching of Literacy*, New York: Guilford Press, 2003, p.196.

*42　*Ibid*, pp.193-195.

用いて理解を評価することの限界を指摘している。

6点目では、「皮肉にも、教師たちが最も有益であると考えている評価は、行政官やテストセッションの間で信頼性をもたせることは最も難しく、最も標準化された評価は対照的に最も有益ではない」と述べ、標準テストの無益さを指摘している。これは、「全米読解委員会」やリーディング・ファーストにおいて科学性が重視されたことと対照的である。つまり「RAND読解研究グループ」においては、理解に関する評価は標準テストだけでは不十分であり、教師が有益であると考える評価にこそ、子どもたちの学力を見取る可能性があると考える立場を示している。

では「RAND読解研究グループ」では、どのような評価方法を用いることが推奨されているのか。スノーは、「現在使用されている最もよく、豊かで、有益な理解のための評価の多くは、思慮深い実践家たちが、彼らの目的のために開発したもの」であり、「そういった彼らの取り組みは、研究者たちが評価の道具を開発しようと試みる方向性を示している」と述べ、標準テストに代わるものとして、現場の教師たちが行っている評価に注目すべきであることを指摘している[43]。そしてスノーは、「最終的には理解の動的な性質を反映できる評価システム」に向かいたいと述べる[44]。例えば「特定のテキストとの相互作用を通じて得た、特定の対象領域の知識や語彙などの増加を評価する」ものである。ここでは、単一の評価方法を用いるのではなく、アカウンタビリティやスクリーニングを目的としたスーツケース評価（portmanteau assessment）[45]や、介入を行うための診断的評価、指導を行うためのカリキュラムに関連した評価などを含み込むべきであると考えられている。ここには、「読解」概念が「読み手」と「テキスト」の相

---

[43] *Ibid*, p.201.

[44] *Ibid*, p.197.

[45] ここでは、portmanteau assessment という用語のみが提示されているため、詳細は不明である。しかしながら、「真正の評価」の文脈で使用されるポートフォリオ評価が「紙ばさみ」を語源としてもつことを踏まえると、ポートフォリオ評価を拡大解釈し、さらに多くの学習の証拠を保存するものを指していると考えられる。

互作用によって説明されていること，またこれらの相互作用によって生み出される「読解」は複雑な概念であるために，単一の評価方法では捉えきることができないという考えが反映されている。そしてこのような包括的な評価システムは，生徒と教師に時間を要求するため，「地域や州，連邦政府レベルでの調査やプログラムの説明責任を満たすという限られたものというよりも，指導に埋め込まれており，また指導を支持する評価」を実現すべきであると指摘している。

　ただしこれは読むことの指導の内容や質に応じた評価方法を用いることを推奨しているのであり，標準テストを否定しているわけではないことには留意する必要がある。すなわち，基礎的なスキルは，標準テストを用いた反復練習により習得でき，そのことが子どもたちの意欲を高めることをスノーは主張している。ここには，ホール・ランゲージにおいて，標準テストが退けられ，教師の観察を重視している点[46]と比較すると，スノーとホール・ランゲージにおける評価方法に関する立場の違いが表れていると言える。

　他方リーディング・ファーストでは，「全米読解委員会」で合意された5つの項目をすべて標準テストで評価しようとしていた。しかし「RAND 読解研究グループ」においては，リーディング・ファーストにおいて行われたような，標準テストを用いて「理解」を評価する立場を批判的に捉え，それとは異なる評価方法の必要性を提起している。このような「RAND 読解研究グループ」が指摘した「理解」の評価に関する提言は，「真正の評価」論が提起されてきたアメリカにおいては，新奇なものではない[47]。しかしながら，NCLB 法の制定とともに標準テストを用いてアカウンタビリティを果たすことが責務とされてきた 2000 年代のアメリカにおいて，再度，標準テストに解消されない「評価」の在り方を提起しようとしている点，ま

---

[46]　詳しくは，赤沢真世「ホール・ランゲージにおけるフォニックス指導の位置付けとその実践──C. S. ウィーバーの所論を中心に」『日本児童英語教育学会紀要』第 23号，2003 年，p.21-29 を参照のこと。

[47]　この点については，田中，前掲書を参照のこと。

たこの提起が，連邦政府の読むことの分野の教育政策を方向づける立場に
いたスノーによって指摘されている点において，注目すべきで取り組みで
あると言えよう。ただし「RAND 読解研究グループ」においては，標準テ
ストとは異なる評価方法の必要性を指摘しているものの，具体的な評価方
法に関しては事例を示すことにとどまっている。スノーの所論にもとづく
と，実際の授業場面においてどのような実践が展開されているのか，その
実践ではどのような教材や評価方法が使用されているのかについて，さら
なる分析が必要である。

第4節　「理解」や「評価」の概念の見直しと実践の重視

　本章では，キャサリン・E・スノーの視点から，現在アメリカで実施さ
れている読むことに関する教育政策，リーディング・ファーストの不振の
原因の解明を試みた。具体的にはまず，スノーが読むことの教育を研究す
る背景には，アメリカが抱える補償教育の課題を克服するという意図が
あったことを明らかにした。つぎにリーディング・ファーストの理論基盤
である「全米読解委員会」と，「全米読解委員会」の理論基盤である「低年
齢児の読むことの困難性の予防に関する委員会」を比較した。その結果，
「低年齢児の読むことの困難性の予防に関する委員会」では初期の読む力
の改善だけでなく，子どもたちが意欲を持続させながら，継続的に読むこ
との学習に取り組むことを実現するための理論整理を行っていたことが明
らかとなった。一方で「全米読解委員会」においては，効果的な読むこと
の教育実践の要素が抽出されているものの，その要素の背後にある実践の
多様性や意図性が継承されていないことが指摘できた。
　スノーは，リテラシーを一貫して構成要素的に捉えていた。このように
捉えることによって，子どものつまずきを見極めることが可能となり，具

体的な指導の指針を立てることが可能となるためであった。このリテラシーの捉え方は，一見すると，例えばフォニックス派と呼ばれる立場，すなわち言語を知識やスキルに分解し，それを体系的に指導する指導法を推進する立場との親和性が高いように思われがちである。しかしながらスノーの「理解」概念に注目すれば，その内実はフォニックス派とは異なることがわかる。具体的には，スノーはホーム・スクール・スタディにおいて，「理解」を学習者が自身の既有知識とテキストを関連づけることによって導かれるものとして捉えることによって，「理解」概念の内部に読者を位置づけていた。このことによって，既存の言語に子どもが適応することではなく，既存の言語を子どもが受け入れつつ，自らの内部で構成することを重視する立場である。

　このようなスノーの見解は，ホーム・スクール・スタディ実施の頃から一貫して，所得格差によるリテラシー獲得の格差が生じていることへの対処を意図していたことに由来している。言語獲得の初期だけでなく，その後の継続した言語発達を意図したことによって，言語を構成要素的に捉えながらも，子どもの言語発達の全体像を明らかにすることができていると言えるだろう。

　さらにスノーの読むことの教育理論を見ることで，構成要素的に捉える立場とホリスティックに捉える立場という対立軸で捉えていては見えてこない，新たな言語教育の立場を見出すことができる。すなわち構成要素的に言語を捉えるということは，言語を分解し，言語を指導するという視点だけを生むのではなく，子どもの言語発達の全体像を捉えながらもつまずきを生み出させないための方途を導き出すという意義が導かれると言える。

　以上，本章では，スノーが議長を務めた2つの委員会の取り組みを検討してきた。この検討を踏まえると，スノーの読むことの指導についての研究の意義を2点指摘できる。1点目は，「科学性」を追究することよりも，アメリカで行われ，教師たちによって「有効性」が支持されてきた豊かな実践を生かすことを志向していた点である。ここでは，子どもたちの読むことの学力を保障するために基礎的なスキルを重視しつつも，子どもたち

の意欲を高めるための配慮を行うことが不可欠とされていた。一方「全米読解委員会」では科学性が追究され，その結果「全米読解委員会」において指摘された5つの構成要素を網羅することだけが重視されてしまう実践となっていた。

　2点目は，「理解」概念の再定義と，その定義に応じた指導方法，評価方法を志向していた点である。スノーたちは，「理解」を読み手が社会的文脈のなかで，テキストと相互作用することで生み出されるものと捉えていた。そしてこのようなプロセスを評価するにあたっては，標準テストでは十分に捉えきれないことを指摘し，多様な評価方法を使用することの利点を主張していた。ただしこれは，標準テストを否定していることを意味しているわけではなく，子どもに獲得させたい読むことの内容や質に合わせて評価方法を使い分けるという主張であった。すなわち，基礎的なスキルは，標準テストを用いた反復練習により習得でき，そのことが子どもたちの意欲を高めることも主張していた。これは，ホール・ランゲージにおける評価が教師の観察を重視している点を比較すると，評価方法に関してはホール・ランゲージとは異なる立場から主張が行われていたと言えた。一方リーディング・ファーストでは，「全米読解委員会」で合意された5つの項目をすべて標準テストで評価しようとしたことにより，「理解」の指導と評価の一体化は図られていなかったと言えよう。

　では「低年齢児の読むことの困難性の予防に関する委員会」と「RAND読解研究グループ」の議長を務めたスノーの読むことの教育論にもとづくと，どのような読みの指導が展開されるのであろうか。そして，リーディング・ファーストが抱える課題はどのように克服できるのであろうか。次章では，スノーが中心となって作成した教材集『ヴォイシズ』を取り上げ，この2つの課題に迫りたい。

第6章

『ヴォイシズ・リーディング』にみる可能性

扉写真：キャサリン・E・スノーが監修を務めた『ヴォイシズ・リーディング』の指導書と授業風景。『ヴォイシズ』のカリキュラムでは，子どもたちの社会性を育むために，その土台となるリテラシーの獲得を支援するための教材や問いが例示されている。(Photo：From Voices Reading © Zaner-Bloser, Inc. Used with permission from Zaner-Bloser, Inc. All rights reserved.)

第6章 『ヴォイシズ・リーディング』にみる可能性

　本章では，キャサリン・E・スノーが編集に携わった教材集『ヴォイシズ・リーディング（*Voices Reading*，以下『ヴォイシズ』)』に注目する。『ヴォイシズ』は，アメリカで使用されているリテラシーの教材集であり，リテラシーを専門とするスノーとハーバード大学のロバート・L・セルマン（Robert L. Selman）の2人が監修を行っている。セルマンは，子どもたちの社会性と倫理性を育てることを目的とした実践に関する調査を行う研究者である。前章で示したスノーの読むことに関する理論が，いかに教材として具体化されているのかを明らかにするとともに，アメリカの補償教育が抱える課題を克服できているのかを検討する。まず『ヴォイシズ』がどのような目的のもと作成されたのか，どのような手立てでその目的を達成しようと構想されているのかについて，その全体像を明らかにすることからはじめたい。

第1節　『ヴォイシズ』の全体像

(1) 目的

　『ヴォイシズ』が作成される直接の動機となったのは，薬物・暴力防止連合（a neighborhood-wide drug and violence prevention coalition）の創始者であるパトリック・ウォーカー（Patrick Walker）が，自身の住む地域でギャングの暴力行為により若者が殺傷される事件が起こったことを悲嘆し，子どもたちに社会性を獲得させることの必要性を実感したことにある[*1]。このウォー

─────────────

＊1　Program Inspiration（http://zaner-bloser.com/educator/products/reading/comprehensive/ voices.aspx?id=248, 2011 年 4 月 16 日確認）。『ヴォイシズ』の作成には，多文化文学・社会科教育・都市教育が専門のオハイオ州立大学のシンシア・タイソン（Cynthia Tyson），英語学習が専門のマイアミ大学のマリア・カルロ（Maria Carlo），ネバダ大学のウィリアム・クロス（William E. Cross）がスタッフとして協力している。

193

カーの意志を汲み，1992年からボストンの全ての公立学校において，暴力防止・人格教育プログラム（violence-prevention and character education program）がはじめられた。このプログラムは，さまざまな文化内容を反映した文学作品を通じて表現されるテーマを議論の土台として用いて，対立の解決や社会性の発達を促進するための活動を取り入れることで，リテラシーを高めつつ，子どもたちの社会性を育むことをめざしたものであった。

『ヴォイシズ』の試作本は，このプログラムを土台として作成され，1998年にテネシー州メンフィスの8つの公立学校で使用された。さらに1998年から2004年にかけての7年間，マサチューセッツ州ボストン，ワシントン州シアトル，カリフォルニア州サンフランシスコ，アリゾナ州フェニックス，コロラド州デンバーの5都市において実験的に使用され，その結果をもとにカリキュラムが改善された。以上の12年間に及ぶ検討の末，2004年にリテラシーの指導と人格教育を統合した『ヴォイシズ』が完成した。

このリテラシーの獲得と社会性の発達を関連づける発想は，両者の間には強い関連があるという研究成果に由来する[2]。ジョン・デューイによる「理性と感情，意味と価値の融合がなければ，人格と精神の統合は存在しない」[3]という言葉に代表されるように，両者の関連性は長年の間意識され，また研究が進められてきた。これらの研究成果に学びながら，『ヴォイシズ』では，有能で思慮深く，生涯学び続けることのできる学習者を育てるために，リテラシーと社会的感情的なスキルの発達を統合したプログラム

---

[2]　特に参考にされた研究は，スタンフォード大学のサラ・B・マイルズ（Sarah B. Miles）とデボラ・スティピック（Deborah Stipek）が行った，社会的スキル（ここでは「攻撃性」と「向社会的行動」）とリテラシー獲得の関連性に関する研究である（Miles, S. & Stipek, D., Contemporaneous and Longitudinal Associations Between Social Behavior and Literacy Achievement in Low-Income Elementary School Children, *Child Development*, Vol.77, No.1, 2006, pp.103-117）。本研究でマイルズたちは，学年が上がるにつれて，リテラシーの獲得とともに攻撃性の低下傾向があることを明らかにした。

[3]　Dewey, J., *How we think*, Boston: D. C. Heath, 1910.

が作成された*4。

ここには，ヘッド・スタート・プログラム実施の際に議論された，認知面と社会・情緒面の両者を育む1つの方途を見出すことができる。すなわち，子どもたちの社会性を育むことに主眼を置きながら，他者との交流の場や議論の場を設けるだけでなく，その交流や議論の土台となるリテラシーの育成を同時に重視しているのである。そしてこのことによって，子どもたちが将来，社会で生きて働くために必要な，認知面と社会・情緒面の発達の実現をめざしている。ではこの目的を，どのような手立てを用いて達成しようとしているのだろうか。

(2) 構成

『ヴォイシズ』では，リテラシーの獲得が，指導の軸に置かれている。そこでリテラシーの獲得に向けて，「音素への気づき」や「語彙」，「理解」などの要素を含み込んだ指導が準備されている。ただし『ヴォイシズ』において最も重視されているのは，教師が子どもたちに効果的にリテラシーの指導を行うという段階を越えて，子どもたちが社会的な環境のなかで学びながら，他者と積極的に交流できるようになるためのスキルを育むための支援を行うことである。

そこで『ヴォイシズ』では，リテラシーと社会性を発達させるために，6つのテーマにもとづいた指導を行うことで，子どもたちが切実に学習内容を捉えることができるようにカリキュラムが構成されている。社会性発達のための6つのテーマとは，「自己認識の確立（identify awareness）」，「視点の獲得（perspective taking）」，「対立の解決（conflict resolution）」，「社会認識（social awareness）」，「愛と友情（love and friendship）」，「自由と民主主義（freedom and democracy）」である。これら6つのテーマは，社会・情緒的な学習にとって重要であると特定されてきた要素を網羅するものである*5。

＊4　Research Base with Bibliography for Voices Reading, p.2 (http://www.zaner-bloser.com/ WorkArea/DownloadAsset.aspx?id=5928，2011年7月25日確認).

＊5　Research Base with Bibliography for Voices Reading, *op. cit.*, pp.7-8.

さらに表6-1に示す通り，6つのテーマそれぞれに，学年ごとの「核と
なる問い（central question）」が設定されている。ここでは，自分の内面に目
を向けることや，偏見や差別，地球的諸問題などを解決する方途を探究す
ること，友人や家族との関わり合いを育むための視点を確保すること，ア
メリカという国家が生まれた理由やそこでの葛藤に目を向けることがめざ
されている。これらの問いは，子どもの興味や経験を重視し，そこから学
習をはじめることに留意しながらも，友人や家族の問題，さらには国家・
地球規模の問題へと視点を広げること，さらにはさまざまな場面で起こる
問題の解決に向けた方途を探究することを学習に位置づける目的で設定さ
れている。
　「核となる問い」は，これらの目的を子どもたちが主体的に学習できるよ
うに，子どもたちを主語において記述されている。ここには，「RAND読
解研究グループ」で合意された「読者」と「社会文化的文脈」を考慮した
指導を重視する意図が反映されている。つまり子どもたちの既有知識を尊
重しながら，学校の学習と日々の生活を連続させ，社会で生きて働くこと
のできる学力を育むことがめざされているのである。
　『ヴォイシズ』のカリキュラムでは，この6つのテーマを指導するために，
さまざまな文化が描かれた教材が採用されている。子どもたちに多様性を
理解し，自分とは異なる人種や文化の人々とどのように尊重し合えるのか，
協力することができるのか，公平に付き合うことができるのかについて探
究することを促すために，多文化への注意を喚起することをめざしている
ためである。ここには，公民権運動以来，補償教育の必要性が叫ばれてき
たアメリカにおいて，多文化理解が子どもたちを取り巻く現状の改善につ
ながるとの考えが反映されている。
　このように『ヴォイシズ』では，共感を抱くこと，対立を解決するため
の方法を議論すること，公平と正義のために立ち上がる方法について考察
することがめざされている[6]。以上の目的と構成をもつ『ヴォイシズ』に

＊6　Research Base with Bibliography for Voices Reading, *op. cit.*, pp.8-9.

表 6-1 『ヴォイシズ』における「核となる問い」

	自己認識の確立	視点の獲得	対立の解決	社会認識	愛と友情	自由と民主主義
K	何が私達を特別にするの？	私はどんな気持ち？	どうすれは仲よくできるだろう？	お互いのように接するべきだろう？	何が家族を作るのだろう？	どうすればお互いを気遣えるだろう？
G1	私は誰？あなたは誰？	私はどんな気持ち？あなたはどんな気持ち？	私達が問題を解決するための異なる方法とはどんなもの？	どうすればお互いを尊敬できるだろう？	何がいい友達を作るのだろう？	何がいい隣人を作るのだろう？
G2	私達はどのように似ている？違っている？	他者に物を与えたとき，どんな気持ち？	相手が私達よりも強い場合，どのように対立を解決する？	平等とは何？	どうすれば目標を達成できるだろう？	アメリカの契約とは？
G3	あなたの好きな場所はどこ？	どうすればお互いの気持ちに配慮できる？	どうすれば私達の生活での対立を解決できる？	どうすれば障害を乗り越え，夢を追求できる？	どうすれば子どもは違いを生むことができる？	どうすれば権利のために立ち上がる地域として協力できる？
G4	あなたはどこから来たの？	異文化の人々を理解するために，何ができるだろう？	地域の問題をどのように解決することができるだろう？	どうすれば固定観念や偏見，差別に挑むことができるだろう？	どのように意見の不一致が私達の関係を強化するのだろう？	どうすれば自分の意見を聞いてもらえるだろうか？
G5	私達の物語とは何？	人間にとって自由とは何を意味するのだろう？	対立場面で何を選択する？	よりよい世界のために何ができる？	友情の障壁とは何？それはどのように乗り越えられる？	どうすれば，自由に生きるために，闘い続けることができるのか？
G6	私達の夢とゴールは何？	どうすれば対立する感性と価値観を理解できるだろう？	どうすればからかいと排除に対応できるだろう？	私達はどのような世界に暮らしたいだろう？	家族と友人は，私達が希望をもち続けられるようどのように助けてくれているのだろう？	どうすれば知識は私達を自由にしてくれるのだろう？

（『ヴォイシズ』HP（http://content.yudu.com/A1ocw2/ZanerBloserK8Cat2010/resources/index.htm，2011年7月25日確認），pp.12-18をもとに筆者作成。K は kindergarten，G は grade の略であり，K は幼稚園段階，G1〜6 は小学校第1〜6学年を指す。）

は，各学年各テーマに1冊の指導書が作成されている。そこで次節では，この指導書を検討し，具体的な『ヴォイシズ』の内容とその特徴を明らかにしたい。

第2節 『ヴォイシズ』の内容とその特徴——単元の分析

　本節では，『ヴォイシズ』の内容とその特徴を検討するために，6つめのテーマ「自由と民主主義」の幼稚園段階と第5学年段階の2学年分の単元分析を行う。これらの指導書を取り上げる理由は，以下2点ある。

① 第1章で確認したように，貧困層の3〜5歳児を対象としたヘッド・スタート・プログラムでは，認知面と社会・情緒面の発達を両立させることに困難が見られた。一方『ヴォイシズ』では，リテラシーの獲得と社会性の発達を両立させるプログラムが構想されている。そこで幼稚園段階の指導書における，両者の発達の具体的な手立てを分析することで，アメリカの補償教育が抱える課題を乗り越える可能性を検討することができる。

② 「自由と民主主義」では，計7学年の指導を通して，アメリカにおいて自由と民主主義が獲得されていく過程を学習することがめざされ，アメリカ市民としての獲得すべき歴史的認識が教材に埋め込まれている。そのため，リーディング・ファーストの問題点として挙げられた「理解」の扱いの弱さが，『ヴォイシズ』において克服されているのかどうかを検討することができる。またその際，特に第5学年では，自由と民主主義を獲得するための葛藤や，社会に参加する際に見るべき社会の歪みが描かれているため，『ヴォイシズ』においてめざされている社会像を読み取ることができると考えられるためである。

　以上の理由から，本節では幼稚園と第5学年の単元「自由と民主主義」

を分析する。なお『ヴォイシズ』は，各学年各テーマ6週間で構成されており，各週60分もしくは90分の授業を週5日行うよう設定されている。つまり60分もしくは90分の授業を1時限と数えれば，1テーマ30時限のカリキュラムとなる。ではまず幼稚園段階の単元から見ていこう。

(1) 幼稚園段階

　幼稚園段階の単元「自由と民主主義」には，「どうすればお互いを気遣えるだろう？」という「核となる問い」が設定されている。単元「自由と民主主義」においてこの問いが設定されるのは，以下の理由のためである。民主主義国家であるアメリカでは，個人が自由に振る舞う権利と，国政に対して発言する権利を有している。ただしここでは，自分たちの生活に関する決定権をもつだけでなく，同時に他者を気遣う責任をもっている。そのため，民主主義国家で生きるためには，自分の権利を主張するだけでなく，家族・教室・学校・地域の一員として，配慮あるコミュニティの形成に貢献するために，声（voices）と行為（action）を使い，他者の権利を尊重する姿勢を身につける必要がある。そこで本単元を最初に学習する幼稚園段階では，お互いを気遣うための方途を探究することがめざされているのである。

　この「核となる問い」を探究するために，本単元では，表6-2に示す通り，各週に1冊の文学作品と詩が割り当てられている[*7]。文学作品の指導では，子どもたちに獲得させたい理解を「焦点」として取り出している。これは，文学作品を詳細に読み取るのではなく，「自由と民主主義」というテーマと関連する各文学作品を通じて描かれる意味に焦点をあてることが意図されているためである。

　1週目では，親切な言葉と行為によって他者を驚かせる方法についてのアイデアを引き出す。2週目では，危険な状況を予防したり避けたりする

---

*7　Selman, R. L. & Snow, C. E., *Voices Reading: theme6 gradeK teacher edition*, Columbus: Zaner-Bloser, 2005, p.T6.

表 6-2　単元「自由と民主主義」（幼稚園段階）

	文学作品	焦点（focus）	詩
1	『ワニの子守歌—フィリピンの民話』（ホセ・アルエゴ, アリアン・デューイ）	朗らかさと思いやりの価値（Values of Cheerfulness and Kindness）	"Nina-Nena-Nelo"（ユーゾー・ウノバガ）
		親切な言葉と行為をもった意外な人物に注目する。	
2	『タクシー犬の冒険』（デブラ・サル・バラッカ）	自由と民主主義の健全な影響と有害な影響（Freedom and Democracy of Healthy and Harmful Influences）	"Can I, Can I, Catch the Wind"（パト・モラ）
		危険を特定し，安全に関する知識を発達させる。	
3	『新しい月』（ペジ・デイズ・シア）	思いやりのある計画（My Caring Plan）	"One, Two, Three, Four, Five"（ユーゾー・ウノバガ）
		友達が興味のあることを追求できる方法に注目する。	
4	『ティアのためのバースディバスケット』（パット・モラ）	二人称の視点の獲得（second-person perspective taking）	"We Can"（作者不明）
		贈り物の受け手を喜ばせるものに注目する。	
5	『カイラのように』（アンジェラ・ジョンソン）	民主主義に関わる価値：責任，他者を手助けする，よいお手本になる（Values Related to Democracy: responsibility, Helping Others, Being a Good Role Model）	"To Catch a Fish"（エロイース・グリーンフィールド）
		学校でよいお手本となることに注目する。	
6	『決して友達にはならないと考えていたことについて考える』（メアリー・アン・ホバーマン）	感謝の価値（Value of Appreciation）	"The Little Boat"（作者不明）
		教師に対する感謝の手紙を書くことに注目する。	

（出典：Selman, R. L. & Snow, C. E., *Voices Reading: theme6 gradeK teacher edition*, Columbus: Zaner-Bloser, 2005, p.T2 および T6 をもとに筆者が訳出し作成。）

ための秘訣を学習する。3週目では，パートナーとお互いの興味を追求することを可能にする方法を見つけることができる計画を立てる。4週目では，受け手の要求や依頼に注目した贈り物について考える。5週目では，教室内でよいお手本になるための方法を見つけ，6週目では，教師に対して感謝の手紙を書くことがめざされる。これらの学習を通して，お互いを気遣うための方途を学んでいく。

　では，具体的に何を学習することが計画されているのだろうか。まず指導書では，資料6-1に示すように，各週で扱う作品や，扱うフォニックス，理解を導くためのスキルや方略等が一覧として示されている。例えば，1週目に割り当てられている文学作品は，フィリピンに伝わる寓話の再話で，ホセ・アルエゴ（Jose Aruego）とアリアン・デューイ（Ariane Dewey）による『ワニの子守唄（*rockabye crocodile*）』である。この物語には，2匹のイノシシ，アマベル（Amabel）とネッティ（Nettie），母親ワニと赤ちゃんワニが登場する。母親ワニは，泣き止まない赤ちゃんワニを寝かしつけてもらおうと，子守唄の得意なアマベルに頼みに行く。優しい子守唄で無事眠りについたお礼に，母親ワニはアマベルに魚の入った籠を渡す。それを見ていたネッティは，アマベルをまねて，魚を手に入れようとする。しかしワニの家に行くものの，赤ちゃんワニはぐっすりと眠っており，ネッティの出る幕はない。そこでネッティは，赤ちゃんワニを蹴って起こし，子守唄を歌って寝かしつけようとするものの，赤ちゃんワニは泣き止まない。その様子を見た母親ワニは，籠を渡し，帰ってほしいと告げる。籠を受け取ったネッティは，すぐに家に帰り，誰にも取られないように戸締りをする。しかし，籠を開けてみると，そこには恐ろしい蛇が入っていた，という物語である。母親ワニを喜んで助けるアマベルと，利己的なネッティが対比的に描かれており，「どうすればお互いを気遣えるだろう？」という核となる問いが導き出される物語である。

　この作品を読むにあたって，まずは「思いやり（caring）」という言葉を背景知識として学習する。「思いやり」の事例として，レイ（Ray）とアン（An）が登場する短い物語の読み聞かせを行う。レイには，妊娠で入院中

の母親と，それに付き添う父親がおり，隣の家に住むアンに助けてもらいながら生活している。この物語の読み聞かせの後，「なぜレイの家族は助けを必要としていたのか？」「アンの家族は，どうやって助けたのか？」「あなたの家族は，隣の家族を助けたことがあるか？」などの問いに答えることで，「思いやり」という言葉の意味を具体的に知る。そして教師は，『ワニの子守唄』には「思いやり」という言葉が関連していることを伝える。

　この学習を踏まえたうえで，『ワニの子守唄』の学習に進んでいく。この単元では，理解スキルとして「問題と解決（problem & solving）」が，理解方略として「予測と推論（predict & infer）」が設定されている。理解スキル「問題と解決」は，物語のなかで描かれる問題とその解決方法を捉えるものである。『ワニの子守唄』では，2匹のイノシシが食料を得なければならない姿や，赤ちゃんワニが泣き止まないことに困っている母親ワニの姿が描かれている。そこで，これらを「問題」としてとらえ，どのようにこの問題が解決されたのかを読み取るのである。

　理解方略「予測と推論」とは，物語中の文章や挿絵を用いて，次の展開を予測・推論するものである。この単元では，2匹のイノシシの挿絵の描かれ方を踏まえて，どのような性格か，2匹に何が起こりそうなのかを予測・推論させる（資料6-2）。この理解スキルと理解方略の指導は，教師による読み聞かせの前後に，教師による発問によって促されるものである。教師の読み聞かせを聞きながら，問いに答えるなかで内容理解を深めるために用いられる。

　本単元の詩の指導では，リズムよく詩を音読するなかで，「音素への気づき」を獲得することがめざされる。資料6-3に示すのは，第4週に設定されている詩 “We Can” である。この詩は2連で構成されており，第1連では跳んだり，手を叩いたりするという体の動きが，第2連ではうなずくことで肯定を，頭を振ることで否定を表すことができるという動きが表現されている。見開き1ページで構成され，左側に詩，右側に挿絵が置かれている。指導の際には，まずは挿絵を見ることで，詩で描かれる世界を視覚的にとらえることが促される。そのうえで，“We Can” では，まずは can と

第6章 『ヴォイシズ・リーディング』にみる可能性

資料6-1 幼稚園段階・第1週における教育内容

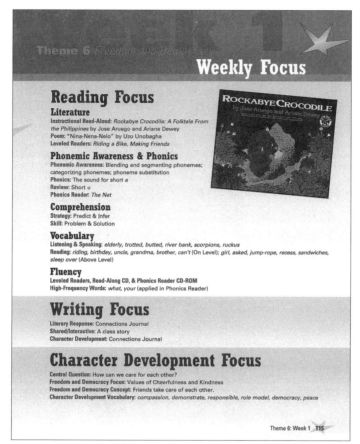

『ワニの子守唄』という作品を通して,「どうすればお互いを気遣えるだろう？」という核となる問いに直結するテーマが導き出されるように,単元が構成されている。

(出典：Selman, R. L. & Snow, C. E., *Voices Reading: theme6 gradeK teacher edition*, Columbus: Zaner-Bloser, 2005, p.T15.)

資料 6-2 『ワニの子守唄』の挿絵。2 匹のイノシシの描かれ方から，どのような性格か，2 匹に何が起こりそうか，予測・推論させる。

（出典：Aruego, J. and Dewey, A., *Rockabye Crocodile*, Greenwillow Books, 1993, p.3.）

いう単語のそれぞれの音素を /k/-/a/-/n/ と強調しながら読み上げ，3 つの音素に気づかせていく。さらに，jump や hop の /u/ や /o/ を強調して読み上げることで，単語の中央部の音素を強調するという共通点にも気づかせていく。

このように幼稚園段階の単元「自由と民主主義」では，民主主義国家であるアメリカにおいて，自由に発言する権利を有すること，同時に他者に対する気遣いが必要であることを意識させるための単元構成となっている。これらを理解するために，文学作品では理解スキルと理解方略の指導，詩では音素への気づきと，肯定と否定を身体的に表現することの指導がそれぞれ行われている。どちらの指導においても，「どうすればお互いを気遣えるだろう？」という核となる問いに内容的に関連づいた教材が選択されることで，基礎的な知識やスキルの指導と，文学作品等の内容面での指導が両立できるように構成されている。ではこのような「自由と民主主義」

第6章　『ヴォイシズ・リーディング』にみる可能性

資料 6-3　教材：We Can

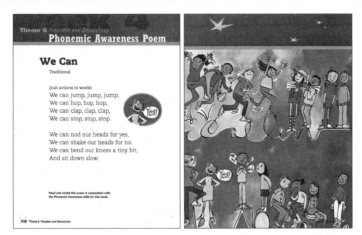

詩の音読を通して，音素の発音や強調とともに，肯定と否定を身体的に表現することに気づかせていく。

（出典：Selman, R. L. & Snow, C. E., *Voices Reading: theme6 gradeK teacher edition*, Columbus: Zaner-Bloser, 2005, pp.T178-T179.）

に関する学習は，その後どのように発展していくのだろうか。第5学年段階の単元を見てみよう。

(2) 第5学年段階

　第5学年段階の単元には，「どうすれば，自由に生きるために，闘い続けることができるのか？」という「核となる問い」が設定されている。この問いに迫るため，表6-3に示す通り，5週目までは3種の文学作品を用いた学習，6週目では語句や文法などのテストとともに，テーマ・プロジェクトが設定されている。文学作品を用いた学習においては，作品中に登場する単語のなかで特に焦点を当てるもの［表6-3の「焦点」］と文学作品の学習を通じて子どもに獲得させたい重要な概念［表6-3の「概念」］が設定

205

表 6-3　単元「自由と民主主義」（第 5 学年段階）

	文学作品	焦点（focus）	概念（concept）
1	『私は約束の地を見た—キング牧師の生涯』（ウォルター・ディーン・マイヤーズ）	人種的平等（**Racial Equality**）・経済的正義（**Economic justice**）・平和（**Peace**）	非暴力（Nonviolent）
		キング牧師の事例と，彼の人種的平等・非暴力による社会変化・餓えと貧困と戦争のない世界に対する夢	ボイコットとデモは，自由のための非暴力の方法である
2	『シーザー・チャベス—みんなのヒーロー』（ゲイリー・ソト）	人種的平等・経済的正義・移民の権利（**Immigrants' Rights**）・非暴力による抗議（**Nonviolent Protest**）	組織（Organize）
		・移民の農業労働者の不公平な労働環境 ・共に働くことによって，変化を起こす	私たちの権利を守るために組織する
3		人種的平等・経済的正義・非暴力による抗議	同盟（Alliance）
		不正に立ち向かい，社会的抗議と行為の非暴力による方法を通してルールを変更する	同盟は私たちを強くする
4	『ヴィンセント・チンと私の日』（ジャクリーン・ターナー・バンクス）	人種的正義・社会的抗議と変化（**Social Protest and Change**）	参加（Participate）
		社会的行為に内在するリスクと重要性	人種差別と不正に抗議するために参加できる
5		社会的正義（**Social Justice**）・歴史を思い出す（**Remembering Our Story**）	遺産（Legacy）
		不正の被害者たちの遺産と変化のために立ち上がった人々を思い出し，歴史に刻むことの重要性	教育を行うことによって，不正の被害者たちの遺産を受け継ぐ
6	復習と評価（テストとテーマ・プロジェクト）		

（出典：Selman, R. L. & Snow, C. E., *Voices Reading: theme6 grade5 teacher edition*, Columbus: Zaner-Bloser, 2007, p.T6 をもとに筆者が訳出し作成。）

されている。6週間の間に，子どもたちに既有の知識と結びつけさせたり，自分の考えを書かせたりする活動を位置付けることによって，子どもたちの経験や意見と文学作品の学習を関連づけることが意図されている。では具体的にどのような学習活動が構想されているのだろうか。1週目のカリキュラムを見てみよう。

1週目のカリキュラムでは，オルター・ディーン・マイヤーズ（Walter Dean Myers）による『私は約束の地を見た——キング牧師の生涯（*I've seen the promised land: The life of Dr. Martin Luther King. Jr.*)』という作品が取り上げられる。この作品では，キング牧師が公民権運動において最も重要な人物であったこと，非暴力による抗議運動を行うにあたってマハトマ・ガンジー（Mahatma Gandhi）の考えを参考にしたこと，キング牧師による平和と平等のメッセージは，アフリカ系アメリカ人が前へ進む助けとなったことが記されている。「私は約束の地を見た」というフレーズは，キング牧師が暗殺される前日の1968年4月3日に行った演説のなかで発した言葉である*8。この演説では，暗殺されることを予期していたかのようなフレーズが見られるが，このフレーズを学習することを通して，同じ公民権運動の担い手であってもキング牧師と異なる抗議方法を手段として用いた人物がいたことや，キング牧師暗殺後のアメリカ社会の変容について学習を行うことが意図されている。このことによって，子どもたちに多面的に物事を考察する学習を行わせるのである。

単元の冒頭では，本単元の「核となる問い」，すなわち「どうすれば，自

---

*8　以下，4月3日のキング牧師の演説の最後の部分。＿＿の部分が，キング牧師が暗殺を予期していたと考えられるフレーズである。"We've got some difficult days ahead. But it really doesn't matter with me now, because I've been to the mountaintop. And I don't mind... Like anybody, I would like to live a long life. Longevity has its place. But I'm not concerned about that now. I just want to do God's will. And He's allowed me to go up to the mountain. And I've looked over. And I've seen the Promised Land. I may not get there with you. But I want you to know tonight, that we, as a people, will get to the Promised Land. And so I'm happy tonight. I'm not worried about anything. I'm not fearing any man. My eyes have seen the glory of the coming of the lord."

由に生きるために，闘い続けることができるのか？」と子どもたちに問いかけることからはじまる。そしてこの問いに取り組むため，1日目の文学作品の指導では，作品の内容と関連のある既習事項を思い出すとともに，子どもたち自身の考えを引き出すことがめざされる。『ヴォイシズ』で学習してきた子どもたちは，ホロコーストの犠牲者となったユダヤ人のハナ・ブレイディ（Hana Brady）やアラバマ州でバスの運転手の命令に背き白人に席を譲ることを拒み逮捕されたローザ・パークスらについて学んでいる[*9]。そこで，彼女らが自由を得るためにどのように闘ってきたのかを振り返らせるのである。ここには，「RAND読解研究グループ」で重視された，読者の既有知識を尊重する考えが反映されている。

　次に，本単元において獲得がめざされる「概念」を提示し，その「概念」が「自由と民主主義」のために闘う方法と関連していることを説明したり，教師自身の自由に対する考え方を例示したりすることによって，子どもたちの「自由と民主主義」というテーマに関する思考を活性化させていく。その後，「現代を生きる自分たちにとって，自由とは何を意味しているのか」という問いに対する自分なりの答えを「ジャーナル（journal）」に書かせる。「ジャーナル」は，子どもたちが日々の学習で感じたことをメモ程度に記したり，与えられたテーマにもとづいて自分の意見を書き込んだりする際に使用するものである。テーマに関する子どもの思考を活性化させ，「ジャーナル」に意見を書かせることによって，子どもたちの経験や意見と文学作品の学習を関連づける素地を作るのである。

　2日目以降は，さらに具体的な文学作品の内容の理解をめざした指導が行われる。まず2日目は，キング牧師が公民権運動に至るまでの経緯を学習し，キング牧師が公民権運動への信念をもち続けていたことを知ることがめざされる。3日目は，具体的に公民権運動の中身に迫る。まず公民権運動に「誰が参加したのか？」「どこではじまり，どのように広がっていっ

---

*9　その他にも，アフリカ系アメリカ人女性を教育したロゼッタ・ダグラス（Rosetta Douglass, 1839-1906），ラテンアメリカ圏で初めてノーベル文学賞を受賞したガブリエラ・ミストラル（Gabriela Mistral, 1889-1957）らについて学んでいる。

たのか？」を読みとる。さらに批判的にテキストを読むための問いも設定されている。例えば、「なぜ、公民権運動のリーダーのなかに、暴力を通してだけ目標を達成できると信じていた人々がいたのか？」という問いは、先述した通り、同じ公民権運動であっても立場によって異なる抗議行動を行っていたという事実を確認しつつ、「非暴力」という手段を用いたキング牧師の信念を浮き上がらせるものである。

以上の内容理解、さらにその内容の批判的な理解に加えて、「あなたの学校やコミュニティで起こった問題に抗議するために、あなたはどのようなデモを組織しますか？」という架空の状況を設定し、自分の考えを書く活動が構想されている。このような、子どもたちが学習内容を己のこととして捉える学習活動は4日目の指導においても行われ、ワシントン大行進のまとめ役であると想像させたり、子どもが問題だと感じ抗議したい社会における問題を思い起こさせたり、その抗議活動を行うためのスローガンとポスターを作らせる活動などが構想されている。

以上の学習を踏まえ、5日目には再び「核となる問い」が投げかけられる。そして、「キング牧師の遺産とは何か？」、「キング牧師の事例を引き継ぎ、『自由と民主主義』の道を歩み続けるために、何ができるのか？」を考えることで、1週目のカリキュラムを通して「自由と民主主義」について学んだことを統合するよう促していく。

文学作品の指導においては、以上のような内容面に関わる指導に加えて、学習を行うための方法面に関わる指導も行われる。1週目のカリキュラムでは、理解方略として「要約（Summarize）」が取り上げられる。要約とは、テキストにおいて最も重要な箇所を再話させることである。本単元では、要約に含むべき要素として、文学作品では「主人公」と「話の筋」、説明的文章では「重要な概念」と「論点を補強する例証」が挙げられている。この方法面に関する指導は、教師が教え、見本を見せ、子どもが練習を行い、応用問題に取り組むという一連の流れで行われる。要約に含み込むべき要素を説明し、本の裏表紙や見返しの要約を参考にさせながら、文学作品の要約を書かせる。このことにより、方法面に関する習得から活用に向けて

209

の筋道が立てられている。

　さらに1週目のカリキュラムには，文学作品の理解を促すことを目的として，『ヴォイシズ・テーマ・コレクション（Voices Theme Collection）』（以下，『コレクション』）の指導が組み込まれている。『コレクション』には，数種の作品が収められており，「文学作品」と理解スキル，「概念」の指導を関連づける目的で配置されている[*10]。1週目の『コレクション』には，キング牧師が参考にしたマハトマ・ガンジーの「塩の行進（salt march）」に関する作品が掲載され，「非暴力」という「概念」を深めることができるよう教材が準備されている。このように1週目のカリキュラムには，キング牧師の生涯を描いた文学作品の理解の指導と，その理解を促すための理解方略と『コレクション』の指導が組み込まれているのである。では，このような学習活動をどのような評価課題を用いて見取ろうとしているのだろうか。

　本単元の最終週，6週目のカリキュムには，語句や文法のテストとともに，「弁論大会（orators' forum）」というテーマ・プロジェクトが構想されている。これは，子どもたちに単元「自由と民主主義」で学んだ知識を使って，スピーチを行わせるものである。スピーチを行う際には，取り上げる内容が重要な社会問題であること，民主主義において発言を行うことの重要性について，他者の意識を向上させることが求められる。テーマ・プロジェクトを設定することによって，子どもたちはより大きなコミュニティに貢献する一員として学習に取り組んでいることを意識できるようになる。このような評価課題を設定する理由は，子どもに身に付けさせたい学力に応じて評価課題を使い分ける必要があるという「RAND読解研究グループ」で合意された評価観にもとづいている。すなわち，子どもたちに読むことの学力を身に付けさせるためには，語彙や文法などの要素を欠かすことはできないが，それらはチェックリストや多肢選択式の評価課題を用い

---

*10　Selman, R. L. & Snow, C. E., *Voices Reading: theme6 grade5 teacher edition*, Columbus: Zaner-Bloser, 2007, p.T2. また『コレクション』には，各週の概念に関わる画像が掲載されている。これを子どもに示すことにより，「非暴力」という概念に関する議論を促すことが意図されている。

第6章　『ヴォイシズ・リーディング』にみる可能性

て評価することができる。しかし同種の評価課題を用いてテキストの理解を評価することはできない。また本単元は、「自由に生きるためにどうすれば闘い続けることができるのか」という「核となる問い」にもとづき構想されたものであり、これはアメリカにおける歴史的な事実を学ぶことだけでなく、実際に闘い続ける方法についても学習することがめざされている。そのため『ヴォイシズ』においては、子どもたちが単元を通じて学んできた内容を発揮できる場としてテーマ・プロジェクトを設け、子どもたちに自由に生きるためのひとつの手段であるスピーチを行わせるのである。

　このように『ヴォイシズ』では、子どもたちのリテラシーの獲得と社会性の発達をめざした授業を行えるよう、指導書が作成されている。ここでのリテラシーは、文字の読み書きというレベルにとどまらない。第5学年の単元「自由と民主主義」においては、キング牧師の遺産に関する数種の文献を読むこと、アメリカの公民権運動に関わる、対立する立場の学習を行うことにより、多面的な視点をもった学習が行えるよう、教材が設定されている。そして、アメリカが「自由と民主主義」を獲得していく過程を学習することをめざして、そこで重要となる概念を学ぶとともに、その概念を使って他者に働きかける練習を行わせる場面が設定されている。

　このことは、第3章で取り上げたビゲローの実践が抱えていた課題の克服の道筋が拓かれているとも言える。ビゲローは、生徒たちに批判的に自らの教室を観察するように促していた。しかしながら、その観察を通じて、生徒たちに無力感を持たせることになってしまっていた。弁論大会の開催は、子どもたちの直面している状況を解決するための一手段である。この意味において、公民権運動というアメリカにおける歴史的事実を「内容」として学習するだけでなく、他者への働きかけを実現する「方法」自体を学習させることが志向されていると言えよう。

　第5章で見てきたスノーによるリテラシー概念の規定は、基礎的であり、要素的であり、また具体的な「内容」に関する議論が行われていないものであった。しかしながら、社会性の発達をめざす『ヴォイシズ』と結びつくことによって、基礎的な知識やスキルの域を超えて、読むことの「基礎

211

的なスキル」とアメリカ国民としての教養を「内容」とする「理解」を合わせもつものとして、具体化されている。ここに、ヘッド・スタート・プログラムが開始されて以降議論されてきた、認知面と社会・情緒面の発達を促す手立て、さらにはリーディング・ファーストで議論された「基礎的なスキル」と「理解」の統合を実現する方途が体現されており、アメリカにおける補償教育の課題を克服するための一方途が示されていると言えるだろう。

　ただし、『コレクション』を含め、『ヴォイシズ』で使用される教材の選択には留意が必要である。『コレクション』に収められている作品の1つ、『学校は白じゃない！——公民権運動の真実の物語 (*The School Is Not White!: A True Story of Civil Right Movement*)』は、公民権運動を機に、1つの学校に複数の人種が通うことを題材とした歴史的フィクションである。資料6-4に示す挿絵から推察できるように、黒人の少年が主人公であり、統合教育政策のため、スクールバスに乗車して学校へ通う様子が描かれている。

　物語の冒頭は、「1965年9月3日、メイ・バーサとマシュー・カーターは、彼らの子どもたちが、艶やかな黄色いスクールバスに乗って戦場に行くのを眺めていた (On September 3, 1965, Mae Bertha and Matthew Carter watched their children go off to was in shiny yellow school bus)」という記述からはじまる。1965年9月3日という表記から、初等中等教育法が施行された年の、夏休み明けすぐの出来事であること、学校に通うことが戦場に行くことと同等の意味を持つものとして捉えられていることがわかる。しかしながら、両親は、「カールの将来は、教育にかかっている」と考え、子どもたちの通学を励まし続けた。本文中には、子どもたちが卒業まで白人の生徒や教師から嫌がらせを受け続けたこと、嫌がらせに負けずに登校し続けたことは、他の黒人の子どもたちを勇気づける出来事として語られるようになったこと、子どもたちによりよい生活を送れるようになってほしいという願いが実現したことが記され、物語は締めくくられている。

　初等中等教育法制定後、異なる人種の子どもたちが同じ学校で学習を進めていくことが決定した後も、人種による差別的な行為が継続されたのは

第6章　『ヴォイシズ・リーディング』にみる可能性

資料 6-4　『学校は白じゃない！』の一場面

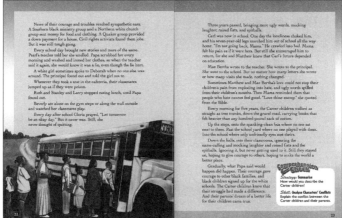

黒人の少年を主人公とした歴史フィクション。統合教育政策のため，スクールバスに乗車して学校へ通う様子が描かれている。

（出典：Selman, R. & Snow, C. E. (Lead Authors), *Voices Reading: theme6 collection: Freedom & Democracy*, Columbus: Zaner-Bloser, 2008, pp.T20-23.）

213

事実であり，この物語もそのような事実をもとに記述がすすめられている。ただし，本文中で表記される，情景と人物の描写には，作者の価値判断が表われている。例えば，「学校を 3 年生で退学した母は，白人教師よりも賢かった（Mama who left school at a third-grade level, was smarter than any white teachers.)」と記述され，人種に関する印象が限定的に描かれている。子どもたちの自文化への自尊感情を高めるために，他文化を否定する描写がなされること，またその描写への注目が促されないことは，文化間の隔たりを強化する危険性をもつ。そのため，子どもたち自身が価値判断できるようになるためには，これら作者による価値判断自体を批判的に捉えなおすことを求める必要があるだろう。

第3節 「自立した読者」を育てる長期的な道筋

　本章では，アメリカにおいてリテラシーの獲得と社会性の発達のために作成された教材集『ヴォイシズ』を取り上げ，スノーの重視する読みの指導の具体像を明らかにするとともに，その要素がどのように『ヴォイシズ』において具現化されているのか，アメリカの補償教育が抱える課題を克服できているのかを検討した。

　その結果，『ヴォイシズ』では，さまざまな文化が描かれた文学作品を用いて音素への気付きや理解スキル，理解方略を指導していること，また第5学年では理解スキルや理解方略を「知識」として指導し，またそれを「応用」する機会を設けていること，「文学作品」の内容と関連する子どもの既有知識を活性化させ，それにもとづいた「理解」の獲得をめざしていることが明らかとなった。ここから，リーディング・ファーストに関わって議論されていた，読むためのスキルとテキスト内容の理解の指導を両立するための方途が，『ヴォイシズ』において実現されていると評価できた。

2000 年代以降のアメリカでは，NCLB 法にもとづき，教育政策が展開するなかで，文学作品を読む機会が十分に確保されていない現状があった。ここには，一方では，標準テストの実施とそれに伴う制裁措置という外在的な要因が見出せるものの，文学にもとづく指導のもつ内在的な要因，すなわち基礎的な読みのスキルをいかに指導に位置づけるのかという課題を抱えていると考えられた。この点に関して『ヴォイシズ』では，文学作品にもとづく指導を軸に据えながら，発達段階に応じたスキルや方略の指導をカリキュラム内に位置づけることで，文学にもとづく指導を行える手立てを講じていた。異なる文化的背景を持つ個人とコミュニケートできるようになるための，長期的カリキュラムの一例として評価することができるだろう。

終章

　本書では，1950 年代から 2000 年代前半までのアメリカで実施される言語教育において，子どもたちの多様な文化的背景を尊重しながら，いかに言語に関する学力保障の実現がめざされているのかという課題にアプローチしてきた。

　アメリカでは，1950 年代から展開した公民権運動を背景に，人種や民族といった子どもたちの多様な文化的背景から生じる不平等や所得格差を是正するために，彼らの持つ文化を尊重することが広く認められてきた。しかしながら，多様な文化的背景を尊重するカリキュラムが構想・実践されることによって，子どもたちの学力低下や，教育格差の拡大が引き起こされていることが指摘されていた。また，多様な文化的背景を尊重したり，承認したりするだけでは，不平等の解消にならないことも指摘されていた。そのため，「多文化性の尊重」と「学力保障」の両立の問題は，アメリカにおいて解決すべき課題であった。

　そこで本書では，この問題にアプローチするために，次の 2 点をアメリカの言語教育を分析するための視点として設定した。1 点目は，子どもたちが学校に持ち込んでくる多様な文化的背景を尊重するものとして捉える場合，教育目標や教育内容に，どのように文化を位置づけ，どのような授業を行うことで，「多文化性の尊重」と「学力保障」という 2 つの目標を達成することができるのかという視点であった。「同化主義」から「多文化主義」へと発展してきたアメリカにおいては，子どもたちが学校に持ち込んでくる文化は尊重すべきものとして認識されているものの，具体的にどのように対応すべきかが問われていたためであった。

　2 点目は，長期的な言語発達を可能とするような言語教育を実現するためには，何を言語教育の教育内容として選択し，どのような長期的なカリキュラムを構想するのかという視点であった。アメリカでは，これまで教育内容を前倒しすることによって，多文化性に起因する諸問題への対応が図られていた。しかしながら，それは教育の責任を，就学前教育や初等教育の初期の段階に過度に押し付けるものとなっていること，また「第 4 学年のスランプ」と呼ばれる，基礎的な知識やスキルを習得しても，それが

219

小学校第4学年以降の言語発達に継続されていないことが問題視されていた。そのため，何を教育内容として選択し，それをいかに長期的カリキュラムとして具体化するのかを明らかにする必要があった。

　そこで本書では，1950年代から2000年代前半のアメリカの言語教育において，いかに「多文化性の尊重」と「学力保障」の両立が図られようとしてきたのかについて，子どもが学校に持ち込んでくる文化への対処と，長期的カリキュラムという2つの視点から明らかにすることによって，今後の展望を見通すための視点を得ることを目的としてきた。以下，これまでの論述を踏まえた考察と今後の課題を示したい。

第1節　現代アメリカにおける言語教育の歴史から何を学ぶか

(1)「多文化性の尊重」と「学力保障」の両立への不断の実践

　はじめに，現代のアメリカにおける言語教育を考えるにあたって，「多文化性」と「学力」をどのようなものとして捉えるのかという点から考察してみたい。まず，「多文化性」を「尊重」するとは，どういう行為なのだろうか。第1章で取り上げた文化言語アプローチにおいては，マイノリティの文化自体を教材化して実践が行われていた。ここでは，他文化からの干渉を回避することにより，子どもたちの自尊心を高めるという行為が「多文化性の尊重」として捉えられていた。一方，第4章で取り上げたイリノイ州の言語科スタンダードにおいては，異なる文化の学習を促すことが推奨されていた。ここでは，他者の文化を理解しようとする行為が，「多文化性の尊重」として捉えられていた。このように，「多文化性の尊重」という行為は，生まれながらの文化の内部において生きることを励ますことなのか，他者との交流を促しながら相互理解を図ろうとすることなのかという異なるアプローチがあると言える。

220

終章

　つぎに，言語教育において「学力」を「保障」しようとするときの「学力」とは何を指すのだろうか。第1章で見てきたように，文化剥奪論にもとづく補償教育においては，中流所得家庭の子どもたちがもつ文化を経験し，アルファベットを読んだり書いたりすることができるようになることが学力として設定されていた。ただし，文化言語アプローチにおいては，むしろ子どもたちの持つ文化を基盤にした補償教育が展開しており，自文化に対する尊厳を持ち，自分とは異なる文化の人々と共生を図るための素地を獲得するという学力像が描かれていた。

　第2章で取り上げたグレイの機能的リテラシー論は，所属する文化あるいは集団において求められる読み書きの能力の獲得をめざすものであった。これは，グレイが従来のリテラシー教育の目標が低く設定されていたことを嘆き，実際の生活場面で活用されるリテラシー教育を求めたためであった。そのため，読み書きの基礎的なスキルだけでなく，世界の理解を獲得することを含めた学力像が提起されていた。ただし，本文でも明らかにしたように，読み書きの基礎的なスキルと作品の理解があらかじめ結びつけられていた場合，読者の理解が固定化される危険性を持っていた。

　第3章で検討した「基礎に帰れ」運動では，基礎読本を用いた，読み書きのための基礎的なスキルの獲得が重視されていたが，ホール・ランゲージ運動では，真正のテキストを用いた，テキストの意味を創造していく学力を培っていくことがめざされていた。ただし，ビゲローの実践で明らかとなったように，子どもたちの言語経験を書き読み合うなかで「共同のテキスト」を生み出す際，子どもたちが直面した課題を克服する方途を見出せず，子どもたちに無力感を与えてしまう場合があった。そのため，子どもたちが，自らが抱える課題を克服するための方途を考案できるような学力の獲得が必要であった。

　その意味において，第4章で取り上げたイリノイ州の言語科スタンダードは，文学作品を読むという行為において，「作者の視点」を読むことや，作品が生まれた時代背景や社会状況を検討することを求めるものであり，多文化性の存在に気づき，他者との対話を行うことを学力として捉えるも

のであった。子どもたちが直面する課題の克服に向けて，まずは現状を知るための手立てが講じられていると考えられた。

　第5章で取り上げたスノーによる言語教育のための教育内容は，「基礎に帰れ」運動で指摘されていたことと同様に，読み書きの能力を要素的に捉えるものであった。ただし，社会文化的文脈のなかで，読者とテキストの相互作用としてテキスト理解を捉えようとしていた点において，基礎的な知識やスキルの習得を超えたテキスト理解のあり方が示されていると言えた。

　最後に，第6章で扱った『ヴォイシズ』では，子どもたちに自らの意思を伝えるための方法を学習する機会が提供されていた。ここから，子どもたちが直面する不平等の状況に対して，子どもたちが取り組むことのできる解決策が示されていること，その取り組み自体が学力として捉えられていると考えられた。

　以上の検討を踏まえると，子どもたちに保障したい言語の学力として，3つの方向性を示すことができる。1つは，文脈に限定されない読み書きの知識やスキルである。英語で言えば，「音素への気づき」や「フォニックス」など，文字を解読することを求めるものである。もう1つは，子どもたちが生きる社会で使用されている言語そのものである。子どもたちを取り巻く環境で実際に使用されている言語の実態に気づくことを求めるものである。3つめは，他者とコミュニケートするための知識やスキルである。言語使用の現状を踏まえ，よりよい社会を築いていくための手段として言語の使用を求めるものである。これら3つのどの学力の獲得をめざすのかによって，「学力保障」をめざす授業像が変わってくると考えられる。

⑵ 「多文化性の尊重」と「学力保障」を両立する教育内容の選択と長期的カリキュラムの構想

　以上の検討を踏まえて，本書では，子どもたちが学校に持ち込んでくる多様な文化的背景を認めながら，言語に関する学力保障を実現するためには，次の2点が重要であることを指摘したい。

終章

　1点目は，言語教育において学力を保障しようとするときには，必ず共通内容を設定する必要があるということ，その共通性のなかには子どもたちが学校に持ち込んでくる言語文化の多様性を理解するための知識やスキルを含み込む必要があるということである。

　これまで「共通性」と「多様性」は相反するものとして捉えられてきた。なぜなら，「共通性」を確保するという行為には，必ず共通内容とはならないものを選択する，それゆえ結果的に，共通内容として選択されないものを排除するという行為が含まれていたためである。特に，多文化教育においては，多様な文化が反映されたテキストを扱うことによって，子どもたちの多様な文化的背景の尊重が図られている場合があったために，共通性の選択が，多文化性の尊重と対立するものとして存在していた。

　しかしながら，序章で取り上げたように，樋口やエンドレスが主張していた「共通世界の洞察を深く行う」ことを実現するためには，どのような視点で，何を，どのように見ていくことが求められるのかについて共通認識をもたなければ，「多様性」自体が保障されない危険性がある。なぜなら，子どもたちが学校に持ち込んでくる言語文化を克服するものとして考える場合は，子どもたちの文化は低水準のものとして位置づけられていることを意味しているし，また生まれながらの文化の内部において生きることを励ますという意味で多文化が尊重された場合は，互いの文化に無関心であったとしても，表面的には尊重しているものとして機能する場合があるためである。つまり，子どもたちが学校に持ち込む文化を克服するものとして位置づける場合，それは「同化主義」と化す危険性があり，また自文化内で生きることを励ますものとして位置づける場合は，「文化多元主義」が抱える課題を克服することにはつながらなくなる。そのため，この2つの考えにもとづくと，どちらの場合も排除の論理と化してしまう。

　ここから，「多文化性の尊重」と「学力保障」の両立を実現するためには，さまざまな言語文化を読み解く視点を，学力の一部として捉えることが必要であると言える。第1章で見たように，補償教育政策においては，特定の文化的背景を持つ者が共通に有する文化内容として「共通性」が選択さ

223

れていた。そのため，その「特定の文化的背景」をもたないものにとって
は，「共通性」の獲得が，異文化の習得を意味していた。また第2章で見た
ように，「子どもたちの言語経験を重視する」という発想は，子どもの身近
な言語文化を取り上げることによって，自文化の習得を促すことにはなる
が，自文化内に埋没し，他文化とのコミュニケーションが実現されない危
険性があった。

　このような状況を踏まえて，第4章で取り上げたイリノイ州の言語科ス
タンダードを振り返ってみると，同スタンダードにおいては，多様な文化
内容を選択したり，価値中立的な内容を選択したりすることを通して「共
通性」を見出すのではなく，異なる文化を持つ者とコミュニケートしてい
くためのスキルや，多文化を理解していくための視点としての知識が「共
通性」として位置づけられていた。このことによって，「多文化の尊重」と
いう名のもとに行われる「他文化の排除」という危険性を回避する道筋が
拓かれていた。

　このような「共通性」を位置づけるということは，階層によらないすべ
ての子どもたちの学力保障につながるという意義も見出すことができる。
英国の社会学者であるバジル・バーンステイン（Basil Bernstein）は，幼児
教育と初等教育を分析するなかで，「見える教育方法」と「見えない教育方
法」という2つの実践形態があることを指摘している*1。彼によれば，「見
えない教育方法」は労働者階級の子どもによって不利に働くという。なぜ
なら，「見えない教育方法」は，中間階層に起源をもつコミュニケーション
の形式を前提としているために，それが教室を統制していると考えられる
ためである。「共通性」を位置付けることによって，中間階層に起源をもつ
コミュニケーションの形式や，そのコミュニケーションを読み解くための
スキルを明示的に指導することが可能となるため，階層間格差を是正する
ための教育実践を実現することが可能となるのである。

---

*1　バーンステイン，B.（萩原元昭訳）『教育伝達の社会学──開かれた学校とは』明
　治図書，1985年，pp.121-154。

終章

　「はじめに」で述べたように，日本ではスタンダードという言葉が，一律性を求めるものとして広く使われるようになっている。しかしながら，これまで見てきたように，アメリカの言語教育においては，子どもたちに身につけてほしい学力の水準，つまり他者とのコミュニケートすることを学力として捉える姿勢が示されているものであった。ここには，「多様性の尊重」と「学力保障」の両立を具現化する方途が示されていたと言えよう。

　2点目として，テキストを読むという行為を，自らの生活を問い直す視座と社会における関係性を問い直す視座を位置づけた，テキストの意味を見出す過程として捉え，テキストの意味を見出すための方略を道具として使いこなすことができるようなカリキュラムを編成することが重要である。基礎的な知識やスキルを当てはめてテキストを読み解くという行為では，その文章が生み出された時代背景や，その文章の背後にある文化性を読み解く必要性は生まれてこない。また自らの生活や社会における関係を問い直さなければ，多文化な社会構造や，その構造と自らの生活との関連性を見過ごしてしまう危険性がある。

　批判的教育学にもとづく実践においては，言語の獲得と不平等の現状を結び付けて捉えることにより，言語をめぐる権力関係についての子どもたちの認識の深まりや，政治構造の編み直しが図られようとしていた。しかしながら，第3章のビゲローの実践によって明らかとなったように，不平等の状況を認識するだけでは，子どもたちが疎外感や不安感を得る危険性がある。社会認識と自己認識の両立を図るとともに，課題の克服に向けた手段を持たなければ，社会変革への道は閉ざされてしまう。

　ただし，ビゲローの実践においては，生徒が自らの経験を社会的に位置づけながら，自らの生活を問い直し，それを教室で共有することによって，異質な他者のなかに共通のものを見出していく実践が展開されていたことはこの問題の解決に向けた糸口となるだろう。なぜなら，言語教育において読む対象となるテキストの理解について，ブルーナーの提起する2つのレリバンスを含み込むものであると言うことができるからである。多文化教育においては，マイノリティの子どもたちの文化を尊重するために，多

225

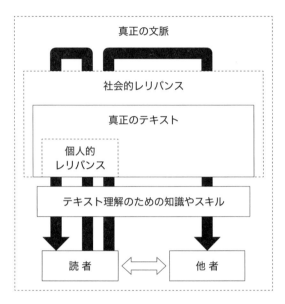

図 7-1　本研究の検討を通して導き出したテキスト理解の具体像

様な文化が反映されたテキストが選択されてきた。このことによって，子どもの個人的レリバンスを高めることができるようになった。しかしながら，ブルーナーが提起していたように，社会的レリバンスが保障されなければ，それは特定の言語文化の内部においてのみ機能する言語教育となってしまう危険性がある。テキストを読むという行為のなかに，個人的にも社会的にも，意味を問い直すことを位置づけることによって，既存の社会構造の再生産ではなく，より公正な社会を築く個人に必要な学力を獲得する契機となるだろう。そして，基礎的な知識やスキルの指導を初期の言語教育の教育内容として位置づけつつも，個人と社会の2つのレリバンスの側面からテキストを選択し，テキストを読む視点を拡大していく長期的カリキュラムを組織することが必要であると言えるだろう。

　以上の結論を図式化したものが，図 7-1 である。読者は，テキスト理解

のための知識やスキルを用いて，個人的に社会的にテキストを読み解いていく。そのことによって，自らの言語経験を捉え直すとともに，他者とコミュニケートするための素地を獲得していく。これらは，学校の内部でのみ機能するものではなく，真正の文脈で具体化される必要があるものである。このようなテキスト理解を通した自己理解・他者理解によって，学習者は自らの世界を拡大するとともに，他者とコミュニケートしていくことが可能となる。この2つの方向性を担保する言語教育を実現することによって，個々人の複数性に目を向け，過去や共通世界への深い洞察を持つことが可能となり，「多文化性の尊重」と「学力保障」の両立が図られる言語教育を実践することができると言えるだろう。

(3) 日本の教育への示唆

　これまでの日本の国語科教育においても，子どもたちの文化や生活に注目することの必要性が提起されてきた。戦後すぐに開始された単元学習は，戦前の形式主義的な作文教育や，解釈学的な文学教育からの脱却をめざしたものであり，子どもたちが，日常生活のなかで言葉を使いこなすことができる経験を，国語科の授業で展開することの必要性を提起するものであった。さらに，OECD の実施した PISA 調査 (Programme for International Student Assessment) において，読解リテラシー (reading literacy) の定義に「効果的に社会に参加するために」という文言が含まれたことを踏まえ，国語科で行われる言語活動を学校内で機能できるような限定されたものとしてではなく，実際の社会生活との結びつきを重視したものとして位置づけることの重要性が再確認された。特に日本の子どもたちが自由記述式の問題で無解答率が高かったことを踏まえ，話したり書いたりするなどの「言語活動」を充実させる方向で教育課程の改革が推進された。この一連の動向は，子どもが能動的にテキストを読み，自らのテキスト理解を導き出していくことを求めるものである。学校における国語科教育と子どもたちの生活をつなぎ，子どもたちの日々の生活のなかで生きて働く言語の獲得をめざすものであったと言える。

子どもの能動性を重視した言語教育を推進するにあたっては，以下の2つに留意する必要があるだろう。1つは，「言語活動」を重視するあまり，テキストを十分に理解しないままに，テキストを用いた表現活動を重視することは厳に避けなければならないことである。もう1つは，このような日本の国語科教育に関する研究は，圧倒的に日本語を国語として規定し，その内部において，具体的な指導方法を議論する研究が多いことである。現在の日本では，当然のように，日本語が日本人の母語として受け止められているし，学校教育に限らず日常生活において使用する日本語が国語として受け入れられている。

　このことに対して，東北地方の方言や，アイヌの言語，琉球の言語，日本の植民地における言語等に関わる研究者のなかから，国語科教育において取り上げられる言語生活や言語活動が，「誰にとっての言語生活か，誰にとっての言語活動なのか」を問うことの必要性が提起されてきた。そして，日本の国語科教育に母語の多様性を剥奪しようという排他的な側面があることが指摘され，日本の国語科教育における多文化性が議論されてきた。

　具体的には，「国家のことば」が「国語」として子どもたちの前に立ちふさがり，子ども自身の生活におけることばが疎外されていること[2]や「言語生活」を重視していると言っても，実際は琉球の音声言語は見過ごされてきたこと[3]が指摘されている。さらに，国語科教育と母語教育を同等なものとして結び付けることは，「無自覚に（自分が『学んでいる』とわからないまま）獲得している『母語』と，就学後の，人為的意図的な『国語』教育の本質的な違いを見逃してしまう」[4]ことも指摘されている。

　これらの論稿によって，国語の話者として安住できない者たちを国語科教育が排除してきた事実が明るみに出され，日本における「国語」とは一

---

[2]　府川源一郎『私たちのことばをつくり出す国語教育』東洋館，2009年。

[3]　村上呂里「多文化共生を切り拓く『ことばの学力』論」記念論文集編集委員会編『国語教育を国際社会へひらく——浜本純逸先生退任記念論文集』溪水社，2008年，pp.124-144。

[4]　渡辺哲男『『国語』教育の思想——声と文字の諸相』勁草書房，2010年，p.3.

体何者であるのかという視点で，日本人が無意識のうちに前提としている「国語」が捉えなおされてきている。しかしながら，その研究は日本の国語科教育研究全体を見渡したとき，非常に少数である。

　このような日本の国語科教育に対して，アメリカの言語教育に関する理論と実践の蓄積を踏まえると，次のことを問う必要があるだろう。それは，子どもの生活を取りあげようとする際，それが目の前の子どもにとって本当に日常の生活となっているのか，子どもの生活に近づくふりをして，人為的意図的な言語生活を子どもに押しつけていないかを問うことである。これは，個人的レリバンスの視点から，国語教育を捉え直す視点である。また逆に，社会的レリバンスの視点から考えてみると，国語科教育で扱う教育内容として，例えば解釈の揺れる文学作品を取り上げることが挙げられる。さらに，子どもの生活との関連性を問うだけでなく，子どもがさまざまなテキストを読んだり，その世界で描かれている作者の視点や，時代状況を読み取ったりするなかで，子どもが自らの生活を捉えなおす視点を持つことができるような実践を行うことである。2000年代以降の日本においては，2004年のPISAショックの影響から，子どもたちの読解力を向上することを目的とした，文章を書く活動や，文章の構成を批判的に読み取ったりする活動が推奨されてきている。しかしながら，書き手の視点や工夫，作品が書かれた時代背景を読み取り，それらを踏まえて自らの生活や他の作品を読み解くという活動が行われなければ，そこで行われる活動は学校内でのみ通用する言語活動と化してしまうだろう。国語科において獲得されるべき知識やスキルを明示するとともに，上記の視点を意識することによって，真に子どもたちにとって生きて働く言語の学力の保障が実現できると考えられる。

第2節　言語教育における教育目標・評価研究の継続と深化
——今後の課題

　最後に，本書に残された課題として，次の3点を挙げる。

　第1の課題は，「多文化性の尊重」と「学力保障」の両立を実現し続けるための教育目標と教育内容の設定の論理を明らかにすることである。本書で見てきたように，多文化性を尊重するためには，さまざまな文化を教育内容として取り上げるだけでは不十分であり，いかに文化間のコミュニケーションに寄与するような教育内容を選択するのか，それの獲得を学力とみなして教育目標として設定するのかという視点が重要であった。これまで見てきたように，アメリカの言語教育は，「多文化性の尊重」と「学力保障」の両立を求めて進展してきたが，今後，文化研究の進展や，言語教育としての学問の発展により，選択すべき教育内容の中身が変わってくることは明らかである。そのような状況にいかに対応し，教育目標と教育内容を刷新していく道筋を持つのかを解明していくことが必要である。その際，「子どもたちに何を学んでほしいのか」，「子どもたちに保障すべき学力とは何か」を問うだけでなく，カリキュラム全体を見渡して，教育目標および教育内容を精選することも不可欠である。あれもこれもと教育内容を選択し続けることになれば，育てたい子ども像が無制限に膨らみ続けてしまう。「子どもたちにどのような姿になってほしいのか」を具体的に想定すること，「限りある時間のなかで，いかにカリキュラムを編成していくのか」を考えること，これらの問いに答える教育目標・内容研究を推進する必要がある。そこにおいて，「多文化性」の視点を位置づける必要があることは，改めて言うまでもないだろう。

　第2の課題は，言語教育における教育評価の方法を研究することである。第3章で取り上げたホール・ランゲージ運動の担い手であるグッドマンは，「ホール・ランゲージの教室を研究したり評価したりする場合には，ホール・ランゲージが依拠しているその理論の枠組みのなかで行われなければ，

有効な研究や評価はできない。スキルの習得などに切り詰めてしまう還元主義者や統制による実験研究では，ホール・ランゲージの教室を研究するといっても，その有効性は極めて限られたものでしかない」*5 と述べている。また第 5 章で取り上げた「全米読解委員会」は，「低年齢児の読むことの困難性の予防に関する委員会」の研究が，子どもたちのつまずきと，それに対応する形で指導方法を提案しているものの，その指導方法が有効であることの根拠が示されていないことを問題視して，科学的実証性を求めてさらなる調査研究を実施したものであった*6。しかしながら，その調査方法に制限が設けられることにより，かえって言語教育の実践を狭めてしまうという矛盾が起きていた。

　この 2 つの事例から導き出されるのは，子どもたちの言語に関する学力の獲得状況をどのような教育評価の方法で評価していくのか，言語教育における実践の有効性をいかに評価していくのかを明らかにするという課題である。これらの課題を追究するためには，子どもたちが取り組む学習課題に関する研究と，教師が子どもの学習状況を見取り，実践に生かしていく方法に関する研究が必要である。前者は，どのようなテキストが選択され，どのような学習課題を用いることで，自己理解と他者理解を導く授業が展開されうるのかを明らかにするという課題である。後者の研究に取り組むためには，ホール・ランゲージ運動で進められているミスキュー分析（miscue analysis）に注目することができるだろう。子どものつまずきを「間違い（mistake）」としてではなく，「手がかり（cue）」として捉えるという発想は，教師の教育評価者としての自律性を高めるための方途を明らかにすることにもつながると考えられる。

　第 3 の課題は，「声（voices）」概念を踏まえた検討である。1970 年代以降

＊5　Goodman, K. S., 1989, pp.210-211.

＊6　Report of the National Reading Panel: Teaching children to read, 2002, p.1（http://www. nichd.nih.gov/publications/nrp/upload/smallbook_pdf.pdf, 2011 年 7 月 25 日確認）.

のアメリカでは，リテラシーの機能性を過度に強調することへの批判が高まり，批判的リテラシーが台頭してくる。そこでは，支配階級の利益が再生産される構造の犠牲となり，「沈黙の文化（culture of silence）」に貶められていた人々を対象とした，そのような状況を打開するための教育が展開されていく。その教育のキーワードの1つが「声」であった。

　これまで日本では，アップルやジルーらの批判的教育学研究の成果に注目が集まってきたが，この「声」という概念の解明は，十分になされていない。本書が対象としてきた1950年代から2000年代の言語教育の理論と実践を，再度「声」概念を通して分析することによって，「多文化性の尊重」と「学力保障」の両立が，いかに語られ，実現に向けどのように取り組まれてきたのかを紐解くことができると考えられる。その際，ミハイル・M・バフチン（Mikhail M. Bakhtin）の「多声性」概念への着目が求められる。第6章で取り上げた『ヴォイシズ』にも，実はバフチンの「多声性」概念が背景にあるためである。

　さらにこの課題は，日本の国語科教育における「声」と「文字」の関係性との比較を通して，アメリカの言語教育と日本の国語科教育の特質をあぶりだすことにもつながる。アメリカでは「声」に着目することが，自文化を抑圧されてきた人々の文化を教育内容の対象とすることへとつながっていく。一方，日本では，「文字」を持たない人々の文化に目を向けることが「声」に着目することで可能となると考えられてきた。「声」と「文字」の関係性は，日本とアメリカ，両国における「多文化性の尊重」と「学力保障」の議論に重要な役割を果たすと考えられる。

　今後日本においては，在日外国人の在住期間の長期化や，定住数の増加，さらには外国人労働者の受け入れの本格化など，日本国内の文化的多様性が高まる傾向にある。この傾向に対応するように，文化間でのいさかいや，外国籍の子どもたちの学力不振が問題として登場してきている。このような日本国内の変化に対応するためにも，「多様性の尊重」と「学力保障」両立の問題は，解決すべき問題として位置づけられていくだろう。

　この問題に向き合う際には，アメリカにおいて「白人性」への着目を通

終章

資料 7-1

　アメリカ人とは誰だろうか。アメリカン・ドリームとは，その夢を追う
人のアイデンティティにもとづいて，変化するのだろうか。何が成功と
みなされ，誰が夢の追求が人を悪へと導いたとみなすのだろうか。今学
期に読んだ小説を 2 つ使って，これらの問いを検討しなさい。

The New York Performance Standard Consortium, "Educating for the 21st Century: Data
Report on the New York Performance Standard Consortium"
(http://performanceassessment.org/articles/DataReport_NY_PSC.pdf，2016 年 8 月 15
日確認。)

して「文化的多様性」が検討されていたように，日本においても「日本人
性」への着目が必要であると考えられる。日本に生まれ，日本国籍を持つ
者たちが無意識のうちに前提としている文化内容に接近することを通して，
改めて日本の国語科における教育内容とは何かを問う必要がある。

　例えば，ニューヨーク・パフォーマンス・スタンダード・コンソーシアム
（New York Performance Standards Consortium，以下 NYPSC）では，資料 7-1 に示
すような「文学分析」の課題が取り組まれた。NYPSC は，エッセンシャ
ル・スクール連盟（Coalition of Essential School）の地域センターの一つで，客
観テストに代わる評価を模索してきた団体である。ニューヨーク州では，
高校の卒業条件に州の統一試験が求められているが，NYPSC では独自の
パフォーマンス課題で高校卒業認定が行われる。これまで見てきたように，
さまざまな人種や民族の子どもたちが在籍するアメリカにおいて，特定の
人種・民族の文化内容が描かれた作品を採用することは，他の人種・民族
を排除することと見なされてきた経緯がある。そのような状況において，
「アメリカ人とは誰なのか」を，文学作品を用いて検討することは，授業で
読む文学作品のなかに，多様な人種・民族の存在を読み解いていく契機と
なる。さらに，「アメリカ・ドリームは，その夢を追う人のアイデンティ
ティにもとづいて，変化するのか」と問うことは，一般的に「アメリカ・

233

ドリーム」という言葉が，誰のどのような夢として想定されたものなのかを学習者に問うことを求める。この課題に取り組むなかで，授業で読んだ文学作品の再読と，自らの持つ常識の問い直しが行われ，その成果を論述することが求められる。

　日本においても，同様の課題を実践することは可能だろう。例えば，「日本人とは誰か？」と問う学習課題を設定し，そこで使用する文学作品を選択する自由があるとすれば，どの作品を選択するだろうか。この課題に取り組むためには，どの年代に誰によって執筆された作品を選択することが有効であるのかを判断し，各文学作品で描かれる人物像を読み取る必要が生まれる。また，この課題に解答する際は，どのような視点や構造で日本人像を描くのか，書き方を工夫する必要も生まれる。この課題に取り組むなかで，自らの思い描く日本人像を問い直す場合もあるだろう。そのような思考をくぐりぬけることによって，自分が当然視してきた日本人像と見過ごしてきた日本人像が明らかとなり，日本のなかにある多文化の実態に気づいていくことができるのではないだろうか。「はじめに」でも書いたように，古典など，学校で取りあげるテキストをあらかじめ「価値があるもの」として扱い，一律的に尊重することを求めるのではなく，子どもたちが自ら「価値がある」と判断していくことができるような学習課題の設定が必要であると考える。

　以上 3 点を，今後の課題とする。

引用・参考文献一覧

1．日本語による論文・書籍

赤沢真世「ホール・ランゲージにおける教師の指導性について——カリキュラム計画者としての役割を中心として」『京都大学大学院教育学研究科紀要』第 50 号，2002 年，pp.213-226。

赤沢真世「ホール・ランゲージにおけるフォニックス指導の位置付けとその実践——C. S. ウィーバーの所論を中心に」『日本児童英語教育学会研究紀要』第 23 号，2002 年，p.21-29。

赤沢真世「第二言語教育におけるホール・ランゲージ・アプローチに関する一考察——『ホール』の意味する言語観・言語教育観をふまえて」『京都大学大学院教育学研究科紀要』第 54 号，2008 年，pp.166-179。

赤星晋作「NCLB 法における学力テストとアカウンタビリティ」『アメリカ教育学会紀要』第 16 号，2005 年，pp.66-74。

赤星晋作「NCLB 法における学力テストの成果と課題——フィラデルフィア市の事例を中心に」『アメリカ教育学会紀要』第 18 号，2007 年，pp.3-14。

アップル，M. W.（門倉正美ほか訳）『学校幻想とカリキュラム』日本エディタースクール出版，1986 年。

アップル，M. W.・ウェッティ，J.・長尾彰夫編著『批判的教育学と公教育の再生：格差を広げる新自由主義改革を問い直す』明石書店，2009 年。

アメリカ教育学会編『現代アメリカ教育ハンドブック』東信堂，2010 年。

石井英真『現代アメリカにおける学力形成論の展開——スタンダードに基づくカリキュラムの設計』東信堂，2011 年。

今井康雄「教育にとってエビデンスとは何か——エビデンス批判をこえて」『教育学研究』第 82 巻，第 2 号，2015 年，pp.188-201。

岩川直樹「教育学の課題 8　総合学習　多様な『声』を編み合わせ『広場』をつくる」『新版教育学がわかる。』朝日新聞社，2003 年，pp.131-135。

岩川直樹「講演記録＜声＞を編み出す場づくり」『埼玉大学教育臨床研究』2，2004 年，pp.105-116。

岩川直樹「学力調査の本質　誤読／誤用される PISA 報告」『世界』第 739 号，岩波書店，2005 年，pp.121-128。

岩川直樹・伊田広行編著『未来への学力と日本の教育⑧貧困と学力』明石書店，2007 年。

岩川直樹「子どもの声を聴くホモ・エコノミクスの強制への抗い」『クレスコ』10，2011 年，pp.31-34。

上野辰美「アメリカ補償教育の課題」『姫路獨協大学一般教育部紀要』3(2)，1992年，pp.35-49。

内田伸子「日本の子どもの育ちに影を落とす日本社会の経済格差——学力基盤力の経済格差は幼児期から始まっているか？」日本学術交流財団『学術の動向』15巻4号，2010年，pp.104-111。

江渕一公「多文化教育の概念と実践的展開——アメリカの場合を中心として」『教育学研究』第61巻，第3号，1994年，pp.222-232。

岡本智周『歴史教科書にみるアメリカ——共生社会への道程』学文社，2008年。

科学的「読み」の授業研究会編『国語科教科内容の系統性はなぜ100年間解明できなかったのか——新学習指導要領の検証と提案—』学文社，2011年。

梶田孝道『統合と分裂のヨーロッパ——EC・国家・民族』岩波書店，1993年。

川上具美「アメリカにおける多文化教育と学力問題をめぐる論争」『九州教育学会研究紀要』第33巻，2005年，pp.205-212。

神田伸生「ヘッド・スタート計画と補償教育」『教育方法学研究』9，1990年，pp.61-75。

菊池久一『識字の構造——思考を抑圧する文字文化』勁草書房，1995年。

北野秋男編著『現代アメリカの教育アセスメント行政の展開——マサチューセッツ州（MCASテスト）を中心に——』東信堂，2009年。

吉良直「どの子も置き去りにしない（NCLB）法に関する研究——米国連邦教育法の制定背景と特殊性に着目して」『教育総合研究』第2号，2009年，pp.55-71。

吉良直「学力格差是正を目指すNCLB法の制定過程に関する研究——米大統領，連邦議会の妥協点に着目して」『日本教育学会第70回大会発表資料集』2011年，pp.346-347。

桐村豪文「教育行政領域における実証的研究の権威性の正当性に関する研究——No Child Left Behind Act of 2001を事例とした第一次的検討」『京都大学大学院教育学研究科紀要』第56号，2010年，pp.29-41。

グッドマン，K.（横田玲子訳）「読みについて」『読書科学』42(1)，1998年，pp.27-42。

グッドマン，K.（横田玲子訳）「読みについて（2）」『読書科学』43(1)，1999年，pp.29-41。

グッドマン，K.（横田玲子訳）「翻訳　読みについて（3）」『読書科学』43(2)，1999年，pp.66-78。

グッドマン，K.（横田玲子訳）「翻訳　読みについて（4）」『読書科学』43(4)，1998年，pp.152-158。

グッドマン，K.（横田玲子訳）「読みについて（5）」『読書科学』44(1)，2000年，pp.30-42。

グッドマン，K.（横田玲子訳）「翻訳　読みについて（6）文面はどのように機能するか」『読書科学』44(2)，2000年，pp.73-82。

グッドマン，K.（横田玲子訳）「翻訳　読みについて（7）読みのプロセス：そのサイク

ルと手だて」『読書科学』44(3)，2000年，pp.104-123。

グッドマン，K.（横田玲子訳）「翻訳　読みについて（8）」『読書科学』45(3)，2001年，pp.103-125。

久冨善之・田中孝彦編著『未来への学力と日本の教育①希望をつむぐ学力』明石書店，2005年。

黒崎勲「教育と不平等」『東京大学教育行政学研究室紀要』2，1981年，pp.1-35。

黒崎勲「教育と不平等問題（Ⅱ）」『東京大学教育学部教育行政学研究室紀要』3，1982年，pp.1-32。

黒崎勲『教育と不平等——現代アメリカ教育制度研究』新曜社，1989年。

黒谷和志「ホール・ランゲージにおけるリテラシー教育の構造と課題——C.エデルスキーの再理論化を中心に」『教育方法学研究』第25巻，1999年，pp.19-27。

黒谷和志「リテラシー形成における差異の政治——ホール・ランゲージ運動の展開に即して」『中国四国教育学会　教育学研究紀要』第47巻第1部，2001年，pp.301-306。

桑原隆『ホール・ランゲージ——言葉と子どもと学習　米国の言語教育運動』国土社，1992年。

桑原隆『言語生活者を育てる——言語生活論＆ホール・ランゲージの地平』東洋館出版，1996年。

桑原隆・足立幸子・浮田真弓・中嶋香緒里・鄭恵允・迎勝彦・小林一貴「アメリカにおける言語教育の動向」『アメリカの初等，中等教育の教科・生徒指導実践に関する多面的，総合的解明の基礎研究』平成6-7年度文部省科学研究費補助金一般研究（B）研究成果報告書，1996年，pp.17-36。

桑原隆「リテラシー観の変容と意味の創造」桑原隆編『新しい時代のリテラシー教育』東洋館出版，2008年，pp.8-16。

小国喜弘「方言教育の戦後——無着成恭の『やまびこ学校』を手がかりとして——」『ことばと社会』7号，2003年，pp.131-153。

五島一美「No Child Left Behindと教育の再生産——マイノリティと貧困層の児童・生徒への影響」『早稲田教育評論』第18巻第1号，2004年，pp.85-96。

小柳正司「最近のアメリカにおける『文化的リテラシー』をめぐる問題状況——現代アメリカ思想の一考察（上）」『鹿児島大学教育学部研究紀要教育科学編』第42巻，1990年，pp.293-308。

小柳正司「最近のアメリカにおける『文化的リテラシー』をめぐる問題状況——現代アメリカ思想の一考察（下）」『鹿児島大学教育学部研究紀要教育科学編』第43巻，1991年，pp.211-244。

小柳正司「『機能的リテラシー』の成立と展開」『鹿児島大学教育学部研究紀要教育科学編』第49巻，1998年，pp.233-245。

コン，P.（丸太浩ほか訳）『パール・バック伝——この大地から差別をなくすために』舞字社，2001年。

坂上優子「"補償教育"の概念と問題点の考察」『教育学論集』4，1978年，pp.21-34。

坂上優子「補償教育――教育機会の平等とは何か」『教育学論集』5，1979年，pp.60-76。

坂元忠芳「『対話』と文学教育」日本文学協会編『日本文学』第38巻第7号，1989年，pp.27-35。

坂元忠芳「現代の文学教育における応答性」日本文学協会編『日本文学』第44巻第8号，1995年，pp.1-8。

佐藤公治『認知心理学からみた読みの世界――対話と協同的学習をめざして』北大路書房，1996年。

佐藤学「リテラシーの概念とその定義」『教育学研究』70巻3号，2003年，pp.292-301。

佐藤学「リテラシー教育の現代的意義」日本教育方法学会編『教育方法36　リテラシーと授業改善――PISAを契機とした現代リテラシー教育の探究』学文社，2007年，pp.12-19。

ジグラー，E.・ムンチョウ，S.（田中道治訳）『アメリカ教育革命――ヘッドスタート・プロジェクトの偉大なる挑戦』学苑社，1994年。

ジグラー，E.・スティフコ，S.（田中道治訳）『アメリカ幼児教育の未来――ヘッドスタート以後』コレール社，1998年。

渋谷恵「アメリカにおける『多文化主義』批判に関する一考察」『教育経営論研究』15，1997年，pp.14-49。

末藤美津子「アメリカのバイリンガル教育法における言語観――1968年法から1994年法までの変遷」『比較教育学研究』第25号，1999年，pp.81-96。

末藤美津子『アメリカのバイリンガル教育――新しい社会の構築をめざして』東信堂，2003年。

陶山岩見『ヘッドスタート研究』近代文藝社，1995年。

添田久美子『「ヘッド・スタート計画」研究―教育と福祉』学文社，2005年。

高階悟「PC論争と文化戦争」立教大学文学部英文学科『英米文学』第57号，1997年，pp.1-17。

髙木まさき『「他者」を発見する国語の授業』大修館書店，2001年。

髙木まさき「他者との関わりを希薄化させる若者たち――いままで語られてきたこと」『横浜国大国語教育研究』第10号，1999年，pp.22-36。

竹川慎哉『批判的リテラシーの教育――オーストラリア・アメリカにおける現実と課題』明石書店，2010年。

田中耕治『教育評価』岩波書店，2008年。

田中耕治編著『新しい学力テストを読み解く――PISA/TIMSS/全国学力・学習状況調査，教育課程実施状況調査の分析とその課題』日本標準，2008年。

田中昌弥「OECDの教育政策提言におけるevidence-based志向の問題性」『日本の科学者』Vol.47，No.10，2012年，pp.584-589。

塚田泰彦「リテラシー教育における言語批評意識の形成」『教育学研究』70巻4号，2003

年，pp.484-497。

土屋恵司「2001 年初等中等教育改正法（NCLB 法）の施行状況と問題点」『外国の立法』
　　第 227 号，国立国会図書館調査及び立法考査局，2006 年，pp.129-136。

鶴田清司「文学の授業で何を教えるか―教材内容・教科内容・教育内容の区別―」全国
　　大学国語教育学会『国語科教育』42，1995 年，pp.83-92。

中村敦雄「機能的リテラシーの射程」『全国大学国語教育学会発表要旨集』108，2005 年，
　　pp.97-100。

中村敦雄「読解リテラシーの現代的位相――PISA2000/2003/2006 の理論的根拠に関する
　　一考察」『国語科教育』第 64 集，2008 年，pp.27-34。

中村雅子「アメリカにおけるマイノリティー児童の文化と教育をめぐる論議の展開――
　　1960 年代を中心として」アメリカ教育史研究会編『アメリカ教育における等質とエ
　　クセレンス追求の史的研究』昭和 62 年度科学研究費補助金総合研究（A）研究成果
　　報告書，1988 年，pp.229-240。

中村雅子「現代アメリカ文化とマイノリティーの教育――『文化剥奪』から文化民主主
　　義へ」『アメリカ研究』第 25 号，1991 年，pp.123-141。

中村雅子「多文化教育と『差異の政治』」『教育学研究』第 64 巻，第 3 号，1997 年，pp.281-
　　295。

中村雅子「人種格差社会アメリカにおける教育機会の平等――ポスト公民権運動期の黒
　　人の教育権」宮寺晃夫編著『再検討　教育機会の平等』2011 年，岩波書店，pp.199-
　　220。

新田玲子「時代・世代・地理を超えた人間性――パール・バック『大地』から」『New
　　wave』38，2013 年，pp.9-22。

二宮皓「ブッシュ政権の教育戦略の有効性を考察――米国・NCLB 政策の成果と課題」
　　『内外教育』2006 年，pp.2-4。

二宮皓「第 1 章アメリカ　多民族を抱える超大国の『夢』と『平等』」二宮皓監修『こん
　　なに違う！　世界の国語教科書』メディアファクトリー，2010 年，pp.13-30。

ハウ，K.（大桃敏行他訳）『教育の平等と正義』東信堂，2004 年。

橋爪貞雄『2000 年のアメリカ――教育戦略　その背景と批判』黎明書房，1992 年。

八田幸恵「国語科の目標を設定する――活動とスキル・トレーニングを乗り越えて」『教
　　育』No.778，教育科学研究会，2010 年，pp.70-78。

八田幸恵『教室における読みのカリキュラム設計』日本標準，2015 年。

バトラー後藤裕子『多言語社会の言語文化教育――英語を第二言語とする子どもへのア
　　メリカ人教師たちの取り組み』くろしお出版，2003 年。

バーンスティン，B.（萩原元昭編訳）『教育伝達の社会学――開かれた学校とは』明治図
　　書，1985 年。

樋口（谷川）とみ子「現代アメリカ合衆国におけるリテラシー論議の再審――『機能』
　　と『批判』の統一」京都大学大学院教育学研究科博士論文，2006 年。

平井昌夫『アメリカの国語教育』新教育協会，1950年。

平光昭久「教育の過程と認識の過程との間について——『教育の方法の本質は認識の方法の本質である』という把握から」『大阪音楽大学研究紀要』8，1969年，pp.81-97。

平光昭久「ブルーナーの問題提起に対する一反省——解釈の視点変換の必要がないか」『大阪音楽大学研究紀要』10，1971年，pp.75-104。

深堀聰子「自助主義にもとづく子育て支援のあり方に関する研究——アメリカの保育事業の特徴と課題に着目して」『比較教育学研究』第36号，2008年，pp.45-65。

深堀聰子「ヘッドスタート・プログラム（Head Start Program）——就学前段階の補償教育」アメリカ教育学会編『現代アメリカ教育ハンドブック』東信堂，2010年，pp.188-189。

府川源一郎『私たちのことばをつくり出す国語教育』東洋館，2009年。

藤田晃之「1980年代アメリカにおける『教育の卓越性』の実像——ハイスクール生徒のキャリア開発を視点として」『教育学研究』第59巻，第2号，1992年，pp.182-191。

ブルーナー，J. S.（平光昭久訳）『教育の適切性』明治図書，1972年。

ブルーナー，J. S.「『教育の過程』の与えた影響」佐藤三郎訳編『人間の教育　講演・論文と解説』誠信書房，1974年。

ブルーム，A.（菅野楯樹訳）『アメリカン・マインドの終焉——文化と教育の危機』みすず書房，1998年。

ヘス，F. M.・フィン，Jr.，C. E.編著（後洋一訳）『格差社会アメリカの教育改革：市場モデルの学校選択は成功するか』明石書店，2007年。

堀江祐爾「アメリカにおける文学を核にした国語科指導」『兵庫教育大学研究紀要』第14巻第2分冊，1994年，pp.39-52。

堀江祐爾「アメリカにおける読むことの指導と基礎理論——Kenneth Goodmanの理論とwhole language」『兵庫教育大学研究紀要』第16巻第2分冊，1996年，pp.23-35。

堀江祐爾「アメリカにおける＜新しい＞国語科学力評価の方法——学の学びの過程と成果を蓄積するポートフォリオ評価」全国大学国語教育学会『国語科教育』第44巻，1997年，pp.134-125。

堀江祐爾「アメリカにおける『国語科のためのスタンダード——ゆるやかに規定された教育水準』」『初等教育資料』No.667，東洋館出版，1997年，pp.68-71。

堀江祐爾「アメリカの国語科における読みの学習指導——ある教師の『基礎読本中心の指導』から『文学を核にした指導』への転換の取り組み」兵庫教育大学言語表現学会『言語表現教育』第15号，1999年，pp.89-101。

堀江祐爾「アメリカにおける＜総合的＞な読みの学習指導——『同じ作品を共有する活動』と『多様な作品を分かち合う活動』」兵庫教育大学言語表現学会『言語表現教育』第17号，2001年，pp.131-143。

堀尾輝久「世界の教育運動と子ども観・発達観」大田堯編『岩波講座　子どもの発達と教育　子ども観と発達思想の展開』岩波書店，1979年，pp.299-359。

松尾知明『アメリカ多文化教育の再構築——文化多元主義から多文化主義へ』明石書店，2007年。

松尾知明『アメリカの現代教育改革——スタンダードとアカウンタビリティの光と影』東信堂，2010年。

松尾知明『多文化教育がわかる事典——ありのままに生きられる社会をめざして』明石書店，2013年。

松下良平「エビデンスに基づく教育の逆説——教育の失調から教育学の廃棄へ」『教育学研究』第82巻，第2号，2015年，pp.16-29。

耳塚寛明・金子真理子・諸田裕子・山田哲也「先鋭化する学力の二極分化——学力の階層差をいかに小さくするか」『論座』2002年11月号。

宮寺晃夫「『教育機会の平等』の復権——子どもの学校を親が決めてよいのか」宮寺晃夫編著『再検討　教育機会の平等』岩波書店，2011年，pp.273-302。

村上呂里「多文化共生を切り拓く『ことばの学力』論」記念論文集編集委員会編『国語教育を国際社会へひらく ——浜本純逸先生退任記念論文集』渓水社，2008年，pp.124-144。

森田信義編『アメリカの国語教育』渓水社，1992年。

文部科学省『小学校学習指導要領解説国語編』東洋館出版，2017年。

文部省『学習指導要領国語科編（試案）』中等学校教科書株式会社，1947年。

柳沢浩哉「資料　70年代アメリカの国語教育——Back to Basics を中心として」『人文科教育研究』1984年，pp.100-110。

矢野裕俊「アメリカにおける学力問題——基準の設定とアカウンタビリティがもたらすもの」『比較教育学研究』第29号，2003年，pp.42-52。

山本茂実「物語文における PISA 型『読解力』とは何か——"Reading for Change" をもとに」『香川大学教育学部研究報告　第I部』2007年，pp.1-9。

山本茂実「文学的文章における Critical Reading について——PISA 型『読解力』における『熟考・評価』の方法」桑原隆編著『新しい時代のリテラシー教育』東洋館出版，2008年，pp.86-100。

山元隆春「読みの『方略』に関する基礎論の検討」『広島大学学校教育学部紀要　第I部』第16巻，1994年，pp.29-40。

山元隆春「『自立した読者』を育てる足場づくり——米国における理解方略指導を手がかりとして」広島大学大学院教育学研究科附属教育実践総合センター『学校教育実践学研究』第10巻，2004年，pp.219-228。

ラヴィッチ, D.（末藤美津子訳）『教育による社会的正義の実現 —— アメリカの挑戦（1945-1980）』東信堂，2011年。

渡辺哲男『「国語」教育の思想——声と文字の諸相』勁草書房，2010年。

2. 外国語による論文・書籍

American Studies Association, College English Association, Modern Language Association and National Council Teachers of English, *The Basic Issues in the Teaching of English*, 1959.

Apple, M., *Ideology and Curriculum*, Boston and London: Routledge & Kegan Paul, 1979.

Aruego, J. and Dewey, A., *Rockabye Crocodile*, Greenwillow Books, 1993.

Arnez, N. L., Holton, C., Williams, E. S., Bass, M. and Edmonds, R., "The Cultural Linguistic Follow-Through Approach," *Journal of Black Studies*, Vol.2, No.1, 1971, pp.109-110.

Austin, G. R., *Early Childhood Education*, New York: Academic Press, 1976.

Banks, J. A., *Multiethnic Education: Theory and Practice*, Second Edition, Boston: Allyn and Bacon, 1981.

Banks, J. A., "Multicultural Education: Characteristics and Goals," in Banks, J. A., Banks, C. A. M. (eds.), *Multicultural Education Issues and Perspectives*, Boston: Allyn and Bacon, 1989, pp.3-28.

Beach, R., "Strategic Teaching in Literature," in Jones, B. F. et al (eds.), *Strategic Teaching and Learning: Cognitive Instruction in the Content Areas*, Alexandria: Association for Supervision and Curriculum Development, 1987, pp.135-159.

Beach, R. and Appleman, D., "Reading Strategies for Expository and Literacy Text Types," in Purves, A. C. and Niles, O. (eds.), *Becoming Readers in a Complex Society*, Chicago: National Society for the Study of Education, 1984, pp.115-143.

Bernstein, B., "Social Class and Linguistic Development: A theory of social learning," in Halsey A. H., Floud, J. and Anderson, C. A. (eds.), *Education, Economy, and Society*, New York: Free Press of Glencoe, 1961, pp.288-314.

Bernstein, B., *Class, Codes and Control; Volume 3: Towards a Theory of Educational Transmission*, 2nd ed, Routledge & Kegan Paul, 1977.

Bigelow, B., "Inside the Classroom: Social Vision and Critical Pedagogy," in Shannon, P. (ed.) *Becoming Political: Readings and Writing in the Politics of Literacy Education*, Portsmouth: Heinemann educational books, 1992, pp.72-82.

Bloom, B. S., Davis, A. and Hess, R., *Compensatory Education for Cultural Deprivation*, New York: Holt, Rinehart & Winston, 1965.

Brown, A. L., "Metacognitive Development and Reading," in Spiro, R. J., Bruce, B. C. and Brewer, W. F. (eds.), *Theoretical Issues in Reading Comprehension: Perspectives from Cognitive Psychology, Linguistics, Artificial Intelligence, and Education*, Hillsdale: Lawrence Erlbaum Associate, 1980, pp.453-481.

Bruner, J. S., *The Relevance of Education*, New York: W. W. Norton and Company, 1971.

Coleman, J. S., "The Concept of Equality of Educational Opportunity." *Harvard Educational Review*, Vol.38, No.1, 1968, pp.7-22.

Coleman, J. S., "A Brief Summary of the Coleman Report," *Equal Educational Opportunity: An*

Examination of Harvard Educational Review, 1969.

Coleman, J. S. *et al.*, *Equality of Educational Opportunity*, Washington D.C.: U.S. Government Printing Office, 1966.

Comenius, J. A. (translated into English by Hoole, C.), *The Orbis Pictus of John Amos Comenius*, Syracuse: C. W. Bardeen, 1887.

Dewey, J., *How we think*, Boston: D. C. Heath, 1910.

Dijk, T. A. v. and Kintsch, W., *Strategies of Discourse Comprehension*, New York: Academic Press, 1983.

Dixon, J., *Growth through English: a Report Based on the Dartmouth Seminar 1966*, UK: National Association for the Teaching of English, 1967.

Edelsky, C., "Education for democracy," *Language Arts*, Vol.71, No.4, 1994, pp.252-257.

Endres, B., "A Critical Read on Critical Literacy: From Critique to Dialogue as an Ideal for Literacy Education", *Educational Theory*, Vol.51, No.4, 2001, pp.401-413.

Evans, E. D., *Contemporary Influences in Early Childhood Education*, New York: Holt, Rinehart and Winston, 1971.

Flesch, R., *Why Johnny Can't Read and What You Can Do about It,* New York: Harper & Brothers, 1955.

Flesch, R., *Why Johnny Still Can't Read: a New Look at the Scandal of Our Schools*, New York: Harper & Row, 1981.

Goodman, K. S., *Reading: A conversation with Kenneth Goodman*, Chicago: Scott Foresman, 1976.

Goodman, K. S., "Whole-language research: foundations and development," *The Elementary School Journal*, Vol.90, No.2, 1989, pp.207-211.

Goodman, K. S., "Acquiring Literacy Is Natural: Who Skilled Cock Robin?", *Theory into Practice*, Vol.16, 1977, pp.309-314.

Goodman, K. S., Shannon, P., Freeman, Y. and Murphy, S., *Report Card on Basal Readers*, Katonah: Richard C. Owen, 1988.

Goodman, Y. M., "Roots of the Whole-Language Movement," *The Elementary School Journal*, Vol.90, No.2, 1989, pp.113-127.

Gordon, E. E. and Gordon, H. E. *Literacy in America: Historic Journey and Contemporary Solutions*, Westport: Praeger, 2002.

Gray, W. S., Monroe, M. and Arbuthnot, M. H., *Guidebook for People and Progress*, Chicago: Scott, Foresman, 1948.

Gray, W. S., *The Teaching of Reading and Writing: An International Survey*, Paris: UNESCO, 1956.

Gray, W. S., *Storybook Treasury of Dick and Jane and Friends*, New York: Grosset & Dunlap, 1984.

Gray, W. S. and Arbuthnot, M. H., *People and Progress*, Chicago: Scott, Foresman, 1943.

Guzzetti, B. J. (ed.), *Literacy in America: An Encyclopedia of History, Theory, and Practice*, Santa Barbara: ABC-CLIO, 2002.

Hemphill, L. and Snow, C. E., "Language and literacy development: Discontinuities and differences," in Olson D. R. and Torrance, N. (eds.), *Handbook of Education and Human Development: New Models of Learning, Teaching, and Schooling*, Cambridge: Blackwell, 1996, pp. 173-201.

Hollins, E. R., "New Directions in Initial Reading Instruction for Black Pupils," *Current Directions*, Vol.1, No.3, 1985.

Holbrook, D., "Creativity in the English Programme," in Summerfield, G. (ed.), *Creativity in English: Papers relating to the Anglo-American seminar on the Teaching of English at Dartmouth College, New Hampshire 1966*, Champaign: National Council of Teachers of English, 1968.

International Reading Association and National Council of Teachers of English, *Standards for the English Language Arts*, Newark: International Reading Association, Urbana: National Council of Teachers of English, 1996.

Johnson, L. B., "Commencement Address at Howard University: To Fulfill These Rights, June4, 1965," *Public Papers of the Presidents of the United States: Lyndon B. Johnson, 1965, Vol.2*, Washington, D.C.: U.S. Government Printing Office, 1966, pp.635-640.

Kallen, H. M., "Democracy Versus the Melting-Pot," *The Nation 100*, 2590, 1919, pp.190-220.

Kitzhaber, A. R., "Project English and Curriculum Reform," *Iowa English Yearbook*, 1964.

Kitzhaber, A. R., *Themes, Theories, and Therapy: The Teaching of Writing in College*, New York: McGraw-Hill, 1963.

Kitzhaber, A. R. (ed.), *The Oregon Curriculum: A Sequential Program in English, Language/ Rhetoric*, Volumes I–II. New York: Holt, Rinehart, and Winston, 1968.

Ladson-Billings, G., *The Dream Keepers: Successful Teachers of African-American Children*, San Francisco: Jossey-Bass, 1994.

Ladson-Billings, G., "Just what is critical race theory, and What's it doing in a nice field like education?" *Qualitative Studies in Education*, Vol.11, No.1, 1998, pp.7-24.

Langer, J. A., "Reading Process," in Berger, A. and Robinson, H. A. (eds.) *Secondary School Reading*, Urbana: ERIC Clearinghouse on Reading and Communication Skills and National Conference on Research in English, 1982, pp.39-51.

Langer, J. A., *Reading Assessment Redesigned: Authentic Texts and Innovative Instruments in NAEP's 1992 Survey*, Washington, D.C.: The Center, 1995.

Lynch, J., Modgil, C. and Modgil, S. (eds.), *Equity or Excellence? Education and Cultural Reproduction*, London: Falmer Press, 1992.

Lyon, G. R. and Kameenui, E. J. (eds.) *National Institute of Child Health and Human*

引用・参考文献一覧

Development (NICHD) Research Supports the America Reads Challenge 2000, 2000.

Manzo, K. K., "Reading First' Research Offers No Definitive Answers," *Education Week*, Vol.27, No.39, 2008.

Manzo, K. K., "Federal Path for Reading Questioned; 'Reading First' Poor Results Offer Limited Guidance," *Education Week*, Vol.28, No.14, 2008.

Manzo, K. K., "Reading First Doesn't Help Pupils 'Get it'; Other Factors skewing results of study, federal officials posit," *Education Week*, Vol.27, No.36, 2008.

Markwardt, A. H., "The English Curriculum in Secondary Schools," *Bulletin of the National Association of Secondary School Principals*, 1967.

Meier, D. and Wood, G. (eds.), *Many Children Left Behind: How the No Child Left Behind Act Is Damaging Our Children and Our Schools*, Boston: Beacon Press, 2004.

Modgil, S. et al. (eds.), *Multicultural Education: The Interminable Debate*, London: The Falmer Press, 1986.

Miles, S. and Stipek, D., "Contemporaneous and Longitudinal Associations Between Social Behavior and Literacy Achievement in Low-Income Elementary School Children," *Child Development*, Vol.77, No.1, 2006, pp.103-117.

Miller, R. (ed.), *Educational Freedom for a Democratic Society: A Critique of National Goal, Standards, and Curriculum*, Brandon: Resource Center for Redesigning Education, 1995.

Moss, M,, Jacob, R., Boulay, B., Horst, M. and Poulos, J., *Reading First Implementation Evaluation: Interim Report*, Cambridge: Abt Associates, 2006.

Myers, M. and Spalding, E. (ed.), *Exemplar Series Grade 6-8*, Urbana: National Council of Teachers of English, 1997.

NCTE Committee on National Interest, *The National Interest and the Teaching of English*, Champaign: NCTE Press, 1961.

O'Neil, W. Project English: Lessons From Curriculum Reform Past, *Language and Linguistics Compass 1*, 2007, pp.612-623.

Paris, S. C., Wasik, B. A., and Turner, J. C., The Development of Strategic Readers, in Barr, R., Kamil, M. and Pearson, P. D. (eds.), *Handbook of Reading Research*, New York: Longman, 1991, pp.609-640.

RAND Reading Study Group, *Reading for Understanding: Toward an R&D Program in Reading Comprehension*, Santa Monic: Rand, 2002.

Selman, R. L. and Snow, C. E., *Voices Reading: theme6 gradeK teacher edition*, Columbus: Zaner-Bloser, 2005.

Selman, R. L. and Snow, C. E., *Voices Reading: theme6 grade5 teacher edition*, Columbus: Zaner-Bloser, 2007.

Selman, R. and Snow, C. E., *Voices Reading: theme6 collection: Freedom & Democracy*, Columbus: Zaner-Bloser, 2008.

245

Shanahan, T., "National Reading Panel," *The Greenwood Dictionary of Education*, Westport: Greenwood Publishing Group, 2003, p.403.

Shanahan, T., *The National Reading Panel Report: Practical Advice for Teachers*, Washington DC: Learning Point Associates, 2006.

Snow, C. E., "Literacy and language: Relationships during the preschool years," *Harvard Educational Review*, Vol.53, Issue2, 1983, pp. 165-189.

Snow, C. E., "Understanding social interaction and language acquisition: Sentences are not enough," in Bornstein, M. H. andBruner, J. S. (eds.), *Interaction in Human Development*, Hillsdale: L. Erlbaum associates, 1989, pp.83-103.

Snow, C. E., "The theoretical basis for relationships between language and literacy development," *Journal of Research in Childhood Education*, Vol.6, No.1, 1991, pp. 5-10.

Snow, C. E., "Families as social contexts for literacy development," in Daiute C. (ed.), *The Development of Literacy through Social Interaction*, San Francisco: Jossey-Bass, 1993, pp.11-24.

Snow, C. E., "What is so hard about learning to read? A pragmatic analysis," in Duchan, J. F., Hewitt, L. E. and Sonnenmeier, R. M. (eds.), *Pragmatics: From Theory to Practice*, Englewood Cliffs: Prentice Hall, 1994, pp.164-184.

Snow, C. E., "Enhancing literacy development: Programs and research perspectives," in Dickinson, D. K. (ed.), *Bridges to Literacy: Children, Families, and Schools*, Cambridge: Basil Blackwell, 1994, pp.267 -272.

Snow, C. E., "Facilitating language development promotes literacy learning," in Eldering, L. and Leseman, P. (eds.), *Early Education and Culture*, New York: Falmer Press, 1999, pp.141-162.

Snow, C. E., "Preventing reading difficulties in young children: Precursors and fallout," in Loveless, T. (ed.), *The Great Curriculum Debate: Politics and Education Reform*, Washington, D.C.: Brookings Institution Press, 2001, pp.229-246.

Snow, C. E., "What counts as literacy in early childhood?" in McCartney, K. and Phillips, D. (eds), *Handbook of Development in Early Childhood*, Oxford: Blackwell, 2006.

Snow, C. E., "Language for literacy in young children," in Kuyk, J. J. v. (ed.), *The Quality of Early Childhood Education*, Arnhem: Cito, 2006, pp.73-84.

Snow, C. E., Barnes, W. S., Chandler, J., Hemphill, L. and Goodman, I. F., *Unfulfilled Expectations: Home and School Influences on Literacy*, Cambridge: Harvard university Press, 1991.

Snow, C. E., Burns, S. and Griffin, P. (eds.), *Preventing Reading Difficulties in Young Children*, Washington, D.C.: National Academy Press, 1998.

Snow, C. E., Ippolito, J. and Schwartz, R., "What we know and what we need to know about literacy coaches in middle and high schools: A research synthesis and research agenda," in

引用・参考文献一覧

International Reading Association in Collaboration with National Council of Teachers of English, *Standards for Middle and High School Literacy Coaches,* Newark: International Reading Association, 2006.

Snow, C. E. and Juel, C., "Teaching children to read: What do we know about how to do it?" in Snowling, M. J. and Hulme, C. (eds.), *The Science of Reading: A Handbook*, Malden: Blackwell, 2005, pp.501-520.

Snow, C. E. and Ninio, A., "The contracts of literacy: What children learn from learning to read books," in Teale, W. H. and Sulzby, E. (eds.), *Emergent Literacy: Writing and Reading*, Norwood: Ablex, 1986, pp.116-137.

Snow, C. E., Tabors, P. O. and Dickinson, D. K., "Language development in the preschool years," in Dickinson, D. K. and Tabors, P. O. (eds.), *Beginning Literacy with Language: Young Children Learning at Home and School*, Baltimore: P. H. Brookes Publishing, 2001, pp.1-25.

Sleeter, C. E., *Un-Standardizing Curriculum: Multicultural Teaching in the Standards-Based Classroom*, New York: Teachers College Press, 2005.

Sleeter, C. E. and Grant, C., "An analysis of Multicultural Education in the United States," *Harvard Educational Review*, Vol.57, No,4, 1987, pp.421-445.

Smith, V. H., "Beyond Flax and Skinner: A Personal Perspective on Teaching English, 1954-present," *English Journal*, Vol.68, No.4, 1979, pp.79-85.

Stotky, S., *Losing Our Language: How Multicultural Classroom is Undermining Our Children's Ability to Read*, Write, and Reason, New York: Free Press, 1999, pp.10-12.

Strandberg, T. E., and Griffith, J., "A study of the effects of training in visual literacy on verbal language behavior," *Journal of Communication Disorders*, Vol.2, Issue 3, 1969, pp.252-263.

Sweet, A. P. and Snow, C. E., "Reconceptualizing reading comprehension," in Block, C. C., Gambrell, L. B. and Pressley, M. (eds.), *Improving Comprehension Instruction: Rethinking Research, Theory, and Classroom Practice*, San Francisco: Jossey-Bass, 2002, pp.17-53.

Sweet, A. P. and Snow, C. E. (eds.), *Rethinking Reading Comprehension: Solving Problems in the Teaching of Literacy*, New York: Guilford Press, 2003.

Tabors, P. O., Roach, K. A. and Snow, C. E., "Home language and literacy environment final results," in Dickinson, D. K. and Tabors, P. O. (eds.), *Beginning Literacy with Language: Young Children Learning at Home and School*, Baltimore: P. H. Brookes Publishing, 2001, pp.111-138.

Tabors, P. O., Snow, C. E. and Dickinson, D. K., "Homes and schools together: Supporting language and literacy development," in Dickinson, D. K. and Tabors, P. O. (eds.), *Beginning Literacy With Language: Young Children Learning at Home and School*, Baltimore: P. H. Brookes Publishing, 2001, pp.313-334.

The National Education Goals Panel, *The National Education Goals Report*, 1995.

247

Verhoeven, L., "Modeling and Promoting Functional Literacy," in Verhoeven, L. (ed.), *Functional Literacy: Theoretical Issues and Educational Implications*, Philadelphia: John Benjamin Publishing, 1994, pp.3-34.

Weikart, D. and Lambie, D., "Early Enrichment in Infants," in Deneberf, V. H. (ed.), *Education of the Infant and Yong Child*, New York: Academic Press, 1970.

Wiggins, G., "A True Test: Toward More Authentic and Equitable Assessment," *Phi Delta Kappan*, Vol.70, No.9, 1989, pp.703-713.

Wiseman. D. L., *Learning to Read with Literature*, Boston: Allyn and Bacon, 1992.

Wold, L. S., "Language Arts Instruction," *Literacy in America: An Encyclopedia of History, Theory, and Practice*, Santa Barbara: ABC-CLIO, 2002, pp.277-281.

Wortman, R. and Haussler, M. M., "Evaluation in a classroom environment designed for whole language," in Goodman, K. S., Goodman, Y. M. and Hood, W. J. (eds.), *The Whole Language Evaluation Book*, Portsmouth: Heinemann, 1989, pp.45-54.

Wynn, R. and De Young, C. A., *American Education*, New York: McGraw Hill Book Company, 1977.

3. ウェブサイト

「日本語指導が必要な児童生徒の受入状況等に関する調査（平成 28 年度）」の結果につい て［http://www.mext.go.jp/b_menu/houdou/29/06/__icsFiles/afieldfile/2017/06/21/1386753. pdf］（2017 年 7 月 19 日確認）

Declaration of Independence［https://www.archives.gov/founding-docs/declaration-transcript］ （2015 年 6 月 18 日確認）

Fourteenth Amendment to the United States Constitution［https://www.loc.gov/rr/program/bib/ ourdocs/14thamendment.html］（2015 年 6 月 18 日確認）

Gold, M., "Study Questions 'No Child' Act's Reading Plan," *Washington Post*, May2, 2008. ［http://www.washingtonpost.com/wp-dyn/content/article/2008/05/01/AR2008050101399. html?hpid=sec-education］（2011 年 8 月 5 日確認）

Illinois Learning Standards, English Goal2［http://www.isbe.state.ilus/ils/ela/pdf/goal2.pdf］ （2013 年 1 月 28 日確認）

Illinois State Board of Education［http://www.isbe.state.il.us/ils/pdf/ils_introduction.pdf］（2013 年 3 月 31 日確認）

Interview with Bill Bigelow［http://historymatters.gmu.edu/d/6433］（2017 年 12 月 18 日確認）

Marzano & Associates, Inc. *Evidence-Based Research Report on Voices Reading*［http://www. zaner-bloser.com/WorkArea/DownloadAsset.aspx?id=5934］（2011 年 7 月 25 日確認）

National Reading Panel F&Q, "What is the National Reading Panel doing now?"［http://www. nationalreadingpanel.org/FAQ/frq.htm］（2011 年 8 月 25 日確認）

OECD, *Literacy Skills for the World of Tomorrow: Further Results from PISA 2000*, 2003

〔http://www.oecd.org/education/school/2960581.pdf〕（2018 年 1 月 22 日確認）.

OECD, *Measuring Student Knowledge and Skills: A New Framework for Assessment*, 1999 〔http://www.oecd-ilibrary.org/education/measuring-student-knowledge-and-skills_9789264173125-en〕（2018 年 1 月 22 日確認）.

OECD, *Measuring Student Knowledge and Skills: The PISA 2000 Assessment of Reading, Mathematical and Scientific Literacy,* 2000. 〔http://www.oecd.org/education/school/programmeforinternationalstudentassessmentpisa/33692793.pdf〕（2018 年 1 月 22 日確認）.

OECD, *Reading for Change: Performance and Engagement across Countries: Results from PISA 2000*, 2002〔http://www.oecd.org/education/school/programmeforinternationalstudentassessmentpisa/33690904.pdf〕（2018 年 1 月 22 日確認）.

OECD, *PISA 2000 Technical Report*, 2002〔http://www.oecd.org/education/school/programmeforinternationalstudentassessmentpisa/33688233.pdf〕（2018 年 1 月 22 日確認）.

Reading First Program〔http://www2.ed.gov/programs/readingfirst/index.html〕（2012 年 12 月 3 日確認）

Report of the National Reading Panel: Teaching children to read〔http://www.nichd.nih.gov/publications/pubs/nrp/Documents/report.pdf〕（2011 年 7 月 25 日確認）

Research Base with Bibliography for Voices Reading〔http://www.zaner-bloser.com/WorkArea/DownloadAsset.aspx?id=5928〕（2011 年 7 月 25 日確認）

The New York Performance Standard Consortium, "Educating for the 21st Century: Data Report on the New York Performance Standard Consortium"〔http://performanceassessment.org/articles/DataReport_NY_PSC.pdf〕（2016 年 8 月 15 日確認）

United States Census Bureau〔http://www.census.gov/〕（2015 年 10 月 17 日確認）。

Voices Reading Case Study〔http://www.zaner-bloser.com/WorkArea/DownloadAsset.aspx?id=5942〕（2011 年 7 月 25 日確認）

Voices Reading Program〔http://content.yudu.com/A1ocw2/ZanerBloserK8Cat2010/resources/index.htm〕（2011 年 7 月 25 日確認）

Voices Reading Program Inspiration〔http://zaner-bloser.com/educator/products/reading/comprehensive/voices.aspx?id=248〕（2011 年 4 月 16 日確認）

おわりに

　本書は，京都大学大学院教育学研究科に提出し，2016年3月に博士（教育学）を授与された学位請求論文「現代米国における言語教育の理論と実践——文化的多様性を踏まえた学力保障の追求」に大幅な加筆・修正を行ったものです。本書を刊行するにあたって，平成29年度京都大学総長裁量経費・若手研究者出版助成事業による助成を受けました。また本書を完成させるまでに，平成24-26年度日本学術振興会科学研究費補助金（特別研究員奨励費DC1）を受けることで，国内外での研究活動を充実させることができました。

　本書は，これまでに発表した以下の論考をもとにしています。

・「キャサリン・スノーによる読むことの教育理論—Committee on the Prevention of Reading Difficulties in Young Children に焦点をあてて—」『京都大学大学院教育学研究科紀要』第59号，2012年，pp.611-623。
・「米国における言語科スタンダードの分析—『多文化性』を尊重し『結果の平等性』を保障する方途の模索—」『教育目標・評価学会研究紀要』第23号，2013年，pp.28-38。
・「米国における読みの教材集『ヴォイシズ・リーディング』の検討—スキルの獲得と内容理解の両立への模索—」『京都大学大学院教育学研究科紀要』第60号，2013年，pp.439-452。
・「第4部諸外国における教育目標・評価改革の動向　第1章米国の言語科におえるパフォーマンス評価—イリノイ州の『文学』分野の評価実践に着目して—」『「活用」を推進する評価と授業の探究』平成22-24年度科学研究費補助金基盤研究（C）研究成果最終報告書，2013年，pp.179-191。
・「第1部学力評価をめぐる改革動向　第4章アメリカ合衆国における言語科ルーブリック—Standards for English Language Arts の事例集の検討を

通して─」『思考力・判断力・表現力育成のための長期的ルーブリックの開発』平成 25-27 年度科学研究費補助金基盤研究（C）研究成果最終報告書，2016 年，pp.33-44。
・「パフォーマンス課題によるアクティブ・ラーニングの評価」『国語教育』2017 年 1 月号，pp.48-51。
・「米国における補償教育プログラムの検討─フォロー・スルー・プログラムにおける「多文化性」の尊重─」『教育目標・評価学会研究紀要』第 27 号，2017 年，pp.69-78。

　本書の刊行に至るまでに，多くの方々から，多大なるご指導・ご支援をいただきました。この場をお借りして，お礼を申し上げます。
　指導教官であった西岡加名恵先生は，修士論文と博士論文の主査をしてくださいました。西岡先生は，いつも筆者を研究の原点に立ち戻らせてくださる存在でした。お忙しい時間のなかで，筆者の問題意識に寄り添い，いつも丁寧に文章を検討してくださいました。西岡先生がいつも誠実に研究を進めておられる姿，思いやりを持って人に接しておられる姿が，私にとって一番の尊敬する姿であり，最も見習いたい姿でもあります。あたたかくご指導くださり，本当にありがとうございました。
　同じく指導教官として，田中耕治先生は，修士論文と博士論文の副査を務めてくださいました。田中先生は，私にたくさんの種を撒いてくださったと感じています。修士 1 年生の時，先生と一緒に参加した国語科の授業研究で，先人たちの研究蓄積を丁寧に読み込むことの奥深さと，それを踏まえた授業研究を行うことのおもしろさを教えてくださいました。膨大な研究蓄積に圧倒されている私に，ぎりぎりまで「寄り添う」こと，そのうえで「くぐる」ことの大切さを教えてくれました。何よりも，本書の軸となるテーマは，田中先生のご著書を読み進めるなかで出会ったものです。本当にありがとうございました。
　石井英真先生には，博士論文の副査をしていただきました。私が些細なことに囚われているときには，大きく視野を広げる問いを，私の視野がぼ

んやりとしているときには，ぐっと視点を絞る問いを投げかけてください
ました。本書は，先生が問いかけてくださった問いに答えられているのだ
ろうかと自問自答しながら執筆を続けたものです。これから研究を進めて
いくなかでも，先生の問いかけが思い起こされるように思います。本当に
ありがとうございました。

キャサリン・E・スノー（Catherin E. Snow）先生，パトリック・ウォーカー
（Patrick C. Walker）先生が，拙い筆者の英語での質問に答えてくださったこ
と，多くの資料を提供してくださったことで，本書の内容を深めることが
できました。スノー先生の「学校の先生方が自分の授業を語る言葉を見つ
ける手助けをしたい」という問題意識と，ウォーカー先生の「子どもたち
が自らを取り巻く環境を変えていける力を育てたい」という思いに共感し
たことが，本書の執筆を推し進める原動力になりました。本当にありがと
うございました。

ホール・ランゲージ研究会で出会ったプリスカ・マーテンズ（Prisca
Martens）先生は，子どもたちの力を信じることの大切さを教えてください
ました。特に，一見すると読み誤っていると見受けられる子どもたちの姿
を，読むことにつまずいているのではなく，自らの知識と照らし合わせな
がら，読むことに挑んでいる姿として捉え直すことの大切さを教えてくだ
さったことが，心に残っています。本当にありがとうございました。

京都大学教育方法学研究室の先輩方，同級生の2人，そして後輩たちも，
とても大きな存在です。学年・年齢を問わず，あんな風に話せるようにな
りたい，こんな風に書けるようになりたいと思う方々ばかりです。昼夜問
わず，原稿が真っ赤になるまで検討してくださったこと，互いの研究につ
いて語りあったことは，大切な宝物です。そのような出会いのある環境に
身を置けたことを，とても幸せに思います。

また，帝塚山学院大学の同僚の先生方が，研究に専念するために多大な
配慮をしてくださったこと，事務の方々がきめ細やかな支援をくださった
ことが，本書の執筆につながりました。本当にありがとうございました。

京都大学学術出版会の鈴木哲也さんは，スケジュール管理をしてくださ

り，また本書を刊行するまでに，何度もあたたかい言葉で励ましてくださいました。「静かだけれど本質的な議論」という言葉は，今の私にはまだまだ恐れ多い言葉ですが，めざしたい姿でもあります。本当にありがとうございました。

　最後に，私事ですが，夫の両親，実家の両親は，精神面と生活面を支えてくれました。本書の執筆を産休・育休中に行うというわがままを，あたたかく励ましてくれました。同じ教育という場で，子どもたちのための授業づくりに明け暮れる夫の存在は，進むべき道をいつも示してくれています。生まれたばかりの，よく泣き笑う息子の存在は，言葉は表現の一つに過ぎないこと，けれどとても尊いものだということを実感させてくれています。いつも本当にありがとう。

2018 年 3 月
山本はるか

253

索　引

■人名索引

アップル，マイケル（Michael Apple）　121
ウォーカー，パトリック（Patrick Walker）　193
エデルスキー，カロル（Carole Edelsky）　95,
　108
ギンタス，ハーバート（Herbert Gintis）111
グッドマン，ケネス・S（Kenneth S. Goodman）
　35, 95, 100
グッドマン，イエッタ（Yetta Goodman）　103
グレイ，ウィリアム・S（William S. Gray）　29,
　63-75, 221
コールマン，ジェームズ・S（James S.
　Coleman）　45, 55, 161, 168
シュライバー，サージェント（Sargent Shriver）
　40
ジョンソン，リンドン（Lyndon Johnson）　38
ジルー，ヘンリー（Henry Giroux）　21
シルバーマン，チャールズ・E（Charles E.
　Silberman）　90
ストーツキー，サンドラ（Sandra Stotsky）
　122, 131
スノー，キャサリン・E（Catherine E. Snow）
　29-30, 158-171
セルマン，ロバート・L（Robert L. Selman）

193
チョムスキー，ノーム（Noam Chomsky）　77,
　103
デューイ，ジョン（John Dewey）101-102, 194
パークス，ローザ（Rosa Parks）　8, 208
ハリディ，マイケル（Michael Halliday）103
ビゲロー，ビル（Bill Bigelow）　108-111, 221,
　225
ブッシュ，ジョージ・H・W（George H. W.
　Bush）　119
ブッシュ，ジョージ・W（George W. Bush）
　174
ブルーナー，ジェローム・S（Jerome S. Bruner）
　29, 63, 81-90, 225-226
ブルーム，ベンジャミン・S（Benjamin S.
　Bloom）　41
ブルーム，アラン（Allan Bloom）　9
フレイレ，パウロ（Paulo Freire）　64
フレッシュ，ルドルフ（Rudolf Flesch）　96-97
ボウルズ，サミュエル（Samuel Bowles）111
ラヴィッチ，ダイアン（Diane Ravitch）　37
リンカーン，エイブラハム（Abraham Lincoln）
　6

■事項索引

National Assessment of Educational Progress
　（NAEP）　140, 181
NCLB 法　→どの子も置き去りにしない法
　（No Child Left Behind Act of 2001）
RAND 読解研究グループ（RAND Reading
　Study Group）　158, 180-187

【あ行】
アーリー・リーディング・ファースト（Early
　Reading First）　181　→リーディング・

ファースト
アメリカ合衆国憲法修正第 14 条　6-7, 37
アメリカ市民　6-7, 9
移行型バイリンガル教育（transitional bilingual
　education）　132　→バイリンガル教育
移民国籍法（Immigration and Nationality Act of
　1952）　7
イリノイ州言語科スタンダード　132-136,
　221, 224
イリノイ州パフォーマンス評価　146-150

索引

イリノイ・ラーニング・スタンダード（the Illinois Learning Standards） 133
イングリッシュ・オンリー（English Only） 121
イングリッシュ・プラス（English Plus） 121
ウェスティングハウス研究（Westinghouse Study） 55
『ヴォイシズ・リーディング（Voices Reading）』 30, 193-215, 222
英語公用化運動（official English movement） 27
エマージェント・リテラシー（emergent literacy） 164 →リテラシー
音素 173, 177, 204-205
　音素への気づき（phonemic awareness） 98, 163, 173, 195, 202, 222

【か行】
解読（decoding） 98, 163-164, 222
書き言葉（written language） 124, 126, 164, 176
学習機会スタンダード（opportunity-to-learn standards） 118 →スタンダード運動
核となる問い（central question） 196
学力 i, 220-227
学力保障 i, iii, 15, 56, 120, 123, 153, 220-227
活用（知識の） 67, 127, 130-131, 209
カリキュラム 10, 12, 16, 29, 45, 47, 54, 76, 88, 120
機会の平等 34, 38, 120, 152
帰化法（The Naturalization Act of 1790） 6-7
『危機に立つ国家（A Nation at Risk）』 119, 152
基礎的な知識やスキル 15, 28, 35, 67, 98, 101, 157, 225-226
基礎読本（basal reader） 95, 98-99
「基礎に帰れ」運動（back-to-basics movement） 17, 29, 95-101
機能的リテラシー（functional literacy） 63-64 →リテラシー
教育格差 3, 9, 15, 25-27, 38, 219
教育的に剥奪された子どもたち（educationally deprived children） 25, 38, 113
教育目標 iii, 17-19, 28, 67, 102, 116-120, 132, 230
教育内容 ii, 10, 12, 15, 27-28, 35, 41, 54, 59, 75, 87, 90, 136, 152, 222, 226, 230

共感（sympathies） 69, 196
『教室の危機（Crisis in the Classroom）』 90
教師の自律性 103, 107, 120, 127, 231
共通教育目標（standards） →スタンダード
共通文化 120
共同のテキスト（collective text） 110, 221 →テキスト
経済機会法（Economic Opportunity Act of 1964） 38
結果の平等 38, 55, 119-120
言語活動 i-ii, 18-19, 95, 227-229
言語科のためのスタンダード（Standards for the English Language Arts: SELA） 19-20, 117-118, 123-131, 145, 151 →スタンダード
言語技術（English and Language Arts） 17
言語経験 57, 59, 79, 89, 106, 221, 224, 227
言語権 25-27
言語生活 ii, 89, 107, 228-229
言語発達 15, 28, 47-48, 53-54, 139, 164-165, 188
言語文化 ii, 28, 113, 223-224, 226
言語要素 96
語彙 23, 48, 98, 100, 122, 131, 170, 173, 195, 210
公平性 116, 125, 151
公民権運動（civil rights movement） 3, 8-9, 36-39
公民権法（Civil Rights Acts） 8
公用語 27, 121, 129
声（voices） 11, 13, 24, 152, 199, 231-232
国際読書学会（International Reading Association） 19, 117, 123
国立小児保健発育研究所（National Institute of Child Health and Human Development） 172
国立リテラシー研究所（National Institute for literacy） 174
個人的レリバンス（personal relevance） 86, 90, 113, 225-226 →レリバンス
子どもをよく観察する人物（kid watchers） 107
コンピテンシー・テスト（competency test） 97

【さ行】
差異 11-12, 21, 24, 75, 101, 108, 130

255

作者の視点　74, 134-136, 147, 221, 229
視覚的コミュニケーション（visual communication）　16, 124
自己概念（self-concept）　41, 53
自己認識　80, 113, 195, 225　→社会認識
指導方法　35, 64, 124, 172, 174-179, 231
ジャーナル（journal）　208
社会性　169, 193-195
社会的相互作用（social interaction）　129
社会的レリバンス（social relevance）　86, 90, 113, 225-226　→レリバンス
社会認識　195, 225　→自己認識
就学前教育　15-16, 28, 33-34, 82, 164-165
初等中等教育法（Elementary and Secondary Education Act of 1965）　15, 25-26, 38, 212
所得格差　3, 25-27, 33, 38, 163, 188, 219
所有権（ownership）　106
自立した読者, 自立した学習者　64, 106, 112, 117, 214-215
新英語（New English）　17, 76-78
真正性（authenticity）　101, 103, 107, 112-114
　真正の学習 (authentic learning)　18, 106
　真正の学習経験（authentic learning experience）　127
　真正のテキスト（authentic text）　98-99, 140, 221　→テキスト
　真正の評価　186
　真正の文脈　226-227
診断的評価　185
スーツケース評価（portmanteau assessment）　185
スタンダード（共通教育目標 standards）　117
　スタンダード運動（standards movement）　ii, 18, 117
　『スタンダード事例集（Books in the Standards Exemplars Series）』　118, 137-146
　言語科のためのスタンダード（Standards for the English Language Arts: SELA）　19, 117
　ナショナル・スタンダード（national standards）　119
　パフォーマンス・スタンダード（performance standards）　117-118
スプートニク・ショック　76
全米英語教師協議会　76, 78, 100, 117-118, 123
全米教育目標（the National Education Goal）　119, 123
全米読解委員会（National Reading Panel）　157-160, 172-174, 177-179, 185-186
早期介入（early intervention）　33
創作スペリング（Invented Spelling）　177
創造性　80, 120

【た行】
ダートマス・セミナー　76-80
「第 4 学年のスランプ（fourth grade slump）」　15, 181
大学進学適性試験（Scholastic Aptitude Test）　96
卓越性　82, 119, 125, 174
他者　58-59, 90, 113, 152-153, 226
多文化教育（multicultural education）　9-14, 122
多文化主義（multiculturalism）　12-13
多様性（diversity）　iii, 3-4, 8-9, 12, 22, 33, 130, 223, 228
単元学習　18, 48, 227
知識　67, 126, 130, 137-139, 153, 184, 214
沈黙の文化（culture of silence）　232
『ディックとジェーン（Dick & Jane）』　65-66, 68
低年齢児の読むことの困難性の予防に関する委員会（Committee of the Prevention of Reading Difficulties in Young Children）　158-160, 174-179
テキスト　3-4, 59, 112-113
　共同のテキスト（collective text）　110
　真正のテキスト（authentic text）　98
同化主義（assimilationism）　8-9, 12, 120, 151, 223
統辞構造（Syntactic Structure）　77
読者　4, 58-59, 89-90, 113, 152-153, 182-183, 226
独立宣言（Declaration of Independence）　5
読解　180-187　→読むこと（Reading）
読解研究センター（the Center for the Study of Reading）　117, 123
どの子も置き去りにしない法（No Child Left Behind Act of 2001）　3, 15, 26, 29, 157, 186

【な行】
ナショナル・スタンダード（national standards）

119 →スタンダード

日本人性 233-234

人間性（humanity） 90

【は行】

バイリンガル教育 27, 121, 129
　バイリンガル教育法（Billingual Education Act） 121, 129
　移行型バイリンガル教育（transitional bilingual education） 132

話し言葉（spoken language） 47, 85, 124, 126, 164, 173, 176

パフォーマンス・スタンダード（performance standards） 117-118 →スタンダード

パフォーマンス評価 125, 146-150, 233

ビッグ・ブック（Big Book） 94, 106

批判的教育学 20-21, 107-108, 225, 232

批判的リテラシー論 20-21, 23, 64, 232
　→文化的リテラシー論，リテラシー

標準テスト 97, 174, 178, 185-186, 189, 215

平等性（equality） 33, 37

貧困との闘い（war on poverty） 33

フォニックス（phonics） 48-49, 96, 173, 177, 188, 201, 222

フォロー・スルー・プログラム（Follow Through Program） 33-36, 46-53

普遍性 12, 22, 88, 121, 123, 127, 130-131

ブラウン対トピカ教育委員会事件（Brown v. Board of Education of Topeka） 7, 37

プレッシー対ファーガソン事件（Plessy v. Ferguson） 7

文学作品 106, 110, 122, 131, 133-136, 140-150, 199-215, 229, 233-234
　文学用語（literary language） 131

文化言語アプローチ（The Cultural Linguistics Approach） 46-55

文化戦争（culture war） 9, 152

文化多元主義（cultural pluralism） 8-9, 12, 223

文化的リテラシー論 23 →批判的リテラシー論，リテラシー

文化剥奪（cultural deprived） 26, 34-35, 40-41

分離教育 2, 37

「分離すれども平等（separate but equal）」 7,

37

ヘッド・スタート・プログラム（Head Start Program） 26, 33-34, 40-41, 45-46

ホーム・スクール・スタディ（Home School Study） 160, 166-171

ホール・ランゲージ運動（Whole Language movement） 18, 24, 99-112

保健教育福祉省（Department of Health, Education, and Welfare） 96, 174

補償教育（compensatory education） 33-38

本質的な目標（essential goal） 117

【ま行】

見えない教育方法 224

見える教育方法 224

【や行】

融合主義（amalgamationism） 8

読みの卓越性に関する法（the Reading Excellence Act） 174

【ら行】

リーディング・ファースト（Reading First） 30, 153, 157-158, 160, 174, 185-187, 189, 198, 212, 214
　アーリー・リーディング・ファースト（Early Reading First） 181

理解（understanding） 67, 69, 80, 157, 182-186, 220-227
　理解スキル 202
　理解方略 202

リテラシー
　エマージェント・リテラシー（emergent literacy） 164
　機能的リテラシー（functional literacy） 63
　批判的リテラシー論 21
　文化的リテラシー論 23

レディネス（readiness） 41

レリバンス（relevance） 86-90, 225-226
　個人的レリバンス（personal relevance） 86
　社会的レリバンス（social relevance） 86

257

著者紹介

山本　はるか（やまもと　はるか）

1984 年，兵庫県伊丹市生まれ。京都大学大学院教育学研究科博士後期課程修了。博士（教育学）。日本学術振興会特別研究員を経て，2015 年度より，帝塚山学院大学教職実践研究センター助教。専門は，教育方法学。

主な著書に，『パフォーマンス評価——思考力・判断力・表現力を育む授業づくり』（共著，ぎょうせい，2011 年），『新しい教育評価入門——人を育てる評価のために』（共著，有斐閣，2015 年），『戦後日本教育方法論史（下）——各教科・領域等における理論と実践』（共著，ミネルヴァ書房，2017 年），『「資質・能力」を育てるパフォーマンス評価——アクティブ・ラーニングをどう充実させるか』（共著，明治図書，2017 年），『よくわかる教育課程（第 2 版）』（共著，ミネルヴァ書房，2018 年）など。

（プリミエ・コレクション　89）

アメリカの言語教育

——多文化性の尊重と学力保障の両立を求めて　©Haruka YAMAMOTO 2018

平成 30（2018）年 3 月 31 日　初版第一刷発行

著　者　　山　本　はるか

発行人　　末　原　達　郎

京都大学学術出版会

京都市左京区吉田近衛町 69 番地
京都大学吉田南構内（〒606-8315）
電　話（075）761-6182
FAX（075）761-6190
Home page http://www.kyoto-up.or.jp
振　替　01000-8-64677

ISBN978-4-8140-0154-5
Printed in Japan

印刷・製本　亜細亜印刷株式会社
装丁　谷なつ子
定価はカバーに表示してあります

本書のコピー，スキャン，デジタル化等の無断複製は著作権法上での例外を除き禁じられています。本書を代行業者等の第三者に依頼してスキャンやデジタル化することは，たとえ個人や家庭内での利用でも著作権法違反です。